中国旅游院校五星联盟教材编写出版项目

中国骨干旅游高职院校教材编写出版项目

世界遗产教程

World Heritage Sites Tutorial

主　编◎高朝阳

副主编◎焦金英　谭　霖

中国旅游出版社

前 言

　　2017 年，我国的世界遗产保护事业取得了巨大的成就，已经拥有了世界上排名第二位的世界自然遗产、世界文化遗产、世界文化与自然混合遗产数量，拥有全世界最多的非物质文化遗产。我国早已成为《保护世界文化与自然遗产公约》《保护非物质文化遗产公约》的缔约国，并在其中发挥了越来越重要的作用。既体现了我国作为大国，对于国际事务负责任的态度，也表明我国对大自然和人类文明遗存的积极与主动保护的立场。我国拥有数千年文明历程和辉煌灿烂的文明成果，在全世界独树一帜，为人类文明和进步做出过并将继续做出巨大贡献。

　　由于世界上还存在一些不安定因素，加上社会发展与自然因素的影响，世界物质遗产和非物质遗产的保护工作都有待进一步加强，而其中还有许多人类目前尚无法完全探明的奥秘，保护它们就成为我们责无旁贷的义务和责任。保护这些遗产，某一个国家或地区难以胜任，相关的国际合作已经在联合国教科文组织框架下展开并取得了一些成绩，但情况依然不容乐观。人类还需要继续推进遗产保护的宣传推介和具体工作。对于国民进行世界遗产保护的教育既是联合国教科文组织相关文件的要求，也是每个缔约国不可推卸的义务，更是世界遗产保护工作的必然要求。

　　出于更好地做好世界遗产保护的宣传工作，以及为旅游管理及相关专业师生提供更为贴合世界遗产实际情况的参考用书的考虑，本书编委会在参考了同类教材、搜集大量学术著作、论文，以及联合国教科文组织与我国相关部委的文件资料基础上，经多次磋商，编订了这本教材。本书采用分板块的编写体例，即全书分为三个单元：第一单元是世界遗产相关理论，第二单元是世界遗产主要分类，第三单元是中国的世界遗产。为避免理论与实际的脱节，本书编订时，力争实现理论讲述时穿插最实用的案例，讲述具体遗产项目时以理论为基础。这样，本书就实现了理论与案例的有机结合，这也是本书特

色所在。此外，本书数据除实在无从查考的以外，均采用最新数据，即 2017 年 7 月为截止时间。希望通过这本教材，将相关问题阐述清楚，使教师教学时思路清晰、学生学习时逻辑清楚，在教学过程中更好地发挥作用。

　　本书由郑州旅游职业学院高朝阳（副教授）担任主编，并撰写前言、第一章、第二章、第三章、第七章、第八章，副主编焦金英撰写第五章、第九章，副主编谭霖撰写第四章、第六章。由于本书编委会成员编写教材经验不足，水平有限，书中难免存在错误和不足。欢迎提出宝贵意见，谨在此致谢！

编者

2018 年 2 月

目 录

第三单元　中国的世界遗产

第一单元
世界遗产相关理论

第 一 章

绪 论

自然界经历了漫长而复杂的发展和演化过程，演变为今天的样子。大自然的神奇和造化为人类的生存与发展及文明的缔造奠定了重要的基础。在人类的历史上，与大自然之间的多重互动关系造就了当今时代丰富多彩的景观。这些都是我们应当珍视的具有多方面价值的宝贵财富。然而，受到自然的或人类各种活动的影响，这些财富中有不少面临着不同程度的存在的威胁。为了尽可能延缓其衰落或防止其消失，联合国教科文组织开展了世界遗产项目。

第一节　世界遗产的由来与意义

一、世界遗产的由来

世界遗产实际上是一个世界公约的简称，即《保护世界文化和自然遗产公约》。这一公约的出现与人们对第二次世界大战表现出的惊人破坏力的关注有关，同时也是一个认识不断深入的过程。

1954 年，经反复磋商后，联合国出台了《关于发生武装冲突时保护文化财产的公约》及其《议定书》（中国 1999 年批准）。

1959 年，埃及政府计划修建阿斯旺大坝，尼罗河谷里的珍贵古迹如阿布辛贝神殿面临被淹没的风险。1960 年，联合国教科文组织发起了"努比亚行动计划"，并与埃及政府通力合作，将阿布辛贝神殿和菲莱神殿等古迹仔细地分解，然后异地重新组装起来。此次行动发挥了国际合作的技术优势和人力优势，基本实现了计划的初衷。行动共耗资8000 万美元，其中有 4000 万美元是由 50 多个国家募集而来。

"努比亚行动计划"的成功促进了其他类似的保护行动，比如挽救意大利的水城威尼斯、巴基斯坦的摩亨佐·达罗遗址、印度尼西亚的婆罗浮屠等。之后，联合国教科文组织会同国际古迹遗址理事会起草了保护人类文化遗产的协定。

1965年，美国倡议将文化和自然联合起来进行保护。世界自然保护联盟在1968年也提出了类似的建议，并于1972年在瑞典首都斯德哥尔摩提交联合国人类环境会议讨论。

1972年10月17日至11月21日，联合国教科文组织大会在巴黎举行第十七届会议，此次大会关注到文化遗产和自然遗产越来越受到破坏的问题。1976年，联合国教科文组织开始编订《世界遗产名录》，从而使世界遗产保护进入实质性阶段。

联合国教科文组织世界遗产委员会的成立及《世界遗产名录》的编订对人类生存与发展环境的改善和保护，以及人类文明遗存的保护具有重大的意义。它以国际条约的形式确认了世界遗产的地位和价值，并以国际合作的形式开展强有力的世界遗产的保护，以评估和监督的手段对世界遗产所在国家和地区施加一定的影响，在整个人类社会和自然发展史上都是首次，有利于延缓世界遗产的消失，有利于充分发挥世界遗产存在的意义，有利于全人类的共同进步。

二、世界遗产的意义

世界遗产与一般意义的遗产概念存在一定的关联，但又有着较大的区别。一般意义的遗产是指被继承人死亡所遗留的财产和相关权益，其主体为物质遗产。而作为专有名词的世界遗产是指被联合国教科文组织和世界遗产委员会这一专门机构确认的人类罕见的且目前无法替代的财富，其内容是全人类公认的具有突出意义和普遍价值的文物古迹及自然景观（该定义来自世界遗产相关公约）。确认机构的唯一性、人类现今时代罕见性与不可替代是世界遗产天然的属性。世界遗产虽分布于世界许多国家和地区，却是全世界、全人类共享有的财富。当然也需要世界所有国家和地区的全人类共同来保护。世界遗产的申报具有以下重要意义：

一是对自然环境和文物保护宣传推介的极大促进作用。人类生存环境与文物保护都需要有一个有效的载体，否则很容易沦为一句空话。世界遗产申报恰恰是在更大范围、更宽领域、更深层次地向公众宣传推介环境与文物保护的重要性、必要性和迫切性。泰山是我国五岳之首，但多年都存在开山取石的严重破坏行为。申报世界遗产工作开始后，有关部门不仅取缔了这一行为，而且全面开展了生态和文物等景观的全方位综合保护行动，有力地推动了自然环境与文物的保护工作和宣传推介。另外，清福陵、清昭陵在申遗成功后，更加注重公众参与保护工作。两陵的管理部门通过举办世界文化遗产知识讲座、科普画廊，组织志愿者保护两陵等系列活动，极大增强了公众保护意识。

二是对生态旅游与文化旅游和旅游地形象的提升拉动作用。申遗行动对于申遗项目知名度的影响极为明显。一些项目申遗前或者只具有小范围的知名度，甚至名不见经传，可谓"养在深闺人不识"，从申遗开始到申遗成功，其知名度会迅速提升，影响力甚至远播海外，随之就会带来世界范围内的旅游热潮。2004 年 7 月 1 日，在第二十八届世界遗产大会上，辽宁省的五女山山城、沈阳故宫、清永陵、清福陵、清昭陵被正式列入世界遗产名录。辽宁桓仁五女山山城被列入世界遗产名录之后，很快被批准为国家 4A 级旅游风景区，迅速形成世界遗产旅游热点。据统计，2005 年，桓仁县接待国内外游客首次突破 100 万人大关，创旅游收入 5.4 亿元，比 5 年前增长了 8.3 倍。仅旅游收入已经占地区总产值的 15%，一跃成为全省旅游大县。以上项目申遗成功后，辽宁省确立了将旅游作为经济发展重要支点的策略，积极组织开展世界遗产系列游。通过文化旅游带动其他相关产业的发展，将辽宁中部城市群的"金三角"旅游构想推向一个更高的层面。沈阳市政府推出连接沈阳、抚顺之间的"寻根游"活动，沈阳市以旅游城市取代工业城市的新形象转型获得了巨大成功。作为清东陵、清西陵"祖宗根"的关外三陵也将与它们建立更为紧密的联系，从而对整个清文化产业带形成不可低估的作用。

三是对区域经济发展的助推作用明显。申遗成功后，世界遗产所在地的对外开放程度随着知名度而提高，在吸引大量外来旅游者的同时也会吸引外来投资，扩大生态旅游与文化旅游规模的同时也带来其他相关消费，从而为所在地区域经济发展注入生机与活力。沈阳继"一宫两陵"申遗成功之后，又圆满地举行了世界园艺博览会。郑州则在天地之中历史建筑群与中国大运河项目申遗成功后大力整治旅游综合环境，园博园建设如火如荼，其经济发展也充满了强劲的势头。

四是对社会各行业协调发展的凝聚作用突出。世界遗产项目对社会的进步起着或明或暗、或直接或间接的辐射、影响等作用。申报世界遗产需要动员社会各领域、各行业、各阶层人们共同凝心聚力、协调配合，世界遗产的管理和后续工作也需要广泛的参与与关心，需要社会各层面逐步形成良性合作与循环。从申遗到世界遗产保护与可持续发展，都会对社会面貌和社会环境具有极大的意义。

截至 2017 年 8 月，通过世界遗产评定准则的世界遗产共有 1073 处，分别位于 167 个成员国。其中，文化遗产占 832 处，自然遗产占 206 处，文化与自然双重遗产占 35 处。

世界遗产委员会将国家划分成五个地区：非洲、阿拉伯国家、亚洲和太平洋地区、欧洲和北美洲、拉丁美洲和加勒比地区。

第二节　世界遗产的分类及标准

一、世界遗产的分类

世界遗产有狭义与广义之分，两者之间主要是范围大小的区别。狭义的世界遗产包括文化遗产、自然遗产、文化与自然遗产、文化景观四类。广义的世界遗产，根据形态和性质，分为文化遗产、自然遗产、文化与自然双重遗产、记忆遗产、人类口述和非物

质遗产（简称非物质文化遗产）、文化景观遗产与濒危的世界遗产等。

1972年11月，联合国教科文组织在法国巴黎通过了《保护世界文化和自然遗产公约》（以下简称《保护世界文化和自然遗产公约》），将世界遗产分为文化遗产、自然遗产、文化与自然遗产三类；1992年12月，联合国教科文组织世界遗产委员会第十六届会议召开时提出将文化景观纳入《世界遗产名录》中；2003年10月，《保护非物质文化遗产公约》在联合国教科文组织第32届大会上通过，旨在保护以传统、口头表述、节庆礼仪、手工技能、音乐、舞蹈等为代表的非物质文化遗产。《保护非物质文化遗产公约》于2006年4月生效，从而将世界遗产的种类增加到五大类。

二、世界遗产的入选标准

入选世界遗产必须符合确定的标准，不同性质的世界遗产有不同的要求。

（一）世界文化遗产的入选标准

依据《保护世界文化和自然遗产公约》规定，入选文化遗产必须具有下列条件之一。

1. 文物类

从历史、艺术或科学角度看，具有突出的普遍价值的建筑物、雕刻和绘画，具有考古意义的成分或结构、铭文、洞穴、居住区及各类文物的综合体。

如秦始皇陵作为我国古代帝王陵墓的杰出代表入选《世界遗产名录》，正如世界遗产委员会评价的那样："毫无疑问，如果不是1974年被发现，这座考古遗址上的成千件陶俑将依旧沉睡于地下。秦始皇，这个第一个统一中国的皇帝，殁于公元前210年，葬于陵墓的中心。在他陵墓的周围环绕着那些著名的陶俑。结构复杂的秦始皇陵是仿照其生前的都城——咸阳的格局而设计建造的。那些略小于人形的陶俑形态各异，连同他们的战马、战车和武器，成为现实主义的完美杰作，同时也保留了极高的历史价值。"这座陵墓不仅具有考古意义的结构，也具有极强的科研和历史与文物价值。

2. 建筑群类

从历史、艺术或科学角度看，在建筑形式、同一性及其与景观结合方面，具有突出的普遍价值的单独或相互联系的建筑群。

如北京的故宫与曲阜三孔就是作为历史建筑群入选了《世界遗产名录》。正如世界遗产委员会评价所评价的那样："紫禁城是中国五个多世纪以来的最高权力中心，它以园林景观和容纳了家具及工艺品的9000个房间的庞大建筑群，成为明清时代中国文明无价的历史见证。"世界遗产委员会评价："孔子是公元前6世纪到公元前5世纪中国春秋时期伟大的哲学家、政治家和教育家。孔夫子的庙宇、墓地和府邸位于山东省的曲阜。孔庙是公元前478年为纪念孔夫子而兴建的，千百年来屡毁屡建，到今天已经发展成超过100座殿堂的建筑群。孔林里不仅容纳了孔夫子的坟墓，而且他的后裔中，有超过10万人也葬在这里。当初小小的孔宅如今已经扩建成一个庞大显赫的府邸，整个宅院包括了152座殿堂。曲阜的古建筑群之所以具有独特的艺术和历史特色，应归功于2000多年来中国历代帝王对孔夫子的大力推崇。"这是对这两大古建筑群最为贴切的评价。

3.遗址类

从历史、美学、人种学或人类学角度看，具有突出的普遍价值的工程或自然与人类的结合工程，以及有考古发掘遗址的地区。

如中国北京的周口店猿人遗址，世界遗产委员会评价："周口店北京人遗址位于北京西南 48 千米处，遗址的科学考察工作仍然在进行中。到目前为止，科学家已经发现了中国猿人属北京人的遗迹，他们大约生活在中更新世时代，同时发现的还有各种各样的生活物品，以及可以追溯到公元前 18000 年到 11000 年的新人类的遗迹。周口店遗址不仅是有关远古时期亚洲大陆人类社会的一个罕见的历史证据，而且也阐明了人类进化的进程。"

如意大利的庞培、赫库兰尼姆和托雷安农齐亚塔考古区，世界遗产委员会评价："公元 79 年 8 月 24 日维苏威火山的爆发，吞没了两个繁盛的罗马城市——庞贝和赫库兰尼姆以及那个地区的许多富家别墅。从 18 世纪中叶始，被掩埋的一切都逐渐挖掘出来并向公众公开开放。庞贝商业城的广阔，与规模不大却保存完好的赫库兰尼姆假日胜地相得益彰，而托雷安农齐亚塔的奥普隆蒂斯别墅的壮丽壁画，呈现给我们一幅早期罗马帝国富裕的市民生活方式的生动画面。"

凡提名列入《世界遗产名录》的文化遗产项目，必须符合下列一项或几项标准方可获得批准。

第一，代表一种独特的艺术成就，一种创造性的天才杰作。中国的万里长城先后经历了先秦、秦汉、明清等王朝的不断兴修与修缮加固，至今已经成为举世闻名的巨大城防建筑，在历史上发挥了重要的军事作用，现在已经作为人类历史上最伟大的建筑和我国古代劳动人民智慧和血汗的结晶载入史册，并于 1987 年列入《世界遗产名录》，成为世界文化遗产。

埃及的金字塔是历代埃及法老的墓葬，其规模之宏伟、建筑之精奇、设计之独特、施工难题之巧妙解决都堪称人类智慧与建筑艺术的突出代表，于 1979 年列入《世界遗产名录》。

我国西藏拉萨建筑在山顶的布达拉宫金碧辉煌，经历了 1000 多年的历程依然壮丽巍峨、令人心驰神往，与青藏高原特殊地理环境的融合，加上美丽的传说不仅使它成为一座精神的圣殿，更是高超的建筑艺术和宗教艺术的奇迹。布达拉宫于 1994 年列入《世界遗产名录》。

第二，能在一定时期内或世界某一文化区域内，对建筑艺术、纪念物艺术、城镇规划或景观设计方面的发展产生过重大影响。地处四川盆地中心成都平原的都江堰水利工程是先秦时期秦国的蜀郡太守李冰父子发挥聪明智慧、解决了一系列复杂的技术难题后，在前人开凿的基础上组织修建的大型水利工程。工程由分水鱼嘴、飞沙堰、宝瓶口等部分组成，在岷江从西部山区奔流而出的出口处修建而成。2000 多年来该工程历经修缮，甚至经受住了 2008 年汶川大地震的考验，一直发挥着防洪灌溉的作用，使成都平

原成为水旱从人、沃野千里的"天府之国"，至今灌区已达30多个县市、面积近千万亩，是全世界迄今为止年代最久、唯一留存、不间断使用、以无坝引水为特征的宏大水利工程，凝聚着中国古代汉族劳动人民勤劳、勇敢、智慧的结晶，于2000年列入《世界遗产名录》。

耸立于中国西部山区城市——十堰市境内的武当山，雄峰峻岭，标奇孕秀。武当山拥有深厚的历史文化底蕴，享有崇高的地位。在古代，作为道教圣地的武当山以"亘古无双胜境，天下第一仙山"著称。武当山历经千年建设而成的古建筑群与自然环境融而为一，是"天人合一"思想的重要体现。武当山于1994年列入《世界遗产名录》。

第三，能为一种已消逝的文明或文化传统提供一种独特的至少是特殊的见证。公元12—17世纪，浩瀚的太平洋西部曾出现过一个琉球王国。该王国拥有500多年的历史，现存雄伟的城堡遗址体现了那个时期琉球王国的社会结构，而岛上的宗教圣地则讲述着一种古代宗教延续到现代的变迁。500年中，琉球群岛王国广泛地与外界进行着经济和文化交流，从而造就了这一独特的文化遗存。由于复杂的国际关系，琉球国在外来侵略下灭亡，其文化依存也受到了摧残。2000年，琉球王国遗迹列入《世界遗产名录》。

在美洲，5000年前，开始发展出一种印第安人的文明——玛雅（Maya）文化。玛雅文化孕育、兴起、发展于今墨西哥合众国的尤卡坦半岛、恰帕斯和塔帕斯科两州和中美洲内的一些地方，包括今伯利兹、危地马拉的大部分地区、洪都拉斯西部地区和萨尔瓦多的一些地方。研究者推测玛雅文化流行地区的人口最高峰时达1400万人。玛雅文化是世界重要的古文化之一，在农作物栽培、商品经济、建筑和艺术领域、天文历法和数学成就、哲学、史学和文学等方面，对人类文明做出了重大的贡献。而玛雅文化的突变式兴起和突然消失成为人类文明进程中的巨大谜团。而现在依然存在的墨西哥的蒂卡尔古城和洪都拉斯的科潘遗址，就成为这一消逝的文明曾经存在过的证据，分别于1979年和1980年列入《世界遗产名录》。

第四，可作为一种建筑或建筑群或景观的杰出范例，展示出人类历史上一个（或几个）重要阶段。位于印度北方邦西南部的亚格拉市西郊的亚穆拉河畔的泰姬·玛哈尔陵，简称泰姬陵，为世界七大建筑奇迹之一，是印度莫卧儿王朝国王沙贾汗为他的爱妃泰姬·玛哈尔修建的白色大理石陵墓。泰姬陵环境非常优美，笼罩着静穆祥和的气氛，具有鲜明的伊斯兰风格，是世界纪念性建筑的典范，被称为"印度的珍珠"。泰姬陵由土耳其的建筑师乌斯塔特·艾哈迈德·拉合里设计建造，耗费4000多万卢比，占地17万平方米，四周围绕红砂石墙，历时22年完工。泰姬陵以独特的建筑风格和卓然的艺术魅力于1983年被列入《世界遗产名录》。

位于云南省的丽江古城，历经从元至清数百年的建设，成为一座具有综合性价值的历史文化名城，也是中国封建时代边远地区为数不多的没有城墙的土司城。世界遗产委员会评价："古城丽江把经济和战略重地与崎岖的地势巧妙地融合在一起，真实、完美地保存和再现了古朴的风貌。古城的建筑历经无数朝代的洗礼，饱经沧桑，它融汇了各个民族的文化特色而声名远扬。丽江还拥有古老的供水系统，这一系统纵横交错、精巧独特，至今仍在有效地发挥着作用。"与之相关，2015 年我国包括湖北咸丰唐崖土司城遗址、湖南永顺老司城遗址、贵州播州海龙屯遗址在内的中国土司遗产入选《世界遗产名录》，是因为中国土司建筑群"能为现存或已消逝的文明或文化传统提供独特的或至少是特殊的见证"，"是一种建筑、建筑整体、技术整体及景观的杰出范例，展示人类历史上一个或几个重要阶段"。

第五，可作为传统的人类居住地或使用地的杰出范例，代表一种（或几种）文化，尤其在不可逆转之变化的影响下变得易于损坏。承德避暑山庄及其周围寺庙地处中国农耕与游牧的边缘地带，清代皇室为维护和巩固统治、安抚少数民族，以及出于游乐需要而兴建了庞大的夏季行宫和寺庙群，庙宇、殿堂、园圃等各具特色、风格各异，而且恰如其分地利用了当地的地形地貌，营造出与环境完美统一的建筑氛围。避暑山庄不仅具有极高的美学研究价值，而且还保留着中国封建社会发展末期的罕见的历史遗迹。避暑山庄及其周围寺庙于 1994 年列入《世界遗产名录》。

位于古丝绸之路战略要点的敦煌，是古代行旅必经之地，人们在上千年的历史上，留下了极为宝贵的精神财富。莫高窟的 492 个小石窟和洞穴庙宇，以其雕像和壁画闻名于世，展示了延续千年的佛教艺术。而敦煌莫高窟所遭受的严重损毁危险使得人们不得不关注它的生命的延续问题。莫高窟于 1987 年列入《世界遗产名录》。

第六，与具有特殊普遍意义的事件或现行传统或思想或信仰或文学艺术作品有直接或实质的联系。杭州西湖因为拥有飞来峰等美丽的山水景观、动人的传说、文人墨客的遗迹、古代名人墓葬及灵隐寺等古刹丛林、有代表性的建筑规划而驰名海内外，2011 年入选《世界遗产名录》，成为世界文化遗产。河南登封天地之中历史建筑群包括法王寺、少林寺、嵩阳书院、观星台、周公测景台、嵩岳寺塔、太室阙和中岳庙、少室阙、启母阙、会善寺等庞大的建筑群落，融汇了三教精华，在历史上对中国文化思想、信仰等方面产生了非常重要的影响，于 2010 年入选《世界遗产名录》。

意大利北部阿迪杰河畔、威尼斯西，有意大利最古老、最美丽的城市之一维罗纳。维罗纳曾一直被人们看作罗马时代以来的军事重镇、历史古城，直到莎士比亚以维罗纳为故事发生地的《罗密欧与朱丽叶》问世，维罗纳成为罗密欧与朱丽叶的故乡。这里有许多罗马史迹，包括阿莱纳圆形大剧场，还有 50 多座不同时代与风格的教堂、24 座王公贵族的宫殿、3 座戈特式大钟楼、数十座城堡，以及大大小小建筑别具一格的王公陵墓。维罗纳于 2000 年入选《世界遗产名录》。

（二）世界自然遗产的入选标准

《保护世界文化和自然遗产公约》给自然遗产的定义是符合下列规定之一者。

1. 从美学或科学角度看，具有突出的普遍价值的由地质和生物结构或这类结构群组成的自然面貌

位于美国西部北落基山和中部落基山之间熔岩高原上的美国黄石国家公园是世界上

第一个也是最大的国家公园，建立于 1872 年。黄石公园具有突出的、普遍的地质结构群——公园内有美丽的湖光山色、世界上最大的火山口、幽深的大峡谷、300 个间歇喷泉、至少有 1 万个地热地形和持续的地震活动；也有大量的野生动植物生存和分布，如 7 种有蹄类动物，2 种熊和 67 种其他哺乳动物，322 种鸟类，18 种鱼类和跨境的灰狼，有超过 1100 种原生植物，200 余种外来植物和超过 400 种喜温微生物。1978 年列入《世界遗产名录》。

2. 从科学或保护角度看，具有突出的普遍价值的地质和自然地理结构以及明确划定的濒危动植物物种生态区

日本的屋久岛上有日本南部最高的山脉屋久岛山（最高点宫之浦岳海拔为 1935 米），自海滨到山巅的地势极为陡峭、岩床巨大，超过 1000 米以上的山峰有 30 多处，从滨海到山巅垂直分布着从亚热带到亚寒带的各种各样的植被，约有 1900 种植物物种和亚种分布于此，94 种是本地特有的，200 多种植物处于其分布地域的最南界；该区有 16 种哺乳动物，4 个亚种为当地独有。屋久岛国家公园于 1964 年成立，1975 年成立野生保护区，1993 年列入《世界遗产名录》。

日本富士山由七层玄武岩层构成，典型的成层火山，海拔 3776 米，是日本最高山峰。距今约一万年前，由于地壳变动而隆起形成的富士山，是有史以来曾经记载过十几次喷发的活火山。富士山是一座天然植物园，有多达 2000 余种植物。富士山被日本人民誉为"圣岳"，是日本民族的象征。2013 年列入《世界遗产名录》。

3. 从科学、保护或自然美角度看，具有突出的普遍价值的天然名胜或明确划定的自然地带

越南北部海湾中的下龙湾包括约 3000 个石灰岩岛屿和土岛。伸出海面的锯齿状石灰岩柱为该地典型景观，动植物品种丰富。因其景色酷似中国的桂林山水，亦称"海上桂林"。1994 年入选《世界遗产名录》。2011 年，被联合国教科文组织列为"世界新七大自然奇观"之一。

列入《世界遗产名录》的自然遗产项目必须符合下列一项或几项标准并获得批准。

第一，构成代表地球演化史中重要阶段的突出例证。2000 年列入《世界遗产》的芬兰克瓦尔肯群岛和瑞典的高地海岸坐落在波的尼亚湾，北部延伸至波罗的海。该群岛处于持续高速上升的过程中，地形持续改变，造成海岸线不断延长、岛屿增加，海湾逐步形成湖泊继而发展成为沼泽。冰川退却，并从大海中出现了新的土地。从 9600 年前最后一次冰川退化，该地区土地已隆起 285 米。克瓦尔肯群岛和高地海岸为人们了解地球表面冰川形成和土地隆起的重要过程提供了极好的机会。

第二，构成代表进行中的重要地质过程、生物演化过程及人类与自然环境相互关系的突出例证。加拿大魁北克省的米瓜莎公园拥有大量的泥盆纪（三亿七千万年前，号称"鱼的时代"）鱼类和植物化石，拥有世界上已发现的数量最大、保存最完好的鱼石螈的化石标本，构成地球生物演化史不可或缺的证据，于 1999 年入选《世界遗产名录》。

第三，独特、稀有或绝妙的自然现象、地貌或具有罕见自然美的地带。中国的丹霞地貌和天坑地貌是中国地质与地理学家对世界做出的巨大贡献。中国丹霞包含了正在进行的地质作用和地貌演化、重要的生命记录、重要的地貌形态或自然地理特征，反映了地球大陆地壳中生代以来的演化特征，具有突出的有关地球研究的科学价值。也表现了绝妙的自然景观，突出地表现了雄浑的山块形态、大气磅礴的丹霞崖壁，以红色为基调、融合大自然多种元素的山、石、林、水等自然要素于一体的景观特征。赤壁丹崖的崇高与险峻，象形景观的神奇与精绝，山水田园的雅秀与恬淡，沟谷茂林的幽深与清静，云遮雾障的奥妙与奇幻，使得中国丹霞构成世界上独具特色的自然地理现象和非同寻常的自然美。由中国西南、西北地区的湖南崀山、宁夏西吉火石寨、广东丹霞山、福建泰宁、江西龙虎山、贵州赤水、浙江江郎山 7 个著名的丹霞地貌景区组成的中国丹霞于 2010 年列入《世界遗产名录》。

第四，尚存的珍稀或濒危动植物种的栖息地。四川大熊猫栖息地涉及卧龙、四姑娘山、夹金山脉，囊括成都、阿坝、雅安、甘孜 4 个市州 12 个县，包含 7 个自然保护区、11 个风景名胜区。区域内生物物种丰富而独特，栖息着全球 30% 以上的野生大熊猫，是全球最大、最完整的大熊猫栖息地，也是人工繁殖大熊猫的重要基地。栖息地还保护了大量的特有濒危动植物物种，有其他 109 种哺乳动物（超过中国所有哺乳动物的 20%），其中有标志性哺乳动物如红熊猫、雪豹、云豹。该区域记录有 365 种鸟类，其中 300 种为本地独有。该区域是全球除热带雨林以外植物种类最丰富的区域之一（5000~6000 种）。许多物种如珙桐是古代遗存，还有玉兰、竹子、杜鹃、兰花等。该区域还是数百种濒危传统药用植物主要来源和基因库。它曾被自然保护国际选定为全球 25 个生物多样性热点之一，被全球环境保护组织确定为全球 200 个生态区之一。中国大熊猫栖息地 2006 年列入《世界遗产名录》。

（三）文化与自然双重遗产的入选标准

文化与自然双重遗产是同时符合文化遗产与自然遗产标准的世界遗产项目。此类项目反映了人类与自然的关系发展历程。

截至 2017 年 8 月，全世界共有文化与自然双重遗产 35 处。中国拥有泰山、黄山、峨眉山和乐山大佛、武夷山四项文化与自然双重遗产。

我国峨眉山和乐山大佛拥有独特的地理位置，自然景观雄秀神奇，地质地貌十分典型，生态环境保持完好；同时，由于其置身世界生物区系的结合过渡地带而拥有丰富的动植物资源，区域性明显，珍稀濒危物种繁多；还创造和积累了以佛教为核心的丰富文化内涵。该遗产项目在历史、美学、科研、科普和游览观光方面都具有很高的价值，成为世界文化与自然双重遗产当之无愧。

（四）文化景观遗产的入选标准

1992 年 12 月，在美国圣菲召开的联合国教科文组织世界遗产委员会第十六届会议

根据《保护世界文化和自然遗产公约》第一条"自然与人类的共同作品"提出文化景观的概念并纳入《世界遗产名录》。

根据《保护世界文化和自然遗产公约》，文化景观自身应具有突出和普遍的价值，在明确划定的地理——文化区域内具有高度代表性，并能够充分体现该区域独特文化因素。一般而言，文化景观体现的是在持久的土地使用过程中利用的现代化技术及景观自然价值的保持或提高。同时，文化景观的保护应当有助于保护生物多样性。

世界上的第一项文化景观遗产诞生于1992年，即新西兰的汤加里罗国家公园（Tongariro National Park）。我国目前拥有庐山、五台山、杭州西湖、红河哈尼梯田、左江花山岩画五项文化景观。一般来说，文化景观有以下类型。

1. 由人类有意设计和建筑的景观

此类遗产包括出于美学原因建造的园林和公园景观，它们经常（但并不总是）与宗教或其他纪念性建筑物或建筑群有联系。

杭州西湖文化景观区域内有"西湖十景"，以及保俶塔、雷峰塔遗址、六和塔、净慈寺、灵隐寺、飞来峰造像、岳飞墓（庙）、文澜阁、抱朴道院、钱塘门遗址、清行宫遗址、舞鹤赋刻石及林逋墓、西泠印社等不同时代人们依照一定的美学与实用功能相结合而设计建造的文化史迹，体量之大、内涵之丰富、建造时间跨度之长都属罕见。杭州西湖文化景观于2011年列入《世界遗产名录》。

2. 有机进化的景观

依照《保护世界文化和自然遗产公约》，此类遗产的产生是基于最初始的社会、经济、行政及宗教需要，并通过与周围自然环境的相联系或相适应而发展到目前的形式。依据世界遗产委员会的评价："江西庐山是中华文明的发祥地之一。这里的佛教和道教庙观，代表理学观念的白鹿洞书院，以其独特的方式融汇在具有突出价值的自然美之中，形成了具有极高美学价值的，与中华民族精神和文化生活紧密联系的文化景观。"庐山于1996年入选《世界遗产名录》。由于庐山在自然环境、地质构造、地形地貌和野生动植物资源方面也具有十分典型的特征，在可以预期的未来，庐山也有望成为世界文化与自然双重遗产。

文化景观还包括以下两个次级类别：

一是残遗物（或化石）景观，代表一种过去某段时间已经完结的进化过程，不管是突发的或是渐进的。它们之所以具有突出的普遍价值，原因在于其显著特点依然体现在实物上。

世界遗产委员会认为："五台山的建筑展示了一千多年来佛教建筑的发展历程及其对中国宫殿建筑的影响……其山体以险峻的山崖和五个开阔的无树台顶闻名遐迩，乃华北地区第一高峰。五台山是一座佛教圣山，其文化景观包括53座庙宇，均建于公元1世纪至20世纪早期……"五台山于2009年入选《世界遗产名录》。

二是持续性景观，它在当今与传统生活方式相联系的社会中，保持一种积极的社会作用，而且其自身演变过程仍在进行之中，同时又展示了其在历史上的演变发展的物证。

世界遗产委员会这样评价西班牙的阿兰胡埃斯文化景观:"它体现了许多复杂的关系,例如人类活动与自然的关系、蜿蜒水道与呈现几何形态的景观设计之间的关系、乡村和城市之间的关系,以及森林环境和当地富丽堂皇的精美建筑之间的关系。"由于历史的原因,阿兰胡埃斯充满了法国、阿拉伯等地的异域风情,曾遭大火烧毁,而后重建。西班牙王室花了 300 年时间对它进行保护和完善,使"我们不仅能看到人道主义和政治集权的观念,而且可以领略到公元 18 世纪建造的法国式巴洛克花园所体现出来的特色,以及启蒙运动时期伴随着植物种植和牲畜饲养所发展起来的城市生活方式"。2001 年,阿兰胡埃斯文化景观入选《世界遗产名录》。

3. 关联性文化景观

这类景观以与自然因素、强烈的宗教、艺术或文化相联系为特征,而不是以文化物证为特征。

杭州西湖文化景观中众多文化史迹与西湖的自然风光、气象气候、宗教信仰、诗歌文学建筑雕塑等艺术形式甚至中国传统文化都有着广泛的关联性。

目前,列入《世界遗产名录》的文化景观还不多,一般都归入文化遗产类别。随着人们对文化景观认识的逐渐深入,文化景观的独特性将愈加明显。

(五)濒危的世界遗产的入选标准

列入《濒危世界遗产名录》的世界遗产必须符合以下条件:

第一,遗产地具备世界遗产的资格,即遗产地本身就是世界遗产。

第二,由于一些原因,面临被毁坏的危险。

根据《保护世界文化和自然遗产公约》,古迹遗址、自然景观列入《世界遗产名录》并非一劳永逸。不论什么原因,一旦这些项目的继续存在受到了某种严重威胁,经过世界遗产委员会调查和审议,可列入《处于危险之中的世界遗产名录》,以便及时启动紧急抢救措施。

(六)人类口头与非物质文化遗产代表作的入选标准

人类口头和非物质文化遗产代表作又称无形遗产,或称非物质文化遗产,是相对于有形的世界遗产即可传承的具有物质形态的世界遗产而言的概念。它是各地区或族群世代相承的、与生产生活息息相关的传统文化表现形式。

相对于官方层面而言,民间创作是指某一个族群或社区的朴素创作,包括语言、文学、音乐、舞蹈、游戏、神话、礼仪、习惯、手工业、建筑术及其他多姿多彩的艺术形式。1989 年 10 月 17 日至 11 月 16 日,联合国教科文组织第二十五届会议通过《保护民间创作建议案》,建议世界各国尽快采取行动,保存、保护并传播民间创作这一全人类的共同遗产。1989 年,联合国教科文组织公布了《人类口述与非物质遗产代表作条例》,旨在奖励口头和非物质遗产的优秀代表作品。

　　无形遗产种类多样、形式丰富，因此代表作的范围十分宽泛，包括口头传统、语言、传统表演艺术（含戏曲、音乐、舞蹈、曲艺、杂技等民间艺术形式）、民俗礼仪、节庆、反映人与环境关系的知识与实践活动、手工技艺及相关的文化空间等。

　　根据相关规定，联合国教科文组织总干事定期向会员国发布已被宣布为"人类口述和非物质遗产代表作"清单。这些代表作在经过严格的申报程序、由专家进行评估后产生。代表作必须符合两方面标准的要求：一是要在文化上具有特殊价值，二是要有明确的组织措施来保证这些代表作的存续。代表作还必须接受联合国教科文组织的监督，即每两年必须向教科文组织报告行动规划的实施情况。如果不遵守行动规划，代表作称号可能被撤销。

第三节　世界遗产的特征与标志

一、世界遗产的特征

（一）全世界区域分布的不均衡

　　一方面是在全球范围内国家和地区的不均衡：截至 2016 年，加入《保护世界文化和自然遗产公约》的有 193 个国家和地区，还有 39 个国家和地区没有开展这一项目。截至 2017 年 8 月，已通过评审的世界遗产项目总数为 1073 处，分别位于 167 个成员国，26 个成员国没有任何世界遗产。

　　另一方面是自然遗产与文化遗产的不均衡。在全部世界遗产项目中，文化遗产有 832 处，自然遗产有 206 处，文化与自然双重遗产有 35 处，自然遗产和双重遗产明显数量偏少。

　　为了解决这一问题，联合国教科文组织世界遗产委员会一直在研讨。2000 年，在澳大利亚提出凯恩斯决议，打算一国只能申报一项，但此决议遭到广泛质疑。2004 年，世界遗产委员会的苏州会议决定从 2006 年起，一国两项预备申报，但其中必须包含一项自然遗产，试图减少这一不均衡现象。2006 年，世界遗产委员会立陶宛维尔纽斯第三十届世界遗产大会上，我国申报了殷墟和四川大熊猫保护区两项，分别作为文化遗产和自然遗产，均获通过；2016 年，我国申报的左江花山岩画和湖北神农架也是如此，也获得了成功；2017 年，我国申报了可可西里和鼓浪屿两项，也获得了通过。

（二）世界遗产具有多方面的价值

　　从世界遗产委员会对世界遗产的定义来看，世界遗产往往不仅仅在某一个方面具有突出的意义和价值；以世界遗产评选标准来看文化遗产，除了历史价值外，还会具有艺术与美学价值，人与自然复杂关系的环境价值，自然与文化互动关系的理论价值，对全人类或警示或激励的普遍价值等。文化景观主要作为近现代世界遗产项就是基于这一考虑而设立的。

以世界遗产评选标准来看自然遗产，也不能仅仅具有审美的价值，美学标准不是唯一的条件。对自然遗产的审视还应综合生态、地质演变等科学研究价值与生物多样性等环境价值来考虑。这也是自然遗产的普遍意义和价值。

（三）世界遗产具有双重属性

世界遗产的双重性指的是，所有的世界遗产项目都同时具有世界性和民族性两个属性。

所谓世界遗产的世界性即其全人类性，也就是《保护世界文化和自然遗产公约》中关于世界遗产概念规定中的普遍意义，即科学性、审美性、艺术性及相关的启示意义；所谓世界遗产的民族性则指每一项世界遗产都具有它所属地区的居民的生产生活或其他方面的烙印，即在全球范围的独特性。

如世界非物质文化遗产中，中国的端午节风俗与韩国的端午祭习俗就有本质的不同。韩国端午祭缺乏了中国端午节吃粽子、赛龙舟和祭奠屈原的内容，一方面是韩国端午祭的民族性的表现，也从侧面证明了中国端午节习俗的独特性。

在世界遗产各项目中，跨国遗产的存在是一个非常典型的现象。由于历史或现实的原因，有的世界遗产项目会同时分布于一个或几个国家，可能会由相关的国家联合申请，从而使这一遗产具有了世界性的意义。如2014年6月22日，在第三十八届世界遗产大会上，由中、哈、吉三国联合申报的"丝绸之路：起始段和天山廊道的路网"成功申报世界文化遗产，其中6处遗产点在我国新疆段。

（四）自然与文化的互渗性

自然环境为人类活动提供了空间和资源，是人类创造物质和精神文明的基本物质基础。自然环境自身也产生了大量具有典型性和不可替代意义的世界遗产。于是自然遗产往往会带有它所在区域人们的文化特质，而文化遗产更是不可避免地与自然环境之间产生了互动的关系，从而与自然环境有着不可分割的密切关系。也就是说，自然遗产或有文化因素，文化遗产也会有其自然属性。这方面，世界自然与文化双重遗产无疑具有突出的代表意义。

二、世界遗产标志及其含义

（一）世界遗产的标志

1972年，联合国教科文组织世界遗产委员会成立，世界遗产项目开始启动。人们就开始了对世界遗产标志的思考。1976年开始酝酿以何种图案作为世界遗产标志最合适，1977年在世界遗产委员会会议上开始讨论，1978年世界遗产委员会华盛顿会议正式推

图1-1 世界遗产标志

出比利时设计师米歇尔奥列夫设计的Logo（见图1-1），并进行了解释和说明。1996年经过修改后定型。

（二）世界遗产标志的含义

根据世界遗产委员会的解释：世界遗产标志由外圆内方并相互关联的图案组成。图案中的立起来的正方形代表了人类技艺与灵感的创造，外围的圆圈意味着世界遗产是大自然的恩赐。圆在外，方在内表明人类的所有的发明创造都离不开大自然的范围。两者以线条密切关联，象征着文化遗产与自然遗产的相互依存关系。标志呈圆形，象征全世界，也象征着对世界遗产的保护。这一标志符合《保护世界文化和自然遗产公约》人与自然和谐共处，世界遗产是人类共同的财富，全世界共同保护世界遗产的宗旨，从而得到了世界遗产缔约国的共同认可。除非物质文化遗产外，所有的世界遗产项目都会立上一块世界遗产标志碑。

三、世界遗产的组织设立

经过长期的酝酿，1976年11月，在联合国教育、科学及文化组织内，建立了文化遗产和自然遗产的政府间委员会，即世界遗产委员会。世界遗产委员会由21名成员组成，其主要职责是具体负责《保护世界文化和自然遗产公约》的实施。委员会成员每届任期6年，每两年改选其中的三分之一。委员会内由7名成员构成世界遗产委员会主席团，主席团每年举行两次会议，筹备委员会的工作。委员会每年召开一次会议，主要决定哪些遗产可以列入《世界遗产名录》，对已列入名录的世界遗产的保护工作进行监督指导。

为了切实促进世界遗产的保护工作，世界遗产委员会下设"世界遗产基金委员会、世界遗产中心（World Heritage Centre，即"公约执行秘书处"），另有国际古迹遗址理事会、世界自然保护联盟作为其重要的咨询机构，对世界遗产的评选、评估起到了重要的作用。

世界遗产委员会及相关机构的确立与存在，对世界遗产项目的推进、全球世界遗产保护事业的进步和全世界人类的共同利益已经并仍在做出巨大贡献。

以下是世界遗产委员会历次会议：

第一届会议：1977年6月27日至7月1日，在巴黎教科文组织总部举行，伊朗担任主席国，没有一项遗产地列入《世界遗产名录》。

第二届会议：1978年5月7日至9日，在美国华盛顿举行，美国担任主席国，有加拿大、厄瓜多尔、埃塞俄比亚、德国、波兰、美国、塞内加尔等国的12个遗产地首次列入《世界遗产名录》，自此诞生了第一批世界遗产。

第三届会议：1979年10月22日至26日，在埃及卢克索举行，埃及担任主席国。

第四届会议：1980 年 9 月 1 日至 5 日，在法国巴黎举行，法国担任主席国。

第五届会议：1981 年 10 月 26 日至 30 日，在澳大利亚悉尼举行，澳大利亚担任主席国。

第六届会议：1982 年 12 月 30 日至 1983 年 1 月 17 日，在巴黎教科文组织总部举行，澳大利亚担任主席国。

第七届会议：1983 年 12 月 5 日至 9 日，在意大利佛罗伦萨举行，意大利担任主席国。

第八届会议：1984 年 10 月 29 日 11 月 2 日，在阿根廷布宜诺斯艾利斯举行，阿根廷担任主席国。

第九届会议：1985 年 12 月 2 日至 6 日，在巴黎教科文组织总部举行，坦桑尼亚担任主席国。

第十届会议：1986 年 11 月 24 日至 28 日，在巴黎教科文组织总部举行，加拿大担任主席国。

第十一届会议：1987 年 12 月 7 日至 11 日，在巴黎教科文组织总部举行，加拿大担任主席国，41 个新的遗产地列入《世界遗产名录》，增加了 6 个拥有世界遗产的国家。中国首次有故宫博物院、周口店北京人遗址、泰山、长城、秦始皇陵（含兵马俑坑）、敦煌莫高窟 6 处文化与自然遗产列入《世界遗产名录》。

第十二届会议：1988 年 12 月 5 日至 9 日，在巴西巴西利亚举行，巴西担任主席国。

第十三届会议：1989 年 12 月 11 日至 15 日，在巴黎教科文组织总部举行，突尼斯担任主席国。

第十四届会议：1990 年 12 月 7 日至 12 日，在加拿大班夫举行，加拿大担任主席国。

第十五届会议：1991 年 12 月 9 日至 13 日，在突尼斯迦太基举行，突尼斯担任主席国。

第十六届会议：1992 年 12 月 7 日至 14 日，在美国圣达菲举行，美国担任主席国。

第十七届会议：1993 年 12 月 6 日至 11 日，在哥伦比亚卡塔赫纳举行，哥伦比亚担任主席国。

第十八届会议：1994 年 12 月 12 日至 17 日，在泰国普吉岛举行，泰国担任主席国。

第十九届会议：1995 年 12 月 4 日至 9 日，在德国柏林举行，德国担任主席国。

第二十届会议：1996 年 12 月 2 日至 7 日，在墨西哥梅里达举行，墨西哥担任主席国。

第二十一届会议：1997 年 12 月 1 日至 6 日，在意大利那不勒斯举行，意大利担任主席国。

第二十二届会议：1998 年 11 月 30 日至 12 月 5 日，在日本京都举行，日本担任主席国。

第二十三届会议：1999 年 11 月 29 日至 12 月 4 日，在摩洛哥马拉喀什举行，摩洛哥担任主席国。

第二十四届会议：2000 年 11 月 27 日至 12 月 2 日，在澳大利亚凯恩斯举行，澳大利亚担任主席国。

第二十五届会议：2001 年 12 月 11 日至 16 日，在芬兰赫尔辛基举行，芬兰担任主

席国。

第二十六届会议：2002年6月24日至29日，在匈牙利布达佩斯举行，匈牙利担任主席国。

第二十七届会议：2003年6月30日至7月5日，在巴黎教科文组织总部举行，圣卢西亚担任主席国。（此次会议原定在中国苏州召开，由于中国"非典"而易地）。

第二十八届会议：2004年6月28日至7月7日，在中国苏州举行，中国担任主席国。

第二十九届会议：2005年7月10日至16日，在南非德班召开，南非担任主席国。

第三十届会议：2006年7月8日至16日，在立陶宛维尔纽斯召开，立陶宛担任主席国。

第三十一届会议：2007年6月23日至7月3日，在新西兰基督城举行，新西兰担任主席国。

第三十二届会议：2008年7月2日至10日，在加拿大魁北克城举行，加拿大担任主席国。

第三十三届会议：2009年6月22日至7月1日，在西班牙塞维利亚召开，西班牙担任主席国。

第三十四届会议：2010年7月25日至8月3日，在巴西利亚举行，巴西担任主席国。

第三十五届会议：2011年6月19日至29日，在巴黎教科文组织总部举行，巴林担任主席国。

第三十六届会议：2012年6月24日至7月6日，在俄罗斯圣彼得堡举行，俄罗斯担任主席国。

第三十七届会议：2013年6月16至27日，在柬埔寨金边和暹粒两地举行。柬埔寨担任主席国。

第三十八届会议：2014年6月15日至25日，在卡塔尔多哈举行，卡塔尔担任主席国。

第三十九届会议：2015年6月28日至7月8日，德国波恩举行，德国担任主席国。

第四十届会议：2016年7月10日至17日，在土耳其伊斯坦布尔举行，土耳其任主席国。

第四十一届会议：2017年7月2日至12日，在波兰克拉科夫举行，波兰担任主席国。

第二章

世界遗产的管理、保护和可持续发展

为了落实《保护世界文化和自然遗产公约》，世界遗产委员会对全世界范围的世界遗产项目实行严格的申报和评定，以及制度化的后续监督、管理工作。

第一节　世界遗产的申报和评定

根据世界遗产委员会相关工作程序，世界遗产项目的申报和评定必须依照规定程序（即先申报再评定）来进行。

一、世界遗产的申报

根据世界遗产委员会的《世界文化和自然遗产公约》的操作指南，各缔约国申报世界遗产的程序如下。

（一）缔约国提名

《保护世界文化和自然遗产公约》缔约国具有提名世界遗产项目的资格，提名时须提交以下材料：

（1）准备提名的确切地点，包含所在国家、省市、遗产名称等信息，并同时提交标明遗产项目地点和地理坐标的地图和平面图。

（2）提名项目的相关法律资料，应包含遗产项目所有者（公有或私有的性质）、本遗产项目保护和管理的有关法律和条例、开放程度、管理机构和组织。

（3）项目的说明材料，含遗产项目描述和图表、照片和影像资料、历史状况等文献资料。

（4）项目的保存状况，即现状描述、保护管理机构、此前的保管过程、保护措施、

当地的开放计划等。

（5）提议列入名录的理由，即符合《保护世界文化和自然遗产公约》中哪些规定的标准、在与其他同类地点比较的前提下本地点的保护状况、遗产的真实性的评估。

（6）若提名项目为建筑群或遗址群，则需提供以下特别材料：不同范围内容和比例尺的地图、地形图和平面图，多种照片幻灯片和光盘，有关本遗产研究成果的论著和相关机构的资料、有关保护的法律资料、各级管理机构的资料。

缔约国提交的资料应当全面并符合真实性的要求，不得弄虚作假、胡编乱造，如果在审核时发现资料不完整或有作假现象，则该项目将会被取消申报资格。

（二）申报

根据《世界文化和自然遗产公约》的操作指南，世界遗产的申报需要完成以下步骤：

（1）一个国家首先要签署《保护世界文化和自然遗产公约》并保证保护该国的文化和自然遗产，成为缔约国。

（2）缔约国要把本土上具有突出普遍价值的文化和自然遗产列出一个预备名单。

（3）从预备名单中筛选要列入《世界遗产名录》的遗产。

（4）把填写好的提名表格寄给联合国教科文组织世界遗产中心。

二、世界遗产的评定

在缔约国提名和申报程序完成后，就进入了评定阶段，工作程序如下：

（1）联合国教科文组织世界遗产中心检查提名材料是否完全，并送交世界自然保护联盟和国际古迹遗址理事会评审。

（2）按照文化与自然遗产的标准，世界自然保护联盟和国际古迹遗址理事会对上交的提名进行评审。相关机构将委派专家到现场评估遗产的保护和管理情况。

（3）世界自然保护联盟和国际古迹遗址理事会提交评估报告。

（4）世界遗产委员会主席团（7名成员国代表）审查提名评估报告，并向委员会提交推荐名单。

（5）世界遗产委员会（由21名成员组成）召开世界遗产大会，最终决定相关项目入选、推迟入选或淘汰的评定结果。入选则列入《世界遗产名录》，推迟入选则需要补充完整材料后再行申报，淘汰的可再申报一次，如果再次落选，则永无再申报的资格。

第二节　世界遗产的管理

入选《世界遗产名录》的项目，必须接受联合国教科文组织世界遗产委员会的监督和管理。

一、世界遗产的管理机构

（一）联合国教科文组织

该组织 1946 年 11 月 4 日成立，总部设在法国巴黎，该组织 Logo 见图 2-1。截至 2011 年 11 月 23 日，联合国教科文组织有成员国 195 个，另有 9 个准成员，共计 204 个国家和地区，中国是联合国教科文组织创始国之一，1971 年恢复在联合国的合法地位。1972 年恢复在该组织的活动。其宗旨是促进教育、科学及文化方面的国际合作，以利于各国人民之间的相互了解，维护世界和平。

图 2-1　联合国教科文组织 Logo

（二）世界遗产委员会

联合国教科文组织世界遗产委员会即联合国教科文组织世界遗产委员会，是政府间组织，该组织 Logo 见图 2-2。1972 年 11 月 16 日，联合国教科文组织大会第十七届会议在巴黎通过了《保护世界文化和自然遗产公约》。1976 年 11 月，世界遗产委员会在内罗毕举行的第一届《保护世界文化和自然遗产公约》成员国大会上正式成立。根据该公约，设立了世界遗产委员会和世界遗产基金。

图 2-2　世界遗产委员会 Logo

（三）世界遗产中心

由联合国教科文组织设置，又称为"公约执行秘书处"。

（四）国际古迹遗址理事会

该组织简称 ICOMOS，Logo 见图 2-3。1965 年在波兰华沙成立，是世界遗产委员会的专业咨询机构。

图 2-3　国际古迹遗址理事会 Logo

（五）世界自然保护联盟

简称自保联盟，英文简称为 IUCNNR，即 International Union for Conservation of Nature and Natural Resources 的缩写，是专职进行世界自然环境保护的国际组织。该联盟于 1948 年在瑞士格兰德（Gland）成立。

二、世界遗产的管理体系

世界遗产的管理体系是一个完整的系统，分为不同的层级。具体可以划分为决策层、执行层和协作咨询层。这个体系遵循一套动态、开放、操作性极强的制度，对烦琐的世界遗产相关事务进行着高效的管理。

（一）决策层

决策层指的是具有在世界遗产的项目申报和筛选，世界遗产管理的制度建设，在世界遗产的现状分析基础上确立世界遗产的发展趋势等问题具有最终裁决权的机构，即联合国教科文组织下属的世界遗产委员会和按照世界遗产规则建立起的世界遗产大会。

1. 世界遗产委员会

世界遗产委员会是联合国教科文组织的下设机构，属于政府间组织，1976 年 11 月，世界遗产委员会在内罗毕举行的第一届"保护世界文化和自然遗产公约"成员国大会上正式成立。委员会是联合国教科文组织的下设机构，负责《保护世界文化和自然遗产公约》的实施。

世界遗产委员会由 186 个《保护世界文化和自然遗产公约》缔约国中的 21 个成员组成，委员会成员每届任期为 6 年，每两年改选其中的三分之一。委员会内由 7 名成员构成世界遗产委员会主席团，主席团每年举行两次会议，筹备委员会的工作。世界遗产委员会承担以下 4 项主要任务：

（1）在挑选录入《世界遗产名录》的文化和自然遗产地时，负责对世界遗产的定义进行解释。在完成这项任务时，该委员会得到国际古迹遗址理事会和国际自然资源保护联盟的帮助；这两个组织仔细审查各缔约国对世界遗产的提名，并针对每一项提名写出评估报告。国际文物保护与修复研究中心也对该委员会提出建议，如文化遗产方面的培训和文物保护技术的建议。

（2）审查世界遗产保护状况报告。当遗产得不到恰当的处理和保护时，该委员会要求缔约国采取特别性保护措施。

（3）经过与有关缔约国协商，该委员会做出决定把濒危遗产列入《濒危世界遗产名录》。

（4）管理世界遗产基金。对为保护遗产而申请援助的国家给予技术和财力援助。

中国于 1985 年加入《保护世界文化和自然遗产公约》，成为缔约方。1999 年 10 月 29 日，中国当选为世界自然与文化遗产委员会成员。

2. 世界遗产大会

世界遗产大会是世界遗产委员会的年会，每年在不同的国家定期举行（现一般是在每年 6 月），主要决定哪些遗产可以列入《世界遗产名录》，对已列入名录的世界遗产的保护工作进行监督指导。

（二）执行层

执行层即对于联合国教科文组织世界遗产委员会和世界遗产大会的决议负有具体执行职责的机构，也就是世界遗产中心（即"公约执行秘书处"），还有根据《保护世界文化遗产和自然遗产公约》而设立的世界遗产基金。

1. 世界遗产中心

该中心协助缔约国具体执行《保护世界文化和自然遗产公约》，对世界遗产委员会提出建议，执行世界遗产委员会的决定。其主要职能是组织年会、为各国世界遗产提名提供咨询和技术援助、调整世界遗产状况报告、当世界遗产遇到威胁时采取紧急措施、管理世界遗产基金。

2. 世界遗产基金

为更好地管理世界遗产，世界遗产委员会设立了"世界遗产基金"。按照《世界文化和自然遗产公约》的操作指南，世界遗产基金来源包括：①缔约国义务捐款和自愿捐款；②其他国家、联合国教科文组织、联合国系统其他组织、其他政府间组织、公共或私立机构或个人的捐款、赠款或遗赠；③基本款项所得利息；④募捐的资金和为本基金组织的活动所得收入；⑤基金条例所认可的其他资金。

为防止在世界遗产管理中出现有害世界遗产工作的现象，《世界文化和自然遗产公约》的操作指南规定"对基金的捐款不得带有政治条件"，还规定缔约国每两年定期向世界遗产基金纳款等。

（三）协作咨询层

该层面主要指的是与决策层和执行层之间产生协作关系的层面，具体涉及两个咨询机构（国际古迹遗址理事会和世界自然保护联盟）和各缔约国的世界遗产管理机构。

1.国际古迹遗址理事会

国际古迹遗址理事会由世界各国文化遗产专业人士组成，是古迹遗址保护和修复领域唯一的国际非政府组织，在审定世界各国提名的世界文化遗产申报名单方面起着重要作用。

我国于1993年加入ICOMOS，成立了国际古迹遗址理事会中国委员会（ICOMOS China），即中国古迹遗址保护协会。

国际古迹遗址理事会第十五届大会暨国际科学研讨会，于2005年10月17日至21日在世界著名古都西安举行，大会通过了《西安宣言》。国际古迹遗址理事会西安国际保护中心于2006年10月1日在西安成立。西安国际保护中心为世界各地申报世界文化遗产提供咨询帮助，并积极开展国际文化遗产保护项目的合作和协调等工作，系ICOMOS在世界范围内设立的唯一业务中心。

2.世界自然保护联盟

世界自然保护联盟简称IUCN，是世界遗产委员会的重要咨询机构，在世界自然遗产的评估问题上发挥着重大作用，其Logo如图2-4所示。该机构由全球82国家、120位政府组织、超过800个非政府组织、10000个专家及科学家组成，共有181个成员国。目前，该机构是世界最大、最重要的自然保护组织，其成员来源广泛，政府及非政府机构都能参与合作。当前该机构共有的会员（国家、政府机构以及非政府组织）915个，遍及133个国家。联盟设立6个专家委员会，委员会的专家与其他志愿者均需以个人名义加入联盟，总人数已超过8500名。其执行机构为秘书处，总部设于瑞士格兰德，由秘书长采取分散式领导。管理工作由主席所领导的议会负责。

图2-4　世界自然保护联盟Logo

3.各缔约国世界遗产管理机构

各缔约国可以根据各国情况自行设立世界遗产管理机构，这些机构都是世界遗产工作的协作机构。主要负责向世界遗产委员会和世界遗产中心提供本国世界遗产预备名单和申报资料，管理和维护已入选的世界遗产项目，进行本国世界遗产项目的常规监测并报送相关资料，参与世界遗产大会，必要时承办世界遗产大会并担任主席国，参加世界遗产工作的国际合作，并准时向世界遗产基金缴纳捐款等。

三、世界遗产的管理机制

依据《威尼斯宪章》《内罗毕建议》《佛罗伦萨宪章》《华盛顿宪章》《巴拉宪章》《保护世界文化和自然遗产公约》《1987守则》，当缔约国申报的项目入选《世界遗产名录》以后，世界遗产委员会就开始了管理工作，其工作主要包括以下几方面。

（一）在必要情况下提供遗产保护的国际援助

缔约国在特殊的情况下，会提出关于遗产保护的国际援助请求，这些援助包括：

1. 技术设备援助

由于世界遗产的特殊性，在遗产保护问题上往往会出现所在国政府难以独立应对的情况，如技术和设备的缺乏，这就有必要由世界遗产委员会进行国际援助，包括延请国际范围内相关的技术专家，全球范围内采购、租赁或征集相关设备。

2. 资金援助

对于广大发展中国家来说，资金短缺往往是世界遗产保护的关键问题。所有入选《世界遗产名录》的世界遗产项目，世界遗产委员会都有义务根据所在国的请求审批并使用世界遗产基金对其进行资金援助。

3. 教育援助

世界遗产委员会的教育援助主要是"世界遗产管理人"项目。该项目旨在通过跨国的培训和教育来培养按照国际规则进行世界遗产管理的专业工作人员。项目除集中培训外，往往以所在国现有世界遗产为依托，进行案例研讨。项目的实施可以吸纳外来捐款赞助。如 2006 年世界遗产委员会实施的世界遗产管理人项目就是与国际保险业巨头法国安盛集团合作进行的，其中对中国云南省丽江世界文化遗产的研究项目取得了初步成果。2006 年 3 月 16 日，由联合国教科文组织主办、法国安盛集团和 MAZARS 集团联合资助的全球首个学院派的"世界遗产管理人"奖学金培训计划，在巴黎正式宣布启动，并正式颁布全球首个世界遗产管理人奖学金。

（二）进行监测管理

鉴于世界遗产事业蓬勃发展，世界遗产委员会从 1994 年开始启动全球范围内的世界遗产监测管理。监测分为系统监测与反应性监测两种。

1. 系统监测

由世界遗产地主权国每年主动进行系统全面的检查和评估工作就是系统监测。监测主要由本国完成，但可以邀请其他方面的专家作为顾问。世界遗产中心及公约秘书处准备详尽的资料和文件，并协调专业咨询活动。世界遗产中心已设立了挪威办事处、亚太地区办事处。为便于更有效地开展工作，系统监测尽可能分地区进行，把任务和责任落实到各分区。

根据《世界遗产公约操作规则》（以下简称《规则》），拥有世界遗产的缔约国必须每 6 年要向世界遗产委员会提交一份报告，就本国入选的世界遗产保护状况做出详尽的说明。《规则》规定，遗产地的管理者要对相关遗产项目的保存状况，主客观条件，一些重大举措的性质、内容及后果等做出详细的具体到逐年、逐月，甚至逐日的记录与说明。

通过系统监测，世界遗产委员会的责任是根据具体情况提前一年决定在监测中发现

的问题提交下一次世界遗产大会进行讨论和审议。

系统监测是在世界遗产相关机构监督和指导下进行的，各遗产地须提高管理水平，有适当超前的、稳妥的管理规划，尽可能减少官方紧急干预，还应采取预防措施尽可能减少不良后果；缔约国政府应提高宏观政策水平和规划水平，提高对遗产的保护区和缓冲区管理与预见性保护的水平；对世界遗产大区，应该积极开展地区内的国际合作。

2. 反应性监测

对缔约国来说，反应性监测是被动监测。一般来说，反应性监测由世界遗产中心、联合国教科文组织的其他机构及顾问成员根据从各渠道了解到的线索对全球范围内的世界遗产项目进行考察和评估，就发现的问题向世界遗产委员会提出评估报告，交由委员会根据有关公约的条款做出相应反应的一种监测管理行为。

缔约国有义务配合相关考察和评估工作，也必须就项目保护状况、事件发生的原委、所采取的措施等向委员会提交详细报告。

反应性监测的评估完成后世界遗产委员会会给出相应结论，如继续保持、需要国际援助与合作、黄牌警告。极为严重的情况是：若损毁严重、保护措施不力，则将相关项目列入《濒危的世界遗产名录》，甚至将其从《世界遗产名录》中删除。如果列入《濒危的世界遗产名录》后缔约国采取了有效的措施或通过国际援助的方式使其恢复了原貌或挽回了大部分损失，则可能将其从《濒危的世界遗产名录》删除，恢复其原有的世界遗产地位。

到目前为止，被删除的世界遗产项目有：阿曼的阿拉伯羚羊自然保护区（1994 年列入，2007 年从世界遗产名录删除）、德国德累斯顿的易北河谷（2004 年入选，2006 年列入濒危，2013 年除名）。中国武陵源自然风光因违规建筑太多破坏了景观完整性曾经被世界遗产委员会严重警告，后拆除相关建筑后得以解除警告。

第三节　世界遗产的保护

在全世界共同关心下，在联合国教科文组织世界遗产委员会积极努力和各缔约国配合下，世界遗产事业正在被全世界国家和人民广泛了解和认同，但也存在一些问题。

一、世界遗产的总体现状

总体来说，世界遗产趋势良好，但也存在一些问题，令人担忧。

（一）世界遗产走上良性发展轨道

1. 全世界的认同
自《保护世界文化和自然遗产公约》出台以来，尤其在联合国教科文组织框架内世界遗产委员会及相关机构成立以来，世界遗产问题得到全世界的广泛关注，越来越多的国家加入并缔结了该公约，世界遗产工作得到各缔约国的认同，一些非缔约国也对世界遗产事业充满了期待。

2. 世界遗产宣传深入人心

1976 年以来，世界遗产委员会在各缔约国开展了卓有成效的世界遗产名录收录工作。这些缔约国已经达到并超过了全世界国家和地区总数的三分之二以上，世界自然遗产、文化遗产和混合遗产数量已经达到 1073 处，分布在全球的 167 个国家，在各缔约国，尤其是已经拥有世界遗产的缔约国，人们普遍了解世界遗产这一宝贵的人类共同财富。

3. 不少国家掀起申遗热潮

在《保护世界文化和自然遗产公约》缔约国，积极申报世界遗产已经成为一些国家政府和民间的共识，申遗准备工作在相关国家各阶层、各层面、各类机构和人员共同努力下成为热潮，对于保护世界文化与自然遗产具有十分重要的意义。

4. 世界遗产旅游迅猛发展

由于世界遗产所具有的突出代表性、不可替代性、罕见性等原因，以及全世界大众性旅游活动的普遍开展，世界遗产旅游渐渐成为旅游活动中一个引人注目的现象。每当新一届世界遗产大会评选出新的世界遗产项目时，这些遗产地无一例外会迎来井喷式的游客潮，从而使世界遗产的宣传、科普及教育功能得到较好的体现。

5. 世界遗产数量稳步增加

根据世界遗产委员会的相关规定，目前每年参与评选的项目不得超过 65 项，加之受到 2000 年凯恩斯决议的影响，每个国家每年只能申报一项，2004 年苏州决议后，从 2006 年开始，一国可以同时申报两项，世界遗产数量因此缓慢增长。但世界遗产总数却在稳步增加。尤其是 1992 年美国孟菲斯会议上文化景观遗产项目设立以来，为许多国家的近现代遗产提供了入选《世界遗产名录》的条件，未来将会有更多国家更多项目入选名录。

（二）世界遗产保护还存在一定的问题

1. 对世界遗产的续存造成威胁的传统因素依然存在

迄今为止，世界遗产的续存仍受到一些传统因素的威胁，如局部战争和冲突、自然风化、白蚁等昆虫啃噬、城市与乡村规划或乱砍乱伐、滥采滥挖等行为对遗产地保护区和缓冲区的侵占、对景观的破坏。

德国德累斯顿的易北河谷就是因为当地政府借口交通拥堵、不顾及世界遗产委员会的警告而在易北河上修建了一座四车道现代桥梁导致该项目最终被从《世界遗产名录》中删除。

2. 个别国家和政府对遗产保护缺乏资金、技术、耐心和热情

阿曼的阿拉伯羚羊自然保护区在申遗成功后竟然迅速缩减了 90%，所在国政府无

力制止偷猎等非法行为，以至于阿拉伯羚羊总数从高峰时期的 450 只急剧减少到 65 只，且阿曼政府对世界遗产委员会的警告和帮助置若罔闻，毫无成效。

3. 一些国家重申报轻管理、重收入轻保护的思想陈旧

在一些国家，申遗时候热情极高，而管理方面却毫无头绪；也有的国家申遗成功后只是着眼于经济收入，甚至不顾及世界遗产由于纷至沓来的游客面临着损毁的危险不在保护方面采取有效措施。日本的自然遗产项目富士山申遗成功后就开始征收相当于人民币 60 元的费用，但因为公厕不合理分布导致登山者排泄物遍布、垃圾遍地，使该项目严重污损。

4. 一些遗产项目管理上存在严重漏洞，导致遗产项目与所在地居民社区不和谐

也有个别遗产地在管理上存在漏洞，工作方法和方式野蛮粗暴，且没有与所在地社区与居民有效沟通而造成双方的矛盾与对立，从而为遗产项目带来潜在的危险。

基于以上原因，世界遗产中有大量项目处于危险之中，《濒危世界遗产名录》中依然有大量遗产未能摆脱濒危的局面，亟待有效保护。截至 2017 年 8 月，全世界有 55 处濒危世界遗产，详见表 2-1。

表 2-1　濒危世界遗产名录

序号	遗产所属国家	遗产地名称	列入年份
1	阿富汗	查姆回教寺院尖塔和考古遗址	2002
2		巴米扬山谷的文化景观和考古遗迹	2003
3	奥地利	维也纳历史中心	2017
4	伯利兹	伯利兹堡礁保护区	2009
5	玻利维亚	波托西城	2014
6	中非共和国	马诺沃—贡达圣绅罗里斯国家公园	1997
7	智利	亨伯斯通和圣劳拉硝石采石场	2005
8	科特迪瓦、几内亚	宁巴山自然保护区	1992
9	科特迪瓦	科莫埃国家公园	2003
10	刚果民主共和国	维龙加国家公园	1994
11		卡胡兹—别加国家公园	1997
12		加兰巴国家公园	1996
13		萨隆加国家公园	1999
14		俄卡皮鹿野生动物保护地	1997
15	埃及	阿布米那基督教遗址	2001

续表

序号	遗产所属国家	遗产地名称	列入年份
16	洪都拉斯	雷奥普拉塔诺生物圈保留地	2011
17	印度尼西亚	苏门答腊热带雨林	2011
18		哈特拉	2015
19	伊拉克	亚述古城	2003
20		萨迈拉古城	2007
21	约旦提出（有主权提出争议地区）	耶路撒冷古城及其城墙	1982
22		莱波蒂斯考古遗址	2016
23		昔兰尼考古遗址	2016
24	利比亚	萨布拉塔考古遗址	2016
25		塔德拉尔特·阿卡库斯石窟	2016
26		加达梅斯古镇	2016
27	马达加斯加	阿钦安阿纳雨林	2010
28		杰内古城	2016
29	马里	廷巴克图	2012
30		阿斯基亚王陵	2012
31	密克罗尼西亚联邦	南马都尔：东密克罗尼西亚庆典中心	2016
32	尼日尔	阿德尔和泰内雷自然保护区	1992
33		耶稣诞生地：伯利恒主诞堂和朝圣线路	2012
34	巴勒斯坦	南耶路撒冷的橄榄和葡萄藤之地	2014
35		希布伦/哈利勒老城区	2017
36	巴拿马	巴拿马加勒比海岸的防御工事：波托韦洛—圣洛伦索	2012
37	秘鲁	昌昌城考古地区	1986
38	塞尔维亚	科索沃中世纪古迹	2006
39	塞内加尔	尼奥科罗—科巴国家公园	2007
40	所罗门群岛	东伦内尔岛	2013

续表

序号	遗产所属国家	遗产地名称	列入年份
41		阿勒颇古城	2013
42		大马士革古城	2013
43		帕尔米拉古城遗址	2013
44	叙利亚	布斯拉古城	2013
45		克拉克骑士土城堡和萨利赫丁堡	2013
46		叙利亚北部古村落群	2013
47	英国	利物浦海上商城	2012
48	乌干达	巴干达国王们的卡苏比陵	2010
49	坦桑尼亚	塞卢斯禁猎区	2014
50	美国	大沼泽国家公园	2010
51	乌兹别克斯坦	沙赫利苏伯兹历史中心	2016
52	委内瑞拉	科罗及其港口	2005
53		城墙环绕的希巴姆古城	2015
54	也门	萨那古城	2015
55		乍比得历史古城	2000

（资料来源：联合国教科文组织世界遗产委员会官网）

二、世界遗产的保护机制

根据现有的世界遗产操作指南，已列入《世界遗产名录》的世界遗产纳入世界遗产委员会的管理范畴。然而世界遗产委员会和相关机构的管理措施由于涉及国家主权，只能停留在资金技术设备与教育援助方面，虽可以要求缔约国对本国遗产进行系统性检测并提交报告，进行反应性检测，还可以对相关项目进行警告、列入濒危，甚至从《世界遗产名录》中删除的措施，然而并不能从根本上保证世界遗产不受损害。世界遗产是全人类的财富，但首先归一国所有。世界遗产的保护需要全世界、全人类的共同努力。

一是制度层面，世界遗产的保护应列入所在国的立法规划，确立相应的法律法规体系，以使世界遗产的保护有法可依、有章可循。

二是组织层面，相关国家应设立有保障的、高素质的世界遗产管理专业人员队伍。

三是思想层面，相关国家应加大世界遗产价值和意义的宣传力度，吸引和组织大中小学参与世界遗产的保护行动，提高全民世界遗产保护的积极性和主动性。

四是实际运作层面，缔约国应协调好各方利益，加强国际合作，尤其是要注意遗产所在地社区和居民的情绪，形成良性互动的局面。

五是对尚未列入《世界遗产名录》而具备相关条件的项目参照相关标准采取积极有效措施加以保护，以备未来申请加入世界遗产行列。

第四节　世界遗产与可持续发展

2012 年，联合国教科文组织世界委员会将庆祝《保护世界文化和自然遗产公约》诞生 40 周年的主题确定为"世界遗产与可持续发展：本地社区的作用"。世界遗产与可持续发展包括两层含义：一是世界遗产自身的可持续发展，一是世界遗产对人类可持续发展的贡献。

一、世界遗产可持续发展的意义

所谓可持续发展，就是"既满足当代人的需求，又不对后代人满足其需求构成威胁的发展"，是代际公平原则的体现，也是人类发展的智慧与理智的高度反映。《保护世界文化和自然遗产公约》本身就是可持续发展精神的结晶。在此基础上，《实施保护世界文化和自然遗产公约》的操作指南进一步明确"保护、保存自然和文化遗产就是对可持续发展的巨大贡献"。

自然环境是人类赖以生存的基本物质条件，自然遗产是自然环境的精华所在，也是与人类关系最为密切的自然环境的典型代表。自然环境状况的优劣对于人类的生存和发展具有决定性的基础意义。而自然遗产的状况就是自然环境状态的最佳体现。只有保护好世界自然遗产，才意味着我们可以保护好自然环境，人类的生存才会有适宜的条件，人类的发展才有可能，人类的福祉才有保证。因此，自然遗产事关人类可持续发展的大局，不可有丝毫松懈。

2000 年，在世界遗产约翰内斯堡峰会上，明确谈到"文化多样性是可持续发展的第四大支柱"（即社会、环境、经济、文化多样性）；2011 年在巴黎召开的国际古迹遗址理事会（ICOMOS）第十七届大会形成的《巴黎宣言——遗产作为发展的驱动力》中肯定了文化遗产作为人类可持续发展的核心组成部分的地位，强调其对人类可持续发展的价值和作用。其他一些法律文献如《国际文化旅游宪章》《文化线路宪章》，还有《关于文化遗产地的阐释与展示宪章》，都论及这一问题，并具有很强的现实指导意义。

毫无疑问，世界遗产是珍贵的不可再生资源，可以为人类社会发展提供环境支持、精神支撑、文化底蕴、社会保障和经济资源，是社会、环境、经济和文化多样性可持续发展的重要方面。只有保护好世界遗产，使之保持永续和长期传承，才谈得上是谋求可持续发展。

二、世界遗产可持续发展观的内涵

世界遗产本身的可持续发展，具有十分丰富的内涵。

（一）世界遗产是一项必须不断推进的伟大事业

联合国教科文组织世界遗产委员会及相关机构在《保护世界文化和自然遗产公约》及其他相关文件和相关会议的精神实质就是，世界遗产是目前人类不可替代的、具有突出价值和意义的自然或文化遗产。现实中，这些世界遗产曾经发挥了无可替代的作用，而由于自然的或人为的各种原因，它们面临着即将消失的巨大危险。这些遗产的消失和损毁将会给人类发展带来严重的损失和威胁。虽然已经有数目众多的项目入选了《世界遗产名录》，目录外却依然有大量的具有同样意义和代表性的自然或文化项目处在危险之中。为更有效地维护人类的生存与发展，世界遗产事业是必须不断推进的伟大事业。

（二）世界遗产的发展应该是一种科学的发展

正是由于世界遗产的伟大意义，世界遗产的发展不应是一种盲目的发展，而必须建立在科学的基础上。即世界遗产名录的队伍不是越庞大越好，而是应将那些真正符合条件和人类长远发展利益的项目列入《世界遗产名录》，并在进行有效保护的前提下发挥其科学、环境、历史、艺术等多方面的价值和作用。也即无论评选、保护还是利用都必须具有科学的态度和方法。

（三）世界遗产的发展是建立在可持续基础之上的发展

世界遗产的发展追求的不是短期效益和眼前发展的表象，需要的是长期的存在与永续的发展，也就是可持续发展。可持续发展是世界遗产事业发展的前提，也是不可须臾偏离的基础。

可持续发展是世界遗产事业的纲领和灵魂，可持续发展是发展的前提，也是发展的道路，更是发展的方向。换句话说，可持续发展的观念与实际操作中的可持续举措是世界遗产事业发展的纲领和灵魂。

三、如何实现世界遗产可持续发展

世界遗产可持续发展的关键在于保护与开发利用之间关系的处理。虽然世界遗产保护是重中之重，但世界遗产的价值不在于保护，而在于保护基础上的科学与合理的开发利用。否则对世界遗产的保护就失去了意义。

然而对世界遗产的保护与开发利用之间必然存在一定的矛盾与冲突。如何正确处理这一关系，关系到世界遗产可持续发展目标的最终实现与否。

据《世界文化和自然遗产公约》的操作指南，为了尽可能保证对世界遗产的确认、保护、保存和展示，联合国教育、科学及文化组织成员国于1972年通过了《保护世界文化和自然遗产公约》，表明《保护世界文化和自然遗产公约》的出台本身就不单纯是为了对世界遗产进行保护，而是为了实现一个综合的目标系统，其中还包含确认（即列入《世界遗产名录》）和展示（即利用）。

因此，为了全人类的共同福祉，既需要保护世界遗产，也需要合理的利用，利用也必须建立在科学的基础上。

（一）对遗产的价值进行保护

世界遗产存在的意义就在于它的价值。对世界遗产的保护也应立足于对其价值的保护。列入《世界遗产名录》才能成为世界遗产，列入《世界遗产名录》的前提是具有超越国界的重要性和价值，即"突出的普遍价值"。《世界文化和自然遗产公约》的操作指南中关于"……可持续使用或任何其他的改变不会对遗产的突出的普遍价值、完整性或真实性造成负面影响"的规定指明了对世界遗产价值的保护是保护的根本。

（二）保护需提升到可持续发展的高度

对世界遗产的保护不能限于低层次的"关门大吉"，应该是合理与科学的开发利用。也就是说，要保护好世界遗产的价值，不使其受到不应有的损害，保护过程中所采用的技术手段必须以科学为标准（包括维修使用的材料和工艺），保护的同时应适当开发利用，使世界遗产的价值为公众所了解，起到应有的教育和推广作用。

（三）保护应建立预防为先的理念，实行预防性保护

对世界遗产的保护如果没有预防在先的理念，当一个项目申遗成功，游客和世界遗产爱好者纷至沓来，人满为患而管理方措手不及，则必然对世界遗产本身造成难以预料的危害。故此，世界遗产相关各方在申遗过程及申遗成功后都必须在充分了解和研究世界遗产的前提下，设立科学的管理方案与应急预案，以使世界遗产在遭遇突发情况时，可以将威胁降到最低。

（四）保护必须考虑惠及民生，尤其是遗产地居民的合理诉求

对世界遗产的保护不是单独一方就可以完成的任务，相关的保护者除遗产地管理者外，还有遗产地各级官方机构、民间机构、科研与教学单位、遗产管理志愿者，甚至遗产地居民。为此，遗产地各方利益，尤其是居民的利益和合理诉求也应纳入遗产管理的范围。

第二单元
世界遗产主要分类

世界文化遗产

世界文化遗产是由联合国支持、联合国教科文组织负责执行的国际行动，依托联合国为核心的国际公约，其宗旨是保存对全人类具有突出普遍价值的文化处所。目前，这是人类文化保护与传承的最高级别。国际遗迹理事会与众多非政府组织作为联合国教科文组织的协作伙伴，参与世界遗产的甄选、管理与保护工作。1972 年，联合国教科文组织出台了《保护世界文化和自然遗产公约》，成立联合国教科文组织世界遗产委员会，1976 年开始评选了第一批世界文化遗产。

第一节　世界文化遗产的定义、标准和分类

一、世界文化遗产的定义

世界文化遗产（Cultural Heritage）是一个专有名词，指的是"有形"的文化遗产，以区别于联合国教科文组织的另一个项目"世界非物质文化遗产"（同属世界遗产序列）。

世界遗产委员会在《保护世界文化和自然遗产公约》中仅仅划定了一个范围（即世界文化遗产主要包括文物、建筑群和遗址）并进行了初步解释。

入选世界遗产的文物应该是：从历史、艺术或科学角度看，具有突出的普遍价值的建筑物、雕刻和壁画，以及具有考古性质成分或结构的铭文、洞穴以及其综合体。即这些项目应具有突出的、普遍的历史、艺术或科学价值。

入选世界遗产的建筑群应该符合：从历史、艺术或科学角度看，在建筑式样、分布均匀或与环境景色结合方面具有突出的普遍价值的单立或连接的建筑群。即这些项目既应具有独特性的设计建造或规划思想，也具有历史、艺术或科学的意义，值得探究、欣

赏和研习。

入选世界遗产的遗址应该符合：从历史、美学、人种学或人类学角度看，具有突出的普遍价值的人造工程或人与自然的共同杰作以及考古遗址。即这些遗址可以从不同的角度来研究其使用状况、影响及不同种群人类的个性差异。

以上，基本都属于物质文化遗产范畴。不过，《保护世界文化和自然遗产公约》中，把文化遗产分为物质文化遗产和非物质文化遗产两大类，因此至今尚无明确的世界文化遗产的定义。为深入理解世界文化遗产，我们不妨在以上要素的基础上，做出一个定义的尝试：世界文化遗产（物质遗产）就是经世界遗产委员会确定的人类在从古到今的不同时代创造的、突出代表了其所处地区或族群创造能力，或其处理与其生活环境之间关系的方式方法的变迁，或带有文化审美意味的物化的作品或遗留物。

二、世界文化遗产的标准

按照《保护世界文化和自然遗产公约》和《世界遗产操作指南》，选择列入《世界遗产名录》的世界文化遗产项目必须符合以下标准的一条及以上：

（1）代表一种独特的艺术成就，一种创造性的天才杰作。

（2）能在一定时期内或世界某一文化区域内，对建筑艺术、纪念物艺术、城镇规划或景观设计方面的发展产生过重大影响。

（3）能为一种已消逝的文明或文化传统提供一种独特的至少是特殊的见证。

（4）可作为一种建筑或建筑群或景观的杰出范例，展示出人类历史上一个（或几个）重要阶段。

（5）可作为传统的人类居住地或使用地的杰出范例，代表一种（或几种）文化，尤其在不可逆转的变化的影响下变得易于损坏。

（6）与具特殊普遍意义的事件或现行传统或思想或信仰或文学艺术作品有直接或实质的联系。

很明显，符合的标准越多，就表明该项目的价值越高，越应该列入《世界遗产名录》，由全人类、全世界共同来保护。

三、世界文化遗产的分类

关于世界文化遗产的分类还没有公认的统一方法。目前入选《世界遗产名录》的世界文化遗产在我国大体相当于文物。1982年制定、2015年修订的《中华人民共和国文物保护法》对于文物的分类具有一定的参考意义。该法规定：在中华人民共和国境内，下列文物受国家保护：

（1）具有历史、艺术、科学价值的古文化遗址、古墓葬、古建筑、石窟寺和石刻、壁画。

（2）与重大历史事件、革命运动或者著名人物有关的以及具有重要纪念意义、教育意义或者史料价值的近代现代重要史迹、实物、代表性建筑。

（3）历史上各时代珍贵的艺术品、工艺美术品。

（4）历史上各时代重要的文献资料，以及具有历史、艺术、科学价值的手稿和图书资料等。

（5）反映历史上各时代、各民族社会制度、社会生产、社会生活的代表性实物。

联合国教科文组织 1972 年 11 月在法国巴黎举行的第十七次会议通过的《保护世界文化和自然遗产公约》中，把文化遗产分为物质文化遗产和非物质文化遗产两大类，列入《世界遗产名录》的文化遗产为世界文化遗产。《保护世界文化和自然遗产公约》对文化遗产的定义有文物、建筑群、遗址三种，都属于物质文化遗产范畴。

第二节　世界文化遗产分述

清华大学的孙克勤按照《世界遗产名录》中世界遗产的表现形态，把世界文化遗产分为城市文明（包括城市历史中心或街区、历史名城与古城、特殊的城市和城区）、建筑景观（包括宗教建筑、王室建筑、军事建筑和特殊建筑）、人类遗址三类。

一、城市文明

城市是一个多学科的概念，从产业角度看，是以非农业产业和非农业人口集聚形成的较大居民点（含市、镇）。一般而言，人口较稠密的地区称为城市，按其职能一般包括有住宅区、工业区、商业区与行政管理区。地理学意义的城市是交通条件相对较好、覆盖有一定面积的人群和房屋的密集结合体。社会学视野中的城市是具有某些特征的、在地理上有边界的社会组织形式。经济学意义上，Hirsh 认为城市是具有相当面积、经济活动和住户集中，以致在私人企业和公共部门产生规模经济的连片地理区域。Button 认为城市是一个坐落在有限空间地区内的各种经济市场——住房、劳动力、土地、运输等相互交织在一起的网络系统。

总体而言，城市是一个历史的概念，是社会发展到一定阶段的产物，是区域文化凝聚的核心。将城市文明作为世界遗产的一个类别无疑具有一定的典型意义。按照世界遗产委员会相关文件，城市文明又被分为以下子类型：

（一）历史中心及街区

1. 含义

历史中心与街区是城市面貌的重要组成部分，是城市文明的集中表现。每个时代都有其中心城市，每座城市都有代表性街区。

世界遗产委员会在对此类项目评选时不关注其过去的历史地位或历史象征意义，而是强调现存建筑群在布局、结构、材料、形式和功能等方面是否可以反映某个时期的文明或传承。

总体观察已入选《世界遗产名录》的此类项目，欧洲占有大多数。其原因在于数百年来欧洲各国注重城市发展规划，往往以产业集聚的形式进行产业分区，布局相对集中，且注重不损害城市的历史风貌。

2. 知名的历史中心和街区

目前入选的城市历史中心和街区都是区域性的知名地带。

（1）萨尔茨堡历史中心——音乐之都

入选时间：1996 年

所属国家：奥地利

遴选依据：（ii）（iv）（vi）

位于奥地利北部的萨尔茨堡，距首都维也纳 320 千米，临近德国边境。萨尔茨堡初为克尔特人定居点，后为罗马人城镇（盐的城市——萨尔茨堡原意）、重要商埠（德国琥珀、中国丝绸、印度香料、俄国皮毛交易地）。

798 年，修建修道院和大教堂，成为大主教管区、天主教活动中心。城内多为哥特式教堂。13 世纪萨尔茨堡修建了城墙，真正成为一座城堡。17 世纪时意大利建筑大师温·斯卡莫齐和索拉里在市中心修造一个大教堂为代表的巴洛克式建筑群，古城艺术融合的氛围愈加明显。萨尔茨堡一直尽力保护那些建于中世纪到 19 世纪的珍贵建筑物。古城在中世纪时就成为世界上最美的城市之一。这座城市还养育了 18 世纪伟大的音乐家莫扎特。

著名古迹有门希思贝格山顶（524 米）的要塞霍亨萨尔斯堡城堡（1077 年）、圣乔治教堂（1501 年）、圣塞巴思蒂安教堂（1505—1512 年）、圣三一教堂（1694—1702 年）等。另外，莫扎特的出生地格特赖代加瑟街 9 号已建成莫扎特音乐艺术博物馆，举行一年一度的萨尔茨堡狂欢节。

世界遗产委员会评价：当萨尔茨堡还是大主教统治下的一个城邦的时候，就一直在尽力保护那些建于中世纪至 19 世纪的珍贵城市建筑。在它广为人知之前就以其火焰样的哥特式艺术吸引了大批工匠和艺术家。后来，意大利建筑师文森佐·斯卡莫齐（Vincenzo Scamozzi）和山迪尼·索拉里（Santini Solari）为这里带来了大量巴洛克风格的建筑，通过他们的作品，这个城市也得到了更大的知名度。也许正是这种南北欧艺术的交融才成就了萨尔茨堡最著名的天才——乌夫冈·阿马戴乌斯·莫扎特（Wolfgang Amadeus Mozart）。从那时起至今，他的名字便一直和这个城市联系在一起。

（2）布鲁塞尔大广场——世界上最华丽的广场

入选时间：1998 年

所属国家：比利时

遴选依据：文化遗产（ii）（iv）

布鲁塞尔大广场素有"世上最华丽的剧场"之称，它与布鲁塞尔同时代。大广场长110 米，宽 68 米。主要有布鲁塞尔的各个同业公会和企业。12 世纪在沼泽地上始建市场和商业中心，13 世纪时增添了面包店、布店和肉店，1402 年建造市政厅，到 1480 年广场建成。15 世纪 50 年代，由建筑师简·范·鲁伊斯布罗艾克为伯冈蒂公爵设计建造了两座 91 米高的尖塔堪称标志性建筑，塔顶上还创造性地使用了 5 米高的脚踩撒旦的天使长圣·迈克尔铜雕做风向指针。拱门上有 100 多具雕像，均是 19 世纪原作的再现。市政厅内庭园中的两个喷泉分别代表比利时两条主要河流——斯海尔德河和默兹河。市政厅的正面 12 世纪时是面包店，现在是王宫，1515 年布拉邦特公爵查理五世改建为现在式样，1767 年毁坏，1872—1895 年，按照 1515 年布局对王宫进行了重建，保留了部分旧有建筑。

布鲁塞尔城市历史博物馆位于广场另一侧，曾是西班牙统治者寓所，最吸引人的是距大广场不远的一条大街上的布鲁塞尔"福神"——撒尿男孩青铜雕像。1698 年，巴伐利亚的选帝候赠予他第一件服装。1747 年，法国路易十五送他一套金丝织成的锦缎衣服，如今各国馈赠给他的外衣已有 800 多件，都陈列在博物馆里。

广场上的同业公会（即商会会所）颇具特色，是布鲁塞尔巨贾聚会和娱乐的场所。17 世纪广场周边的房屋毁于战火，城里的商人慷慨出资重建，并根据房屋的装潢特征，以喜爱物命名，如"狐狸小屋"（裁缝店）、"号角小屋"（船员工会）、"狼屋"（弓箭手之家）、"猎物房"（铜匠和家具匠）、"手推车小屋""西班牙国王之屋"等都呈现出不同的特点，古色古香、妙趣横生。

对面的布拉邦特公爵宅第，将布拉邦特风格和意大利风格融为一体。天鹅之屋（屠夫之屋）、金色树屋（啤酒屋）等都有建筑雕塑作为装饰，富于表现力。

广场北面，"鸽子之屋"（画家之屋），是维克多·雨果 1852 年曾经居住的地方。国王屋稍左是 17 世纪的孔雀屋和布鲁塞尔的纺织公会"橡树屋"。

广场上每天都有花市，晚上有声光奇观，周末早上有鸟市。布鲁塞尔以编织花边著称，靠近大广场的大街，有许多出售花边的店铺。大广场一年四季举办音乐会和各种活动，每年 7 月的第一个周四和周五举行古装队列行进仪式，年末有溜冰表演。还有每两年一次，在 8 月中旬铺砌的美丽花毯。

世界遗产委员会评价：布鲁塞尔大广场是一处卓越的公共和私人建筑混合建筑群，大部分建筑建于 17 世纪晚期。这些建筑生动诠释了布鲁塞尔这一重要政治、商业中心的社会和文化生活水平。

（二）历史名城与古城

1. 含义

历史名城指的是在一个国家或地区拥有一定知名度，在历史上曾经有过重要影响或重大意义的城市；古城则是建成比较早、曾经或到现在依然在使用的城市。两者之间存在一定的联系，但不是必然联系。有的历史名城就是古城，而有的古城因为这样那样的原因或被废弃或被损坏，只有一些残迹可寻。

2. 知名历史名城与古城

（1）罗马历史中心——举世无双的古代文明

入选时间：1980 年（1990 年扩大范围）

所属国家：梵蒂冈与意大利共有

遴选依据：文化遗产（i）（ii）（iii）（iv）（vi）

罗马历史中心，包括罗马历史中心区、城内教庭管辖区和圣保罗大教堂。

罗马是世界著名的历史文化名城、古罗马帝国的发祥地，称为"永恒之城"。罗马在约公元前 510 年是统治了 5 个世纪之久的罗马共和国首都；公元前 1 世纪统治地中海地区，地跨亚欧非三大洲的罗马帝国首都，许多神庙、教堂、廊柱、凯旋门、纪功柱和竞技场兴建起来；4 世纪时是西罗马帝国都城；756 年—1870 年是教皇国首都。罗马是 14—15 世纪欧洲文艺复兴的中心，1870 年后成为意大利王国首都，是该国最大的城市，是全国的政治、经济、文化和交通中心。

罗马是天主教的中心，700 多座教堂与修道院鳞次栉比，7 所天主教大学聚集此处，市内的梵蒂冈是天主教教宗和教廷的驻地。现今的罗马市中心保存有相当丰富的文艺复兴与巴洛克建筑与街区面貌。最著名的遗产点有万神庙、竞技场、圣保罗大教堂和第度凯旋门等。罗马历史中心区面积占现今罗马市的 40%。

罗马位于意大利中部台伯河平原上，台伯河和阿涅内河在罗马城外汇合。古罗马中心就是沿着台伯河岸发展起来的，台伯河岸边有七座山丘：帕拉提诺、阿文提诺、卡比托利欧、奎利那雷、维米那勒、埃斯奎利诺和西里欧，罗马因此也被称为"七丘之城"。城内珍贵的文物古迹和古建筑到处都是。17 座雄伟的古城门至今仍然屹立不倒。帕拉蒂尼和卡皮托利尼山之间曾是古罗马宗教、政治和商业活动中心，在埃斯奎利尼山坡上有著名的罗马斗兽场，无论从建筑技术还是从建筑材料的使用上都是古罗马建筑最杰出的成就之一。

竞技场、万神殿等诸多古建筑与努姆、恺撒、奥古斯都、图拉真等众多广场以及 3000 多个喷泉水池、米开朗琪罗设计的市政厅广场和著名的艺术陈列馆等遗迹共同构成了罗马历史中心的文化遗产点。

世界遗产委员会评价：从传说的公元前 753 年建成之日起，罗马就同人类的历史紧密相连。它曾是统治地中海世界 5 个世纪之久的帝国的首都，后来又成为基督教世界的首都，今天仍然履行着这些重要的宗教和政治功能。

（2）撒马尔罕

入选时间：2001 年

所属国家：乌兹别克斯坦

遴选依据：文化遗产（i）（ii）（iv）

撒马尔罕（意为"肥沃的土地"）位于首都塔什干西南 270 千米的泽拉夫尚河谷地，是中亚最古老的城市之一、历史名城，现在是伊斯兰学术中心、乌兹别克斯坦的旧都兼第二大城市、撒马尔罕州的首府。古城最早可以追溯到公元前 5 世纪，由善于经商的粟特人建造而成。公元前 3 世纪，马其顿帝国亚历山大大帝攻占该城时赞叹："撒马尔罕要比我想象中更为壮观。"由于撒马尔罕是丝绸之路上中亚的枢纽，连接着波斯帝国、印度和中国这三大帝国，因而成为文明汇聚的中心。1219 年，撒马尔罕作为花剌子模帝国的新都和文化中心，被西征的成吉思汗大军攻陷，遭受了空前的浩劫，历代积累的建筑大多毁灭不存。帖木儿帝国兴起后，率军横扫波斯、印度、高加索、阿塞拜疆，把劫掠的珍宝、工匠带回撒马尔罕，在城里修建起辉煌的宫殿和清真寺。

14 世纪的撒马尔罕共有 6 个城门，6 条主街，以一组宗教建筑组成的列吉斯坦广场建筑群为城市中心，北门附近形成了巨大的集市（Bazaar），其余区域为低层传统居住区。这一基本格局较为完整地保持至今，其城市尺度、肌理均与之后建成的区域形成了显著的差别。

撒马尔罕的主要景点有：建于 15—17 世纪、由三座神学院（兀鲁伯神学院、季里雅—卡利神学院、希尔—多尔神学院）组成的列吉斯坦（意为"沙地"）广场建筑群、古尔—艾米尔陵墓、兀鲁伯天文台、沙赫静达陵墓等。

古尔—艾米尔陵墓始建于 1403 年，埋葬着帖木儿及其后嗣。陵墓体量宏大、色彩艳丽，其球锥形大圆顶具有浓厚的东方建筑特色，堪称世界建筑瑰宝。灵堂中放有 9 个象征性的石棺椁，真正盛放遗体的棺椁深深埋在地下。帖木儿之孙兀鲁伯为帖木儿建的墨绿色玉石棺最有特点。

撒马尔罕的东北郊的兀鲁伯天文台由帖木儿帝国的创建人帖木儿之孙、著名天文学家、学者、诗人和哲学家、撒马尔罕的统治者兀鲁伯于 1428—1429 年主持建造，是中世纪时期具有世界影响的天文台之一。天文台有三层，是圆形建筑物，由 40 米大理石六分仪和水平度盘组成，六分仪安装在离地面 11 米深、2 米宽的斜坑道里，部分伸出地面，用这套设备测出的一年时间的长短与现代科学计算的结果相差无几。现仅余六分仪，主体建筑是兀鲁伯天文台博物馆。兀鲁伯天文台编制的《新天文表》，阐述了天文学基础理论和 1018 颗星辰的方位，这是古希腊天文学家希巴尔赫之后，测定星辰位置的最准确的历史文献。

沙赫静达陵墓建于 14 世纪和 15 世纪，由 13 座陵墓和一座清真寺组成的沙赫静达（意为"永生之王"）陵墓，是撒马尔罕的执政者及其家属的坟墓。建筑以青色为底色，以彩色陶瓷为贴饰。其中最主要的是伊斯兰教创建人穆罕默德堂弟库萨姆的墓葬。帖木儿大帝的妻子图玛—阿卡和侄女图尔坎—阿卡也安葬于此。

世界遗产委员会评价：撒马尔罕历史名城是世界多元文化交汇的大熔炉，建于公元前 7 世纪，在公元 14 世纪至 15 世纪的帖木儿王朝时期得到了重要发展。撒马尔罕拥有众多著名的古代建筑，如列吉斯坦伊斯兰教神学院、比比·哈内姆大清真寺、帖木儿家族陵墓和兀鲁伯天文台等。

（三）特殊的城市和城区

1. 含义

所谓特殊城市，指的是在某一个方面具有不同于别的城市的特征或城市规划或城市建设，也可能是城市建设的特殊材料或用途；城区，即城市核心区，也就是城市建成区当中人们主要的活动区、生活区、行政区或发挥其主要功能的分区，如军事要塞的城防建筑区。

2. 知名的特殊城市和城区

（1）重现的华沙古城

入选时间：1982 年

所属国家：波兰

遴选依据：文化遗产 C（ⅱ）（ⅵ）

华沙古城是作为一个特例列入《世界遗产名录》的，因为它是一座被毁掉以后又重建起来的城市。据相关资料，华沙所在的地方在中世纪的 10 世纪初已有居民，城市初建于 13 世纪中叶。华沙全称为华尔沙娃，来源于一个关于古代一对相爱的恋人华尔西和沙娃勇敢反抗国王的阻挠而结成夫妻的传说，简称为华沙。华沙作为都城是在 1596 年，当时的波兰国王齐格蒙特·瓦萨三世将皇室和中央政府由克拉科夫迁至华沙开始。在 1655—1657 年的一场战争中，华沙遭到严重破坏，在以后几个世纪中又多次被异族占领和统治达 200 多年，1918 年起复为波兰首都。1920 年，华沙人口已超过百万，是当时欧洲大城市之一。在第二次世界大战中，华沙遭到德国法西斯严重破坏，85% 以上的古建筑毁于战火。好在华沙大学建筑系的师生在希特勒"把华沙从地球上抹掉"的战争威胁发出后就把华沙古城的主要街区、重要建筑物都做了详尽的测绘记录。战争期间，这些珍贵的图纸资料都被安全隐藏到山洞里。战后在重建华沙时，华沙大学的师生们把战前画的老城市图纸拿出来展览，扭转了苏联人主张要建一个崭新的、社会主义新华沙的主张，波兰政府决定恢复华沙原有古城的风貌。重建时，相关方面格外重视保护和修复历史古迹，按照老城和新城进行布局，波兰政府组织流亡国外归来的 30 万人，华沙古城迅速重建，900 多座具有历史意义的建筑物、历史纪念物、名胜古迹、宏伟的宫殿、巨大的教堂、各式各样的箭楼、城堡等，都得以重现。这就是战后著名的"华沙速度"。重建的华沙古城，不仅保持了中世纪古城的风貌，而且还充分保护和利用了城内外的森林和绿地，将工厂建在远离市中心的新市区。华沙城市建设的规模和水平达到了一个新高度。但华沙人民自发地组织起来保护自己的民族文化和历史传统，为世界所有的古城做出了榜样，也对欧洲乃至全世界的古城保护和古建筑修复及城市布局和规划产生了重要影响。

今天的华沙是波兰的政治、经济、文化中心，也是世界上最美丽的城市之一。老城区位于维斯瓦河西岸，中世纪风格的红色尖顶建筑群汇集此处，四周环绕着采用红砖砌成的 13 世纪的内墙和 14 世纪的外墙，四角高耸着古式城堡，气势巍峨、蔚为壮观。城内有被誉为"波兰民族文化纪念碑"的旧皇宫、巴罗克式建筑克拉辛斯基宫、波兰古典主义建筑杰出代表作瓦津基宫以及圣十字教堂、圣约翰教堂、罗马教堂、俄罗斯教堂等著名的古典建筑。城区遍布纪念碑、雕像或铸像等城市花园小品，矗立于维斯瓦河畔的青铜美人鱼雕像是华沙的城徽图案。国际著名物理学家居里夫人出生地（佛里塔大街）已辟为博物馆。西北郊热拉佐瓦沃拉是音乐家肖邦的故乡。

世界遗产委员会评价：严格按照原样重建，表明了波兰人保留文化传统的真切心情。华沙的重生是 13—20 世纪建筑史上不可磨灭的一笔，这对欧洲国家的城市发展和旧城保护，产生了极大的影响。

（2）埃纳雷斯堡大学城和历史区

入选时间：1998 年

所属国家：西班牙

遴选依据：文化遗产（ii）（iv）（vi）

西班牙埃纳雷斯堡大学（贡普鲁腾塞大学），是近代欧洲最重要的文化学术中心之一，始建于 1499 年，16 世纪时达到鼎盛，17 世纪陷入危机，1836 年迁至马德里。古老的埃纳雷斯堡大学也是西班牙文化向世界传播的基地。

埃纳雷斯堡大学的历史可追溯到 1293 年，它的前身是由卡斯蒂利亚国王桑丘四世建立的"学术研究中心"。1499 年，教皇签发了圣谕，埃纳雷斯堡大学真正在红衣大主教弗朗西斯科·希梅内斯·德·西奈罗斯主持下建立起来。1517 年，红衣主教去世。此间，大主教的开创性思维、学校运行的完美机制、精良的师资队伍、精美绝伦的楼群建筑设计、课程的合理安排等都受到国王和教会的支持和保护，也使大学城在短短的十几年中达到了鼎盛时期。胡安娜女王和卡洛斯五世又批准它在艺术系、法律系、神学系三个系以外增设了医学系。

埃纳雷斯堡大学的建设借鉴了如萨拉曼卡大学、巴黎大学等中世纪一些大学的经验，且以大学城的模式来规划，西奈罗斯力图走一条不同于其他中世纪大学的发展道路，即让大学城在当时以文艺复兴为主题的全新时代积极地参与社会和权力阶层的活动，而非禁锢在中世纪的修道院中。因此，埃纳雷斯堡大学把从事教会教育和神学研究、培养从政人员及传播西班牙文化作为其办学宗旨，具有了近代大学的意义。16 世纪时，埃纳雷斯堡大学就和萨拉曼卡大学、巴亚多利大学齐名，合称西班牙最著名的三所大学。其发展历程和建设思想对于全世界都具有不可磨灭的影响。

世界遗产委员会评价：埃纳雷斯堡是世界上第一座被规划成为大学城的城市，由西奈罗斯建于 16 世纪早期，由此产生理想的城市社区模式，被西班牙传教士后来传至美洲。埃纳雷斯堡是上帝城的独创性模式，也是欧洲乃至世界的大学城的原始模式。

二、建筑景观

（一）宗教建筑

宗教是一种社会历史文化现象，产生于原始社会人们对大自然无法理解的崇拜与畏惧心理，在人类进入阶级社会后，宗教更增加了阶级与社会压迫的影响。作为一种信仰，宗教总是试图通过各种形式进行自我表现，以获取最大限度的民众与上层统治者的支持，于是包括建筑在内人类所创造的各种物质财富与精神财富都不可避免地受到宗教的影响。在人类建筑艺术发展史上，既打下了深深的宗教烙印，也形成了不同宗教的不同建筑风格与审美艺术形式。世界遗产委员会在进行世界遗产项目遴选时，也特别注意到了宗教与建筑的关系，因此，《世界遗产名录》中有大量的宗教建筑。

1. 基督教建筑

（1）里拉修道院

入选时间：1983 年

所属国家：保加利亚

遴选依据：文化遗产（vi）

里拉修道院是保加利亚最大的修道院，也是巴尔干半岛最大的修道院，位于巴尔干半岛最高山峰里拉山的里奥斯卡山谷中，距保加利亚首都索非亚约 60 千米。它始建于10 世纪，由隐士圣胡安·德里拉建造，最盛时修道士达上万人，是新拜占庭式建筑。修道院原建于保加利亚第一位圣徒里奥斯基居住过的山洞附近，13—14 世纪迁来。14 世纪初期毁于地震，后来重建，并修筑了城堡，成为今天的样子是 1834—1860 年重修的结果。

里拉修道院是中世纪城堡式的、巨大的建筑群，占地 8800 平方米。其格局严谨，建筑巍峨。修道院由建于不同时期的 11 座教堂、建于 14—19 世纪的 20 座住宅楼、防御塔和一座半圆形的 4 层楼所组成。其中最早的建筑是由红砖和石头砌成的防御塔（1335 年），塔高 22 米（一说 25 米），5 层。塔的窗户狭窄，塔身有无数射击孔。四层是私人祈祷室，室内有 16 世纪壁画。塔顶平坦，四周有雉堞。该塔曾被土耳其入侵的大炮轰击。

半圆形的 4 层楼是接待朝圣者的建筑，共 300 多个房间，可接待上万人，文艺复兴式的柱廊是其突出的特色。如今的里拉修道院是建筑、艺术、宗教、教育的中心。里拉修道院的中央是建于 1834—1837 年的圣母升天大教堂。教堂有 3 座大殿、3 个穹顶、2个唱诗台，气势非凡。

修道院里还有由圣卢卡斯教堂、多塞尔圣母堂和一所修士学校所组成的圣卢卡斯庙和 10 世纪时建造的圣胡安教堂等古迹。圣胡安的墓就在圣胡安教堂。这座教堂将自然洞穴与人类文明结合在一起的创造在巴尔干半岛堪称绝无仅有。1961 年，里拉修道院被辟为国家博物馆，收藏有保加利亚第一架地球仪、盲僧拉法尔的十字架、历代主教权杖、织锦法衣、古代皇室器物、朝圣妇女捐赠的银带扣、修道院卫士用的各种武器及大量的手工艺品等 600 多件文物。里拉修道院是保加利亚文艺复兴式建筑的杰作，也是保加利亚的"民族精神的堡垒"。

世界遗产委员会评价：里拉修道院是隐士圣胡安·德里拉圣约翰于公元 10 世纪建造的。约翰死后被东正教封为圣徒，所以他以前修道的地方和他的坟墓成了圣地，并且成了修道院。这个小修道院在中世纪保加利亚的宗教生活和社会生活中扮演着非常重要的角色。19 世纪初，修道院毁于一次火灾，后又于 1834—1862 年重建。里拉修道院是 18 世纪和 19 世纪保加利亚文艺复兴时期的代表之作，表现了数个世纪的被占领历史后斯拉夫文化认同感的觉醒。

（2）坎特伯雷大教堂

入选时间：1987 年

所属国家：英国

遴选依据：文化遗产（i）（ii）（vi）

位于英格兰东南肯特郡、有"英格兰花园"之称的坎特伯雷市的坎特伯雷大教堂是英国最古老的教堂，始建于 597 年。受教皇的委派，传教士奥古斯汀率领 40 名修士从罗马来到作为萨克逊人的肯特王国都城的坎特伯雷传教。国王不信仰基督教，身为王后的法兰克公主却虔诚地信奉基督。奥古斯汀在王后的帮助下，成为坎特伯雷第一位大主教，从这里把基督教传播到整个英格兰。因此，坎特伯雷被人们称作为英格兰基督教信仰的摇篮。旧教堂在 1067 年时被大火焚毁，1070—1174 年重建，地窖是最古老的教堂的遗存。12 世纪时，托马斯·贝克特被英王亨利二世任命为坎特伯雷大主教。托马斯·贝克特却公然宣称，只听命于罗马教皇，从此不再是国王的奴仆。于是，亨利二世派遣四名骑士将贝克特杀死在教堂。三年后，贝克特被信徒尊奉为"殉教者"圣托马斯，受到此后几百年难以计数信众络绎不绝的朝拜，坎特伯雷因此成为英国的"圣城"。

坎特伯雷大教堂又屡经续建和扩建，达到现在的规模。其气势宏大，约 156 米长，最宽处有 50 米左右，中塔楼高达 78 米。其高大而狭长的中厅建于 1391—1405 年，南北耳堂建于 1414—1468 年，三座塔楼也分别建于不同时期。中厅和中塔楼及西面的南北楼是明显的哥特风格，表现出昂扬的气势，而东面却是诺曼风格，显得雄浑淳厚。坎特伯雷大教堂被认为具有神奇的魔力，经历了亨利八世的有意毁坏和第二次世界大战的炮火，都没有受到多大的损毁。1942 年 6 月 1 日，坎特伯雷被狂轰滥炸，大教堂附近 500 栋房屋被炸成废墟，大教堂却岿然屹立。

大教堂的大门是亨利七世为纪念 16 岁就不幸去世的长子亚瑟而修建的耶稣门。门面制作于 1502 年，门上绿色的耶稣像却创作于 1990 年。大厅中，柱子朴实无华，使用精巧木雕工艺的主教讲坛却是华丽异常。将大厅与中庭分隔开的是雕有那个时代之前被加冕的六位国王的神坛屏风制作于公元 1400 年，也称"六王屏风"。大教堂中庭就是托马斯·贝克特殉难处。如今贝克特被刺杀处，有一个被两把剑刺着的十字架标示，也成

了后世前来朝圣者的最终目标地。

贝克特殉难处旁的通道可下至大教堂最古老的地窖。地窖石柱上都有精美的石雕，居于地窖正中的女士地下墓地由14世纪精美的石雕屏幕包围。

从神坛屏幕走进中庭，地平线层层升高，最高处放着的是传说中圣奥古斯汀升座为大主教的座椅。简朴的地板、天花及梁柱，中庭获得了极大的空间扩展。中庭前面的三一礼拜堂就是贝克特被埋葬的地方。教堂里的黑王子之墓就是亨利三世45岁在战场战死的儿子的墓地。

世界遗产委员会评价：位于肯特郡的坎特伯雷大教堂是近500年来英国大教堂的精神领袖，巧妙地融合了罗马式风格和直角哥特式风格。贝克特大主教于1170年在此地被暗杀。

2. 东方宗教建筑

（1）石窟庵和佛国寺

入选时间：1995年

所属国家：韩国

遴选依据：文化遗产C（i）（iv）

建于751年，位于庆尚北道东南、距离庆州城约10千米的吐含山的山坡上的石窟庵，堪称远东地区佛教艺术杰作。石窟庵内的神仙、菩萨和信徒环绕的佛像面朝大海，构成一组精美无比的雕像群，工艺细腻。石窟与建于公元774年的佛国寺，距首都汉城东南280千米，两者一起构成了在韩国有较大影响的宗教建筑群。

石窟庵是一座用天然巨石凿成、由巧夺天工的石雕组合而成的洞窟寺院。它"前方后圆"的布局是东方传统宇宙观天圆地方思想的体现：方形的前室宽6.8米，长4.8米；圆形主室，直径7.2米。两室之间是宽3.6米、长2.9米的通道。前室的地面铺砖，左右两壁上嵌着佛教守护神。通道入口两旁是金刚力士像，通道两侧是四大天王像。主室中央1.8米高的台座上，供奉着3.8米高的石雕释迦牟尼佛坐像。圆形主室周围的石壁上，有文殊菩萨、普贤菩萨等壁像，释迦牟尼佛背面是造型优美的观音。释迦牟尼佛面向东南方向，据说，每年春分、秋分时节，阳光可以直照主佛，便显出极高的建筑技艺。

佛国寺，始建于530年，751年由金大城扩建，774年工程竣工。1592年，佛国寺在丰臣秀吉侵朝战争中被烧毁，后重修。1962年，韩国政府全面修复了佛国寺。据说，最兴盛时，寺内有80多座殿阁和楼阁。寺院大门上挂一块"吐含山佛国寺"的匾额，后面是富有特色的建筑之一——用天然石块砌成、长92米的石墙，石墙上下直立，整体造型稳重。石墙上的排水口可以把院内的积水注入莲花池。寺内，青云桥和白云桥通向紫霞门，莲华桥和七宝桥通往大雄宝殿西侧的极乐殿；大雄宝殿前院的东侧有装饰非常华丽、高10.4米的多彩塔，西侧有装饰十分古朴、高8.2米的释迦塔，是佛国寺石造艺术的代表。大雄宝殿后面是代表华严世界的毗卢殿。

石窟庵和佛国寺是朝鲜半岛新罗王朝鼎盛时期佛教文化的代表。其建筑与雕刻充分展现了新罗文化的博大精深，是韩国历史文化长廊中的瑰宝，其中也投射出中国汉传佛教的痕迹。

世界遗产委员会评价：此建筑被建在吐含山的山坡上，在石窟庵里有一座纪念性的佛像，以普密斯帕莎穆德拉的姿势面朝着大海。佛像周围有各种神仙、菩萨和信徒的肖像，这些雕像惟妙惟肖，工艺细腻，采用了深浅浮雕的方式，堪称远东地区佛教艺术杰作。佛国寺和石窟庵一起构成了一处具有重大意义的宗教建筑群。

（2）吴哥遗迹

入选时间：1992 年

所属国家：柬埔寨

遴选依据：文化遗产 C（i）（iii）（iv）

吴哥遗迹是柬埔寨吴哥王朝（802—1432 年）的都城遗址，位于柬埔寨西北部，包括 9—15 世纪的多处遗迹，四面延伸 400 平方千米，共有建筑 600 余座，建筑结构全是用石头及精美的浮雕制成，集合历史、建筑、宗教、艺术及神话于一身，是东南亚考古的一个重要地点。吴哥古迹是柬埔寨古典文化建筑艺术中的瑰宝，是柬埔寨人民宝贵的历史财富与智慧的结晶，也是人类古代文明的灿烂瑰宝。人们把它与中国的长城、埃及的金字塔和印度尼西亚的婆罗浮屠并称为"东方四大奇迹"。考古区面积有 45 平方千米，原始森林中散布吴哥窟、吴哥城和附近一些庙宇等各种建筑遗迹 600 多处，石塔、石屋和精美玲珑的石刻浮雕构成一组巨大的石建筑群，主要包括巴戎寺、巴方寺、斗象坛、癫王坛、巴肯山神庙、塔寇寺、塔布茏寺、圣剑寺、圣龙蟠水池、塔逊、罗洛古寺群、女王宫、高布思滨、十二生肖塔等。

最著名的吴哥窟（Angkor Wat）原名 Vrah Vishnulok，意为"毗湿奴的神殿"，中国佛学古籍称之为"桑香佛舍"。吴哥窟又名吴哥寺，被称作柬埔寨国宝，是世界上最大的庙宇之一。

12 世纪时，吴哥王朝国王苏耶跋摩二世举全国之力花了大约 35 年平地兴建了一座规模宏伟的石窟寺庙，作为吴哥王朝的国都和国寺。它是吴哥古迹中保存得最好的建筑，以印度教式的须弥山金字坛建筑宏伟与浮雕细致闻名于世。

吴哥窟寺坐东朝西。一条长堤横跨护城河，直通西大门。在金字塔式金刚坛的最高层是五座宝塔，其中较小的四个宝塔立在四角，矗立正中的是与印度金刚宝座式塔布局相似的大宝塔，五塔之间以游廊相通。金刚坛的每一层都有回廊环绕，这是吴哥窟建筑的特色。台阶陡峭，需要手脚并用才可以爬上去。

巴肯山（Bakheng）是一座小山丘，在吴哥窟西北 1.5 千米处，高 67 米，山丘上的庙宇遗迹是苏耶跋摩一世在此立都建造的第一座国庙，奠定了吴哥建筑的格局框架。山顶上的巴肯寺是高棉王朝移都吴哥建造的第一个寺庙，被称为"第一吴哥"。建在巴肯山顶的巴肯寺，体现了当时高棉人对山的崇拜。这座建筑充满了象征意义：7 层平台代表七重天，最上层的高塔代表宇宙中心；下面六层共 108 座小塔，代表四个月相的 108 天；从每一面的中轴线上看巴肯寺，都只能看到 33 座塔，代表须弥山上的 33 位神祇。

女皇宫也是吴哥遗迹中很有特色的一处。这是一座火红色的神庙，名为"女人的城

堡"，原名为"班德斯蕾"，柬埔寨文是"谋求幸福"的意思，当地人称"女皇宫"，是因为在神庙中刻有许多"阿帕莎拉"女神像。女皇宫建于967年，之后直到1914年才被一位名叫马瑞克的法国军人发现。整座神庙使用三层围墙来作区隔。有参道、护城河和藏经阁；第二层城墙里，是主要的T形庙宇。

十二生肖塔由苏耶跋摩七世时代于12世纪末建成，属拜云建筑风格。塔上雕有不同的动物，和中国的十二生肖类似。历史上十二生肖塔是用来关押犯人令其忏悔的地方，塔群对面就是最高法院遗址。

世界遗产委员会评价：吴哥窟是东南亚主要的考古学遗址之一。占地面积400多平方千米，包括林地、吴哥窟遗址公园。这个公园有从9—15世纪高棉王国各个首都的辉煌遗迹，包括著名的吴哥寺庙，在吴哥Thom、Bayon寺庙里有无数雕塑饰品。

（二）王室建筑

1. 申布伦宫和花园

入选时间：1996年

所属国家：奥地利

遴选依据：文化遗产（i）（iv）

申布伦宫又称为"美泉宫"，位于奥地利首都维也纳西北部，是哈布斯堡王朝的夏宫。美泉宫的历史可以追溯到1569年，当时的皇帝马克西米连二世为狩猎方便在森林边修建了一所猎宫。1619年，马提亚斯皇帝至此打猎，畅饮泉水赞声不绝，于是又得名美泉宫。后来，美泉宫被土耳其入侵者破坏，1683年战胜土耳其后，利奥波德一世委托著名建筑师菲舍尔·冯·埃尔拉赫设计了一座夏宫，规划庞大远超法王路易十四的凡尔赛宫，但因资金短缺，进行了大幅删减，1700年正式开工。玛丽亚·特雷莎女皇执政时，这里成为皇族最喜爱的地方，许多重要国事活动在这里举行。1743年，玛丽亚·特雷莎女皇又指派建筑师尼古拉斯·帕卡西在夏宫设计建造了一座宫殿，这就是奥地利洛可可建筑的最杰出代表葛洛丽叶特宫。

申布伦宫共有1441间房间，建筑豪华且精致。美泉宫还有建立于1752年的动物园（这是欧洲最古老的动物园，也是世界上现存最古老的动物园）。年轻的莫扎特曾在镜厅举行了一次皇家独奏音乐会。在玛丽亚·特雷莎女皇秘密餐厅"蓝宫"陈设有来自中国的青花瓷器和福建脱胎漆器，反映了18世纪中西文化的交流。奥匈帝国皇帝弗兰茨一世和皇后茜茜公主曾在这里居住，他们的卧室里挂着由著名画家Winterhalter所创作的茜茜和丈夫的画像。1918年，奥匈帝国末代皇帝就是在这里签署了退位诏书。

申布伦宫是哈布斯堡王朝的时代象征，皇宫外部是"玛丽亚·特雷莎黄"象征了皇权的尊贵，绿色的百叶窗则代表了皇族生活的优裕和对美好事物的向往。

世界遗产委员会评价：从18世纪到1918年，申布伦宫殿一直是哈布斯堡王朝（Habsburg）君主的住所，由建筑师约翰·本哈德·菲舍尔·冯·埃尔拉赫（Johann Bernhard Fischer von Erlach）和尼古拉斯·帕卡西（Nicolaus Pacassi）设计建造，到处都有极其精美的装饰艺术品。和花园一起的，还有建于 1752 年的世界上第一个动物园，包括一系列风格奇异的巴洛克式建筑以及各类艺术典范。

2. 戈勒斯坦宫

入选时间：2013 年

所属国家：伊朗

遴选依据：文化遗产（ii）（iii）（iv）

位于伊朗首都德黑兰市中心老城的戈勒斯坦宫（Golestan Palace）又称玫瑰宫，始建于萨非王朝，赞德王朝时继续兴建。1779 年，卡扎尔王朝（Qajar dynasty）定都德黑兰后，作为卡扎尔王朝的权力中心开始扩建。戈勒斯坦宫是波斯卡扎尔时期的建筑经典，成功融合了早期波斯工艺与来自西方的影响，也是德黑兰最早的建筑群之一。巴勒维王朝的礼萨汗父子，都在此宫举行加冕典礼。

戈勒斯坦宫目前的宫殿建造于 1865 年，有 17 处宫殿、博物馆和其他建筑，几乎所有的建筑都在卡扎尔王朝统治时期的 200 年间建成，是德黑兰最古老的历史遗迹。戈勒斯坦宫是一个庞大的王室官邸建筑群，浓厚的伊斯兰风格融入了西方建筑的元素。1967—1978 年，戈勒斯坦宫曾进行整修。戈勒斯坦宫现为博物馆展出的藏品有过去王室的孔雀宝座、大理石宝座和伊朗历代君主的小型画像，还有大量驰名世界的伊朗地毯等。礼品馆陈列外国赠给恺加国王的礼品，人文馆介绍伊朗各民族的人文风情。

皇宫的入口在一个种满玫瑰的花园的后面，因此戈勒斯坦宫也被称为玫瑰花园（Rose Garden）或玫瑰宫。戈勒斯坦宫以花园为中心建成，景色怡人。进入大门，映入眼帘的是一座长方形的伊斯兰风格大水池。王宫最具特色的是镜厅、大理石殿、钻石宫、通风楼等，主体建筑堪称精华。尤其是镜厅，宫殿内的圆形顶部和四周墙壁都用小块镜子镶嵌，是戈勒斯坦宫精华中的精华。外墙采用大量的彩釉瓷砖，色彩艳丽；内饰材料多采用玻璃，别致精美。宫殿墙壁上还有著名画家克马尔·穆鲁克创作的数幅名画，使宫殿显得更加富丽堂皇、流光溢彩。花园内绿树成荫、玫瑰怒放、喷泉腾空、流水潺潺，颇有世外桃源之感。

世界遗产委员会评价：奢华的戈勒斯坦宫是一个紧随时代的杰作，体现波斯早些时候的成功集成工艺和建筑与西方的影响。宫殿最具特征和丰富的饰品可以追溯到 19 世纪。城墙包围的宫殿，是德黑兰最古老的建筑之一，从 1779 年卡扎尔王朝上台，建都德黑兰后就成为政府办公场所。戈勒斯坦宫有一个花园、游泳池及种植地区，它是卡扎尔艺术的中心、建筑的杰出的范例，一直是伊朗艺术家和建筑师的灵感来源。它代表了一个结合传统的波斯艺术和 18 世纪的架构和技术元素而形成的新的艺术风格。

（三）军事建筑

1. 卢森堡（旧城区及城防工事）

入选时间：1994 年

所属国家：卢森堡

遴选依据：文化遗产 C（iv）

卢森堡是卢森堡大公国的首都，地处欧洲十字路口的交通要冲，位置优越、地势险要，有"北方直布罗陀"之称，历来就是各国必争之地，于是在各个时期的军事建设将这座城变成了一个要塞。

早在古罗马时期，此地就已经建筑了军事堡垒。大约 1000 年时，西格弗里德伯爵在罗马要塞"小城堡"的遗址上，建起了自己的封邑城堡。1060 年，阿登伯爵的后裔获封为卢森堡伯爵。1354 年，卢森堡升为公国，并扩大领地，从此那里以地势险要的堡垒要塞为中心而逐渐发展形成为城市。15 世纪是勃艮第公爵菲利普的领地，1482 年又归属哈布斯堡家族领地，哈布斯堡家族强化了卢森堡城的防御能力。由于其占据了突出的战略位置，卢森堡成了欧洲大陆各国觊觎的对象，在列强手中辗转：1684 年，卢森堡被路易十四所占领。18 世纪，卢森堡一直掌握在奥地利哈布斯堡王朝手中，1795 年又被法国军队占领，1815 年反法同盟的维也纳会议让卢森堡成了大公国，在普鲁士军队占领下，更进一步加强了城防工事，从而变成了一个"联邦要塞"，以对付法国。1867 年的伦敦会议上，为避免普法战争而明确卢森堡大公国"永久中立"的地位，并要求普鲁士军队撤出要塞，并拆除城防工事。历时 16 年，拆除才告完成。

今天卢森堡居民人数不到 10 万，不仅说母语卢森堡语（一种摩泽尔法兰克语方言），而且还说法语和德语，在许多场合还说英语，甚至意大利语、西班牙语和葡萄牙语。居民中至少一半为外国人。卢森堡是袖珍型国际航空港和国际大都会，欧洲议会秘书处，以及诸如欧洲审计法庭、欧洲法院和欧洲投资银行等其他欧洲机构的总部都设在这里。

主要遗产点有：大公府、圣子圣母教堂、大公宫殿、宪法广场、亚当夫吊桥、卢森堡古堡、阿道夫大桥、班尼帝克汀修道院等。

世界遗产委员会评价：卢森堡，由于它的特殊的战略位置，从 16—19 世纪的 1867 年成为中立国前，一直都是欧洲最重要的要塞之一。卢森堡辗转落入欧洲各列强（从勃艮第公爵，到哈布斯堡家族，到法国和西班牙国王，最后是普鲁士人）的手中，伴随而来的是城防工事不断加固。卢森堡气势雄伟的城防工事是跨越了几个世纪的欧洲军事建筑的缩影，后被拆除，只剩少部分残余。

2. 罗得中世纪古城

入选时间：1988 年

所属国家：希腊

遴选依据：文化遗产（ii）（iv）（v）

罗得古城是一座历史悠久的历史文化名城，位于罗得岛东北角，与安纳托利亚半岛和莱温特相距不远。罗得城始建于公元前 408 年。公元前 3 世纪，罗得岛是古希腊的一处重要海上军事要塞和地中海东部文明中心。公元前 290 年，市民为了纪念抵抗马其顿德米特里一世入侵（公元前 305 年）成功，建立了著名的高逾 30 米的罗得大铜像。该铜像与埃及的吉萨金字塔、巴比伦的空中花园、奥林匹亚的宙斯像、以弗所的阿泰密斯神庙、哈利卡纳苏斯的摩索拉斯陵墓、法罗斯岛的灯塔一起被列为世界七大奇观。古罗马统治时期罗得城已经建立了良好的民主制度，确立了币制和海洋法（已知的世界上最早的海洋法典）。

在十字军东征的时候是基督教徒船只停泊的港口。1309—1523 年，耶路撒冷的圣约翰骑士统治期间，耶路撒冷的圣约翰的骑士军队占领了罗得城并开始把它建成一个要塞，以坚不可摧闻名，先后击退了 1480 年穆罕默德二世和 1522 年埃及苏丹的进攻。1522 年，向索莱曼二世投降后，罗得城被奥斯曼土耳其人统治直到 1912 年。

罗得古城分为上下城区，被一条 14 世纪初建造的 4 千米城墙包围着。两城区里的古迹众多。上城由一条干道而延伸出的直街构成，有大长老宫殿、大医院和骑士街（客栈）。下城纵横交错着一些通向小广场的大街小巷，除了十字军东征时留下的哥特式建筑外，还有突厥时期的清真寺，公共浴池及其他奥斯曼时期的建筑。

罗得城记录了地中海东部地区十字军东征时期一段重要的军事统治历史。港口入口处著名的巨型塑像和伊斯兰纪念建筑增添了它的历史重要性。房屋年久易损，是多德卡尼、法兰克和奥斯曼风格的混合体。罗得要塞在中世纪末对东地中海盆地产生了巨大的影响，是哥特时代最美丽的城市之一。

世界遗产委员会评价：1309—1523 年，耶路撒冷的圣约翰骑士团占领了罗得城，并开始将其建成要塞。这里随后又相继受到土耳其人和意大利人的统治。上城是最美丽的哥特式城市建筑群之一，有大长老宫殿、大医院和骑士街。下城不但有哥特式建筑，也有清真寺、公共浴池及其他土耳其帝国时期的建筑。

3. 苏塞老城

入选时间：1988 年

所属国家：突尼斯

遴选依据：文化遗产 C（iii）（iv）（v）

苏塞老城，被誉为"萨赫勒明珠"，位于突尼斯东海岸，地中海哈马迈特湾南岸。苏塞老城由腓尼基人始建于公元前 9 世纪，后来被汪达尔人和拜占廷占据。公元 7 世纪末，苏塞被穆斯林军队夺取。从公元 9 世纪中期开始，苏塞逐步发展成一座典型的阿拉伯城市，公元 875 年，阿拉伯人修复了罗马时代的贮水池，水池的容积达 3000 立方米，保存至今。苏塞是突尼斯第三大城市，也是"地中海的花园港"。有中世纪以来修建的城垣、宗教建筑、王公府第、地下陵墓和民居，建筑风格多样。

苏塞老城的城墙以碎石和石块垒成，南北长 700 米，东西宽 450 米，基本上保存完好。城墙东南角耸立着卡莱福方塔，塔底边长 8 米，顶端边长 5 米，塔高 30 余米，是最古老的伊斯兰式塔。苏塞老城建筑的颜色大致分为蓝、白、黄三色，远远望去，十分美观。

苏塞老城的主要遗产点有：苏塞大清真寺、塔楼、修道院、卡斯巴的博物馆。

苏塞大清真寺建于公元 851 年。主庭院的周围是三个拱形门廊，祈祷大厅顶部为筒形穹隆，立柱支撑着双半圆拱，大厅隔成 13 条长廊，11 座大门开向中央庭院。宣礼塔位于院内东北角，塔身粗圆，上覆八角穹隆。

苏塞战略位置非常重要，影响到信徒礼拜的场所也被修成堡垒的样式——高墙环绕四周，只在南墙中部开有小门。高墙的四角和其他三边的中点各建有一座圆形塔楼。东南角的塔楼高 15 米，是塔楼中最高的一座，军事防卫功能十分突出。

苏塞博物馆以镶嵌画而闻名，珍藏着大量的文物，内容丰富、技术精湛，最古老的作品距今 3500 年。其中的正方形年历镶嵌画描绘人们在四季劳动、生活的情景，边长 3 米，由 16 个画面组成，堪称突尼斯民族艺术瑰宝。另有一幅彩色镶嵌画《太极图》是丝绸之路经过突尼斯的明证，画边长 1 米，用天然白色石子镶成一个圆，正中被 S 形的黑色曲线分成两半。

世界遗产委员会评价：苏塞，在阿克拉普王朝时代（800—909 年）就是重要的贸易枢纽和军事港口，是一个典型的古代阿拉伯人聚居城市。它的古老土著人聚居区、防御工事、建有大清真寺的阿拉伯人聚居区、伊斯兰教清真寺、宗教和军事相结合的建筑使苏塞成为伊斯兰国家沿海防御系统的一个重要环节。

（四）特殊建筑

1. 陵墓

（1）泰姬陵

入选时间：1983 年

所属国家：印度

遴选依据：文化遗产（ⅰ）

位于印度北方邦阿格拉（Agra）的城东南，亚穆纳河南侧的泰姬陵是印度知名度最高的古迹之一，全称为"泰姬·玛哈尔陵"，距印度首都新德里 200 多千米。泰姬陵是莫卧儿王朝第 5 代皇帝沙贾汗为了纪念他的第三任妻子亚珠曼德·贝依·比古姆（也译作：姬蔓·芭奴），用白色大理石建造的陵墓。泰姬陵被誉为"完美建筑"，又被称为"印度的珍珠"，与埃及的金字塔、中国的万里长城、巴比伦的空中花园、罗马的大斗兽场、亚历山大墓和索菲亚大教堂被称为世界七大建筑奇迹。泰姬陵历来就被认为是"印度穆斯林艺术的珍宝和世界遗产中被广泛赞美的杰作之一"，具有极高的艺术价值。

泰姬陵是一个拥有多处建筑的复杂建筑群，是结合了印度莫卧儿建筑和波斯建筑风格的经典，使用了成千上万的工匠。皇帝亲任总监，有一个专门的建筑师团队，由波斯建筑师拉合里任首席设计师，动员 2 万名来自世界各地的工匠和书法家，以德里的胡马雍陵为蓝图，融合中亚、波斯和印度的本土风格，用 22 年的时间才完工，总费用估计为 3200 万卢比。从印度各地和亚洲，以逾 1 千头大象运送这些建筑材料。嵌入白色大理石的有来自中国西藏的绿松石，来自阿富汗的青金石，来自中国的玉和水晶，来自旁遮普邦的碧玉，还有来自斯里兰卡的蓝宝石，来自阿拉伯的玛瑙等，可谓用心良苦。

整个陵园四周被一道红砂石墙围绕，呈长方形（长 576 米、宽 293 米），总面积约

17万平方米。地面建筑高250英尺，有前庭、正门、莫卧儿花园、陵墓主体和清真寺。正中央是陵寝，在陵寝东西两侧为两座式样相同对称的建筑，是清真寺和答辩厅。陵园的四方各有一座向外倾斜12°（确保地震时尖塔向外倒塌而不危及主殿）的尖塔，高达40米，内有50层阶梯，专供阿訇拾级而上。宽阔笔直的用红石铺成的甬道左右两边对称，布局工整。甬道两边是人行道，人行道中间有"十"字形喷泉水池，两旁柏树成列，分别象征生命和死亡。水池尽头则是陵墓主体，内有一大一小两口空石棺（沙贾汗王及皇后葬于地下土窖内）。墓室中央有一块刻着波斯文"封号宫中翘楚泰姬玛哈之墓"的大理石纪念碑。后方草坪为当时宫殿的葡萄园，陵墓的每一面都有33米高的拱门。

泰姬陵最引人注意的是完全的中轴对称，其中轴线贯穿园区各门、水池及道路等的中线。最令人称奇的是，泰姬陵在早中晚所呈现出的面貌各不相同，早上是灿烂的金色，白天的阳光下是耀眼的白色，斜阳夕照下，白色的泰姬陵从灰黄、金黄，逐渐变成粉红、暗红、淡青色，而在月光下又成了银白色，白色大理石映着淡淡的蓝色萤光，更给人一种恍若仙境的感觉。

世界遗产委员会评价：泰姬陵是一座由白色大理石建成的巨大陵墓清真寺，是莫卧儿皇帝沙贾汗（Shah Jahan）为纪念他心爱的妃子于1631—1648年在阿格拉修建的。泰姬陵是印度穆斯林艺术的瑰宝奇葩，是世界遗产中令世人赞叹的经典杰作之一。

（2）孟菲斯及金字塔墓地

入选时间：1979年

所属国家：埃及

遴选依据：文化遗产（i）（iii）（vi）

孟菲斯及金字塔墓地，位于埃及东北部，尼罗河西岸。孟菲斯曾是古埃及的都城，已有5000年历史。金字塔墓葬群坐落在古埃及王国首都孟菲斯的周围吉萨高原的沙漠里、吉萨城的南郊，距孟菲斯8千米，开罗西南25千米。

墓葬群主要包括三座金字塔、一座狮身人面像、多处墓地及一个工人的村落等。其中的金字塔在希腊时代就已广为人知，尤以胡夫金字塔最为著名。金字塔的主人是法老，建金字塔之风在第三王朝到第六王朝期间盛行（公元前2650年前后至公元前1750年前后，持续大约900年），后来走向衰落。到第四王朝时，出现了三大金字塔。第五王朝由于人民的激烈反对和财力的拮据，金字塔的规模明显缩小。金字塔的基座系正方形，四面呈四个相等的三角形。

众多金字塔中，最具有代表性的是吉萨金字塔。三座金字塔并排屹立，巍然壮观。吉萨金字塔又称胡夫金字塔，是古埃及第四王朝的法老胡夫的墓地，是世界上体量最大的单一古代建筑物，是世界上最大、最高的金字塔。胡夫金字塔建了20年之久，约开始于公元前2580年，完工于公元前2560年。塔原高146.59米（480.9英尺），现高138.74米（455.2英尺），底边长230.37米（755.8英尺），体积约235.2万立方米，用了多达230万~250万块石灰岩建造。金字塔不仅外观雄伟，且角度、线条、土石压力都事先经过周密的计算，拐角处近乎完美的直角，四个斜面正对东、西、南、北四个方

向，石头缝里插不进一把尖刀。

卡夫拉金字塔仅次于胡夫金字塔，是埃及第二大的金字塔，它和狮身人面像都是后来的法老卡夫拉统治时期建造的。卡夫拉的儿子、后一任法老孟卡拉又下令建造了第三座大金字塔即孟卡拉金字塔及 6 座小型金字塔。每座金字塔的东墙外都建有一个专门用作丧葬之用的神殿，有小路一直延伸到位于尼罗河边的神殿门前。

吉萨高原的最东边、卡夫拉金字塔旁矗立着现今已知最古老的纪念雕像——狮身人面像及神殿。狮身人面像长约 73.5 米（241 英尺），宽约 6 米（20 英尺）和高约 20.22 米（66.34 英尺）。狮身人面像额头上有一条眼镜蛇，这是埃及王室的徽标，表明它是金字塔的守护神。

吉萨的金字塔墓葬群是一个相互关联的整体，蕴藏了非常深厚的古埃及文明的密码，也充满了许多不为人知的奥秘，至今尚未全部发掘，也没有公认的最合理和科学的解释。

世界遗产委员会评价：古埃及王国首都有着令人叹为观止的墓地古迹，包括石冢、装饰华丽的墓室、庙宇和金字塔。这处遗址是古代世界七大奇迹之一。

2. 标志性建筑及雕塑

（1）自由女神像

入选时间：1984 年

所属国家：美国

遴选依据：文化遗产（i）（vi）

自由女神像是美国的象征，位于美国纽约曼哈顿以西的自由岛上。是法国雕塑家弗雷德里克·奥古斯特·巴托尔迪和工程师亚历山大·古斯塔沃·艾菲尔设计、在法国建造，并作为法国人民赠予美国人民的礼物由法国格罗弗·克利夫兰总统于 1884 年 7 月 4 日在法国正式交给美国驻法大使，1886 年 10 月 28 日安装成功的。

女神像本身高 46 米，美国建筑师理查德·莫里斯·亨特设计的基座高 47 米，火炬的尖端高出地面 93 米，重 225 吨，腰宽 10.6 米，嘴宽 91 厘米，高擎火炬的右臂长 12.8 米，单独一个食指就有 2.4 米长。女神像的脚上有象征推翻暴政的打碎的铁镣，左手握着一本美国《独立宣言》，她头冠上象征自由的七道射线遍及七大洋、七大洲。她手持火炬，矗立在纽约港入口处，日夜守望着这座大都会，迎来了自 19 世纪末以来到美国定居的千百万移民，成为摆脱旧世界贫困和压迫的希望之神。

自由女神像基座内是 1972 年开馆的博物馆，主题是介绍美国移民的历史。博物馆通过多媒体影音、模拟场景、图片、绘画、服饰等手段，全方位地翔实介绍了从印第安人的先祖来美洲拓荒垦殖到近现代的大规模移民历程，甚至涉及包括作为奴隶被用船贩来的西非人、19 世纪大量移民而来的爱尔兰人、意大利人和犹太人等几乎美国社会每一个族群。女神像体内有螺旋阶梯可登上头部，相当于 12 层高的楼房。

自由岛旁的埃利斯岛上原设有移民入境管理的移民站，使用到 1954 年才关闭。1892 年以来，由此进入美国的数以百万移民被自由女神的形象所感召，被其精神所鼓励，成为建设美国的巨大力量。

世界遗产委员会评价：自由女神像由法国雕塑家巴托尔迪和古斯塔夫·埃菲尔（他负责雕像的钢架）共同完成，这个象征着自由的雕塑是法国于1884年赠送给美国的，以祝贺美国独立100周年。从那时至今，这个矗立在纽约港口的自由女神已经迎来数以百万到美国来的移民。

（2）雅典卫城

入选时间：1987年

所属国家：希腊

遴选依据：文化遗产（i）（ii）（iii）（iv）（vi）

雅典卫城（Acropolis）是希腊最杰出的古建筑群，是综合性的公共建筑，为宗教政治的中心地。最初，卫城是雅典城邦用于防范外敌入侵的要塞，古城遗址则在山丘南侧，四周高墙环绕。卫城中最早的建筑是雅典娜神庙和其他建筑。公元前480年，希波战争中，雅典曾被波斯军队攻占，卫城被彻底破坏。战后，雅典人花费40年时间用白色的大理石重修全部建筑。雅典卫城面积约有4平方千米，位于雅典市中心的卫城山丘上，始建于公元前580年。卫城中最早的建筑是雅典娜神庙和其他宗教建筑。雅典卫城，也称为雅典的阿克罗波利斯，希腊语"阿克罗波利斯"，原意为"高处的城市"或"高丘上的城邦"。

雅典卫城内旧物犹存，前门、尼西克利斯设计的山门、雅典娜胜利女神殿、帕特农神庙、伊瑞克提翁神庙、阿尔特蜜斯神殿等建筑，都有残垣。东南部有建于1878年的、珍藏雅典卫城内神庙中珍贵文物的卫城博物馆，可依稀看到当年雅典娜卫城的辉煌，感受到浓郁的宗教意味和艺术气息。

卫城的中心是雅典城的保护神雅典娜的铜像，主要建筑是膜拜雅典娜的帕特农神庙，建筑群主次分明、高低错落。位于卫城最高点的是体量最大、造型最庄重的帕特农神庙，处于陪衬地位的其他建筑则看起来平淡无奇。卫城南坡是平民活动场所，有露天剧场和长廊遗迹。

雅典娜神庙在山门右前方。建筑材料是在雅典附近出产的蓬泰利克大理石。神庙长18英尺、宽12英尺，有一个爱奥尼亚式门厅和一个约呈方形的内庙。神庙分前庙、正庙和后庙三部分，神庙东面是执盾的雅典娜神像浮雕，象征着雅典娜女神护佑着雅典城。一条饰以高凸浮雕、宽18英寸的中楣饰带，围绕在建筑物外部。

卫城最值得称道的是维多利亚式的帕特农神庙的雕饰。是当时著名的建筑师和雕刻家菲迪亚斯的伟大作品。廊柱间是92堵刻着各种神话故事连环浮雕的庙墙，浮雕联想丰富、形象逼真、人物栩栩如生。卫城在西方建筑史中被誉为建筑群体组合艺术中的一个极为成功的实例，特别是在巧妙地利用地形方面更为杰出。雅典卫城建筑群达到了古希腊建筑的最高水平。

世界遗产委员会评价：雅典卫城位于希腊首都雅典，是最著名的卫城之一。虽然希腊境内有着很多其他卫城，但雅典卫城的重要性使卫城一词可直接代表雅典卫城，而不

需要外加注释。卫城是由平顶岩构成，海拔150米。其亦被命名为西哥罗佩，以纪念常被描绘为半人半蛇的怪物的雅典首任国王凯克洛普斯。卫城由阿提卡的平原延伸至陡峭的悬崖上，三面被悬崖包围。人们只可由西面步行上去，在该处有一较低的山脊连接至阿雷奥帕古斯山。其由蓝灰色的石灰石建成，因此其十分坚硬但却可被水份渗透。其表面由片岩、沙岩与石灰泥组成，较石灰石软但可防水渗透。此种建法已为喷水井提供了良好的环境，而且在山脚有遮蔽的洞穴，这样便有了水源，所以人们通常环绕着其居住。

3. 其他建筑

（1）铁桥峡谷

入选时间：1986年

所属国家：英国

遴选依据：文化遗产（i）（ii）（iv）（vi）

铁桥峡谷位于英格兰中英格兰西地区的什罗普郡塞文河畔的科尔布鲁克代尔。18世纪在第一次工业革命冲击下，人们逐渐认识和了解了近代工业的各个领域。横跨在塞文河上的大铁桥就是这一时期工业和建筑业成就的高度体现，是世界上第一座完全用金属浇筑的拱形铁桥，重384吨，跨度100英尺（30.6米），高52英尺，宽18英尺，重量堪比罗德岛的巨人像。大铁桥的设计者是来自什鲁斯伯里的建筑师兼桥梁设计师托马斯·法诺·伯里卡特，建造者是科尔布鲁克代尔铁厂老板达贝三世。大桥1781年元旦通车。

铁桥建成后，北端出现了每周五的的市场，兴隆至今；桥边还发展起来一个叫铁桥镇的小镇。建成十余年后，1795年塞文河上的一场可怕的洪水冲垮了河上的几乎所有石桥，大铁桥却毫发无损，这使得科尔布鲁克代尔的铁工厂接到了更多的铁桥订单。20世纪70年代对大桥进行了一次整修，今天仍然在使用。如今大铁桥成为铁桥峡谷博物馆群的中心建筑，这个博物馆群也是世界工业传统的展示厅，由包括科尔布鲁克代尔铁器博物馆、老科尔布鲁克代尔的瓷器博物馆和设在兹克雷文·邓尼尔工厂里的装饰瓷砖博物馆组成，全面展示了那个时代铁桥峡谷所在地区的工业发展面貌。

世界遗产委员会评价：众所周知，铁桥峡谷是工业革命的象征，它包含了18世纪推动这一工业区快速发展的所有要素，包括矿业和铁路工业。附近有1708年建成的煤溪谷的鼓风炉，以纪念此地焦炭的发现。连接铁桥峡谷上的桥是世界上第一座用金属制成的桥，它对科学技术和建筑学的发展产生了巨大影响。

（2）特拉维夫白城——现代运动

入选时间：2003年

所属国家：以色列

遴选依据：文化遗产C（ii）（iv）

特拉维夫是以色列第二大城，始建于1909年。由于1869年苏伊士运河开通，古城雅法也随之兴盛成为地中海东岸的一座重要港口城市。从1887—1896年，犹太人在雅法兴建了一个早期定居点。1909 年，60 家犹太移民建立了一座新城，1910 年起命名为特拉维夫（希伯莱语"泉山"的译音）。第一次世界大战后，原属奥斯曼土耳其帝国的巴勒斯坦地区划归英国托管，特拉维夫逐渐成为驻英军控制的一个大都市。由于欧洲反犹主义滋长，许多犹太人开始迁往巴勒斯坦，而纳粹在 20 世纪 30 年代对犹太人的大规模迫害更导致了大量犹太人移民至此。1925 年，由苏格兰建筑师帕特里克·盖德斯提出的特拉维夫城市总体规划得到批准，大批新式建筑遂于 30 年代早期开始拔地而起。1931—1937 年，约 2700 幢此类风格的建筑相继建成，其中约 1000 幢被列入保护计划，成为世界遗产项目的有力支撑。

特拉维夫是世界上国际风格建筑最为集中的城市之一。19 世纪 30—50 年代，在帕特里克爵士的城市规划基础上，特拉维夫掀起了一场造城运动，成果就是白城的建成。城内的建筑物由在欧洲建筑学校培训和实习、深受 20 世纪 20 年代欧洲现代主义运动的影响（以不对称的布局和有规律的反复来取代古典建筑的对称，避免使用任何没有实际用途的装饰）的建筑设计师设计而成。他们以全新的文化理念创造了一个杰出的"现代运动"的建筑整体。大多数建筑受到德国鲍豪斯学院的影响，这些建筑也被称为"鲍豪斯建筑"。白城建成，体现了现代城市规划的基本原则。将特拉维夫从平顶建筑带向高层楼宇风潮的是以色列梅尔建筑事务所第一代创始人以萨·裴尔斯（Yitzhak Pearlstein）所设计的 34 层的夏隆塔。该塔于 1965 年落成时，是当时全中东最高的建筑，与欧洲最高的建筑并驾齐驱，备受赞誉。

从城市面貌看，这是一座典型的欧美式的城市：马路笔直、绿树成荫，广场、人行道旁及建筑物前，令人惊讶称奇的现代雕塑比比皆是，草坪、沙滩与蔚蓝色的地中海构成一幅美丽的人间画卷。市内电影院、剧场、夜总会、迪斯科舞厅等各种娱乐设施一应俱全。城区现代化的饭店和写字楼与居民住宅，均为白色平顶建筑。白城的未来发展以卫星城镇的形式来实现，显示出居于独特地缘关系的特拉维夫的发展潜力。20 世纪 60 年代以来，城市的扩建中，不断出土古代以色列城和古犹太人聚居的遗址，于是相关的博物馆相继落成。这些博物馆里，古钱币、古玻璃器皿、古铜器、古瓷器、古希伯莱文字、民间艺术品等犹太人文化藏品，彰显了犹太民族悠久的历史和文化创造的杰出智慧。

特拉维夫是以色列经济上的首都，圣地的大门。耶路撒冷尚存争议，所有国家的大使馆均设在特拉维夫，以色列外交部也因此驻设该地。1948 年 5 月 14 日，以色列就是在特拉维夫宣布立国宣言的。

世界遗产委员会评价：特拉维夫建于 1909 年，并逐渐发展成为驻巴勒斯坦英军控制下的一个大都市。在 20 世纪 30 年代初到 50 年代间，白城在帕特里克爵士的城市规划基础上建成，体现了现代城市发展规划的基本原则。城中的建筑物由在欧洲培训和实习的建筑设计师设计而成，他们以全新的文化理念创造了一个杰出的"现代运动"的建筑群。

三、人类遗址

（一）欧洲遗址

1. 迈锡尼和梯林斯的考古遗址

入选时间：1999 年

所属国家：希腊

遴选依据：文化遗产（i）（ii）（iii）（iv）（vi）

位于希腊伯罗奔尼撒半岛东北部，距爱琴海萨罗尼克湾9英里、距阿戈斯北6英里，有两座3500年前的王城——迈锡尼和梯林斯的考古遗址。

根据现在已知的古希腊文明发展史，迈锡尼和梯林斯是其发展的重要阶段，上承克里特岛的文明，下启古希腊伯罗奔尼撒半岛的荷马时代，是古希腊文明的重要环节，也是克里特岛文明的直接继承者，并与之一起构成了古希腊文明的源头——爱琴海文明。迈锡尼和梯林斯考古遗址出土的宫廷遗迹及墓葬、面具等文物就是爱琴文明中迈锡尼文明阶段的再现，迈锡尼堪称古希腊最伟大的文化中心之一。

根据考古资料，迈锡尼的文明以城堡、圆顶墓建筑及精美的金银工艺品著称于世。迈锡尼卫城外围由巨大的回形墙所环绕，墙体窄处为3米，宽处为8米。进入卫城，必经狮子门。门前有两尊迈锡尼式风格的石狮。门宽3.5米，城墙在门的两侧前突，形成一个狭长的过道而加强了防御性。卫城的宫廷建筑比克里特岛的宫廷简单得多，类似后来的希腊文明早期风格的大厅叫正厅，是建筑物的中心，可见二者之间的传承关系。正厅有玄关和接待室，正中两根圆柱间是圆形的地炉。庭院周围其他房间的地面和墙壁都涂上灰泥。墙上有壁画装饰，这种艺术形式显然受到克里特岛上迈诺安人的影响。

迈锡尼卫城外，出土了公元前1500年左右的6个保存完好的迈锡尼古代弧形墓穴，均为王室陵墓，里面出土的15具骸骨、珠宝、武器等文物，充分证明了迈锡尼灿烂的文明。石砌圆顶墓的出现是竖井墓的发展，迈锡尼的时代就被称为圆顶墓王朝，而竖井式坟墓依然存在，有大量金器、银器和青铜器为随葬品，应为贵族墓葬。圆顶墓王朝是青铜时代的繁荣时期。考古证明，迈锡尼人将克里特岛的线形文字A发展到了线形文字B（已经释读成功）。线形文字B的文献表明迈锡尼文明已大量使用奴隶。

一处发现了用于葬礼的黄金死人面具的拱顶蜂巢式墓葬，传说是特洛伊战役中希腊军队统帅迈锡尼国王阿伽门农的陵墓，面具就被称为"阿伽门农的面具"。墓高5米多，入口两侧有两根有三字形凹槽装饰的绿色大理石石柱。

考古资料表明，迈锡尼人分工细致，已经存在高度发展的制造业。迈锡尼是该地区的政治、军事、手工业和经济中心。国家组织还带有军事民主制的残余。国王之下有将领、扈从、公社的上层，有的地方甚至还有长老会和民众会。

世界遗产委员会评价：迈锡尼和梯林斯是迈锡尼文明两座最伟大的城市，其遗址也

十分壮观。公元前 15 世纪至公元前 12 世纪，迈锡尼文明盛行于地中海东部，在古希腊文化的发展中发挥了重要作用。这两座城市还与荷马史诗《伊利亚特》和《奥德赛》有着密切的关联，而这两部史诗对欧洲艺术和文学的影响则持续了 3000 多年。

2. 博恩宫考古遗址群

入选时间：1993 年

所属国家：爱尔兰

遴选依据：世界文化遗产（iv）

爱尔兰共和国首都都柏林以北 50 千米、博恩河北岸，坐落着一系列小的冰川山丘，在这 5 平方英里大小的河流交汇处有多个考古地点的集合体，包括三个史前考古遗址，即纽格莱奇（Newgrange）古墓遗址、诺斯（Knowth）古墓遗址和道斯（Dowth）古墓遗址，统称为博恩宫考古遗址群，也被称为布鲁纳比奈皇家墓地。纽格莱奇墓又名通道墓地（这个土堆处曾经有一条通向中心会所的通道）。

这些巨墓始建于公元前 3100 年左右，1699 年才被修路的人们偶尔发现。这是西欧此类墓葬中水平最高、构思最奇特的墓葬群。从外形看，外形古拙的纽格莱奇巨墓墓基由 97 块数吨重的巨石水平铺就，整体用 20 多万吨石块和土垒成，许多石块都刻有某种象征意义的同向或反向旋转的螺旋形图案。

巨石的使用是爱尔兰与英国独有的史前遗迹，目前存在许多未解之谜，纽格莱奇巨墓墓室前还散布着几块巨石。最令人瞠目的是石室的地面、入口与正东远山山顶处在同一水平面上。每年冬至早晨，太阳从远山山顶升起，正好穿过甬道射到石室的地面，约 15 分钟后，石室沉于黑暗。

纽格莱奇墓中的石头装饰是西欧巨石装饰艺术的重要代表之一。切口的许多地方都是锯齿状线条、V 字形、三角形、菱形、同心环形、螺旋形等线性几何图形，一个遗址的街边石头中还发现了目前已知的唯一从中心点辐射的三曲枝图或者三倍数的排列方式的实物。其意义至今不甚明朗。爱尔兰人墓葬使用螺旋形极为普遍，这一图形或许是精神不死与轮回信仰的传递与最初表达。吉尔·珀斯认为巨石上两个漩涡夹一个连接的部分的形式象征生命之门的开放，或者是诞生、死亡和再生之间的分界。螺旋图案或许也是爱尔兰地区信仰的布拉吉神（能赐福，也是告知死亡和灾祸的信使）的象征。

博恩宫考古遗址是欧洲史前巨石艺术最大和最重要的集中地、爱尔兰最有名、最神奇的史前遗迹，反映了当时该地区的社会、经济、宗教和丧葬习俗文化的全貌。

世界遗产委员会评价：博恩宫考古遗址群位于都柏林以北 50 千米的博恩河北畔，包括三个史前遗址，即纽格莱奇、诺斯和道斯，这个地区是欧洲史前巨石艺术最大和最重要的集中地。那里的遗迹反映了当时的社会、经济、宗教和丧葬习俗文化的风貌。

（二）亚洲遗址

1. 桑义兰早期人类化石遗址

入选时间：1996 年

所属国家：印度尼西亚

遴选依据：文化遗产 C（iii）（vi）

关于人类的起源的考古与科学研究至今没有停止，桑义兰就是这样一个具有极大的考古学、人类学意义的考古地区。桑义兰位于印度尼西亚中爪哇梭罗市北 15 千米的梭罗河谷，占地 48 平方千米。

自 1890 年起，荷兰解剖学家 E·杜布瓦就在中爪哇梭罗河边的特里尼尔附近陆续发现了一批人类化石。1891 年，一位名叫尤金的法国人类学家发现了爪哇猿人头盖骨，次年发现一根股骨。但长期没有得到科学界足够的重视。1934 年，荷兰古人类学家孔尼华开始关注并研究桑义兰地区。1936—1941 年的挖掘中，发现了许多东南亚旧石器时代早期的原始人类化石，命名为"爪哇人"（距今约 70 万至 50 万年，地质时代为中更新世）。1969 年，一位农民在耕地时，意外地发现一块头盖骨，头盖骨得到修复之后就是全球知名的"桑义兰 17"，是爪哇猿人化石中保存最好的原始人类头盖骨，也是迄今为止唯一的一块成年男性头盖骨化石。

"桑义兰 17"化石出土后，由于其具有许多标志性特征（如较粗壮、基部最宽的拱形头盖骨，脑的前面及体壁部分趋于减小，沿体壁和脑的后方有明显的肌痕，以及脑容量为 1029 毫升），而成为多源假设中研究的重点。由此形成了关于人类演化问题的多源模型，假设了猿人直立人是由爪哇猿人演化而来，学者甚至认为可以建立爪哇猿人同中国的周口店北京猿人之间的联系。

世界遗产委员会评价：该遗址自 1936—1941 年进行挖掘，发现了早期原始人类化石。后来，这里先后发现了 50 种化石，包括远古巨人、猿人直立人／直立人，占世界已知原始人类化石的一半。过去 150 万年前的人类聚居地这一事实，使桑吉兰成为理解和研究人类进化论最重要的地区之一。

2. 班清考古遗址

入选时间：1992 年

所属国家：泰国

遴选依据：文化遗产 C（iii）

班清遗址位于泰国东北部呵叻高原的乌隆地区，是泰国诸多遗址中广为人知的一处，也是研究的最为彻底的一个遗址。然而，它只是组成班清文化传统众多遗址中的一个。这种传统对周边的许多地区如乌隆、沙功那空、那空拍侬和孔敬等造成了影响，波及 49000 多平方千米。而班清本身有可能是这种文化相对重要的一个中心。班清被视为东南亚发掘地区最重要的史前聚居地，是人类文化、社会、科技进化现象的中心。这处遗址反映了当地在农业耕作、金属器制造及使用方面的情况。

　　长期以来，人们很少认为东南亚有自己的文化系统，一些文化现象往往被视为外来文化的影响。班清遗址的出现填补了这一空白，将人们对东南亚文化的认知提升到一个崭新的阶段。

　　班清遗址各个时期物品中都发现了陶器的丝线标志，发现初期也有青铜器作为殉葬品（这个时间不晚于中国青铜器技术），尽管中晚期仍不普遍，只有脚镯、手镯较为常见。铁器随葬大约在公元前 1000 年（中期）出现，但在晚期却消失不见。

　　泰国呵叻高原上的古代陶器具有明显多样性。1975 年，金尤迪在《班清史前文化专论》中，将绘制的脉线分为 50 种不同类型，未绘制分为 98 种不同的类型，具有较高的造诣。初期普遍使用摇摆压印、丝线标志和雕刻图案；初期后半阶段，手工绘制图案日趋盛行。中期制陶工艺的进步表现为更大的容量和更薄的胎壁，以及更加精细丝线标志和雕刻。晚期的陶器普遍以黄色为底色，红色来渲染，特点鲜明。

　　所有这些，都是东南亚中南半岛文化早期渊源的表现，甚至可以断言：或许它是人们已知的文化系统之外的另一个未知的文化系统。

　　世界遗产委员会评价：班清被视为迄今为止在东南亚发现的最重要的史前聚居地，它的发现向人们揭示了人类文化、社会和技术发展过程中的一个重要阶段。该遗址发掘出来的葬物证实了该地区曾有过农业耕作、制造和使用金属的活动，也是迄今为止所能提供的最早的此类证明。

（三）非洲遗址

1. 洛罗派尼遗址

入选时间：2009 年

所属国家：布基纳法索

遴选依据：文化遗产 C（iii）

　　洛罗派尼是布基纳法索南部、加瓦西部的集镇，是由几组神秘的石墙环绕的远古的石头废墟，面积达 11130 平方米，世人对此知之甚少，学者们研究也不够深入。有人认为是远古时代卡恩人的国王或最高统治者的王宫（奥比尔有一个类似的皇家庭院废墟），也有人认为可能是一个圈禁奴隶的场所。

　　这是布基纳法索的首个世界遗产。它是保存最完好的、最能够证明西非至少保存了 7 个世纪之久的黄金开采传统的遗址。洛罗派尼的规模和范围，反映了这个地区过去存在过的加纳、马里和桑海等帝国与尼日利亚或尼日尔河上游城镇不同的建筑遗址结构，可以被看作一个见证黄金生产与交易的特例。由于该地区曾被多个种族部落占据，且非洲国家的贫困，周边遗址尚待进一步发掘，更多的秘密有待发现。

　　世界遗产委员会评价：洛罗派尼遗址占地 11130 平方米，是该国首次列入世界遗产，遗址中令人印象深刻的石墙是在洛比（Lobi）地区十座城堡中保存最为完好的一部分，包括 100 堵石砌围墙中的绝大多数，见证了横穿撒哈拉沙漠黄金贸易的鼎盛时期。该遗址位于科特迪瓦、加纳和多哥边境的附近地区，目前至少有 1000 年的历史。洛罗派尼

曾经是罗朗（Lohron）或库兰戈（Koulango）族人的领地，控制着该地区的黄金提炼和贸易，在14—17世纪达到鼎盛。遗址四周充满着许多秘密，有待挖掘。该居住地在其漫长的历史长河中似乎在某一时期被放弃过。这块19世纪初最终被遗弃的土地期待着展现更多的信息。

2. 阿布辛拜勒至菲莱的努比亚遗址

入选时间：1979年

所属国家：埃及

遴选依据：文化遗产 C（i）（iii）（vi）

埃及东南部尼罗河上游河畔、埃及和苏丹交界的努比亚地区曾是古埃及文明的发源地，有着古埃及著名古迹阿布辛拜勒努比亚神庙和纪念碑遗址。

据相关资料，埃及第十九王朝法老拉美西斯二世统治时期在尼罗河西岸的悬崖峭壁上建造了这座神庙，时间为公元前1275年。神庙高约33米，宽约37米，纵深约61米。正面的四个巨大的雕像（其中的一个由于地震的破坏而缺损了头部）就是法老拉美西斯二世本人。雕像的两耳之间宽达3.9米，嘴宽0.97米，逼真地再现了不可一世的古埃及法老拉美西斯二世的形象。神庙幽深的通道旁矗立着8座守护神俄赛里斯雕像。神庙内石壁上刻满图画和文字，是对拉美西斯二世当政期间的生活情景、约公元前1312年与赫梯人为争夺叙利亚而进行卡迭石城会战，以及努比亚生活习俗的第一手资料。一年之中，阳光只有两次穿过深达63米的通道，照射在内室祭台间拉美西斯二世的雕像上。

这也是一处几乎面临毁灭的文明遗址。1910年，第一次修建阿斯旺水坝时，努比亚文明遗址几乎被水体淹没；1959年重建阿斯旺水坝，使努比亚神庙遗址面临着彻底消失的危险。埃及政府向全世界发出援助请求。许多意识到了努比亚文明遗址价值的国家立即行动起来，1959年召开了第一次会议，组成了一个保护组织，起草了一份国际间合作保护计划，查勘和寻访了所有位于阿斯旺和苏丹之间的遗址，发表了关于勘察、考古和发掘遗址的建议书。1960年3月8日，保护组织发表了一份国际倡议书，呼吁全世界为了挽救努比亚文明遗址，提供包括资金、技术等条件在内的各方面的支持。1964年，在联合国大力支持下，按照瑞典专家切割拆卸重新装配的方案，首先将神庙后移180米（比原址高65米），切割的石块每块重达20~30吨，大庙切成807块，小庙切成235块，用起重机谨慎吊起，运至贮石场按编号存放。然后再运至新址按原样重新装配。外部装配的接缝使用与石头同色的灰浆补严，几乎不留任何切割痕迹，内部有意留下一些接缝，留给后人以启迪。工程于1968年9月竣工，耗资3600万美元。为纪念这一跨国的迁移保护工程，新址地下埋放了一本古兰经、两张埃及报纸和一些埃及硬币及搬迁过程产生的文件。这次保护行动发挥了国际合作的力量，使用了当时最先进的技术与设备，是跨国文物保护的楷模，对于后来世界遗产委员会的产生、世界遗产公约和世界遗产名录的编纂有着不可估量的影响。

保护行动中，菲莱神庙现已被转移到靠近阿吉基亚的小岛上；罗马时代的卡拉布舍神庙、卡塔西亭和饰有反映非洲黑人生活浮雕的贝瓦里神庙重新搭建在高坝附近；达克卡神庙、马拉拉加神庙和瓦蒂塞布阿神庙被迁移至瓦蒂塞布阿；努比亚地区最古老的神庙马达神庙群（建于公元前 15 世纪图特摩斯三世和阿美诺菲斯二世执政时期）和彭努特小陵墓迁建至阿马达；阿布·奥达祭台和普萨墓龛被送到阿布辛拜勒的尼罗河对岸。这些古迹与文物都得到了有效的保护，是对于人类古典文明传承做出的巨大贡献。1980年，旨在保护这一地区文明遗存的努比亚博物馆正式破土，标志着该地区文明遗存保护进入了崭新的阶段。

世界遗产委员会评价：这一重要区域有大量极具考古价值的宏伟古迹，包括阿布辛拜勒（Abu Simbel）的拉美西斯二世神庙（Temples of Ramses II）和菲莱（Philae）的伊希斯女神圣殿（Sanctuary of Isis）。这些古迹在 1960—1980 年间曾险遭尼罗河涨水毁坏，多亏联合国教科文组织发起的国际运动，最终才幸免于难。

（四）美洲遗址

1. 印加路网

入选时间：2014 年

所属国家：阿根廷、玻利维亚、智利、哥伦比亚、厄瓜多尔、秘鲁六国共有

遴选依据：文化遗产（ii）（iii）（iv）（vi）

印加路网也称作安第斯山区道路系统，是南美洲被殖民前覆盖最广、最先进的运输系统，以两条分叉众多的南北走向的道路为基础、多条路径共同组成的印加帝国时代最重要的南北大道，其中最有名的一部分是马丘比丘小径。路网中有先于印加帝国的文明建造的部分，特别是瓦里文明时代的道路，部分路网还在西班牙殖民时期沿用，比如皇家大道（Camino Real）。

路网分为东西两线：东线从基多延伸至门多萨，跨普纳草原和高山峡谷；西线建在沿海平原。路网中，仅跨过西边山区的线路就超过 20 条，其他路线则在东部山脉的山峰和低地间游走。有的道路甚至经过海拔 5000 米的山地。印加帝国从北边省会基多到南方圣地亚哥的各个地区通过这个体系连为一体。印加路网联通了 300 万平方千米的领土上的人口稠密地区、行政中心、农业区、矿场、祭祀中心等印加空间。道路宽度在1~4 米，最宽处达 20 米，对于印加时代的各地区经济与文化交流起到了重要作用。

由于地域广大、条件不同，印加人使用了不同的技术以克服不同地形的障碍。他们在陡峭的山坡上修造石阶，在海岸附近的沙漠地区，他们建立了矮墙以避免沙粒覆盖道路。

印加最重要的皇家大道全长 5200 千米，始于基多，穿过库斯科，跨过 5000 米海拔的安第斯山，在现今的图库曼终止。海边的道路"El Camino de la Costa"全长 4000 千米，与海岸平行并通过许多小路与"Camino Real"互联互通。

马丘比丘小径在路网中久负盛名：马丘比丘是皇家庄园，居住着印加执政者和几百个仆人，需要从库斯科以及其他地区定期获取商品和服务，但远离交通主线。于是，马丘比丘小径就成为这座庄园城市的重要支撑。

"印加路网"是阿根廷、玻利维亚、智利、哥伦比亚、厄瓜多尔、秘鲁六国共同申报、共同享有的跨国遗产项目。项目共包括149个遗产点（阿根廷14处、玻利维亚4处、智利34处、哥伦比亚9处、厄瓜多尔28处、秘鲁60处）。

路网的复杂使人们无从知晓路网的真实范围，印加帝国被西班牙人征服后，路网受到了近代文明的侵蚀和毁灭，以至于路网仅有25%仍然可见。

世界遗产委员会评价：印加路网全长约3万千米，是横跨印加地区的交通、贸易和防御道路网络系统。经过印加人几个世纪建造，再加上部分基于前印加的道路设施，这一非凡的道路网络系统穿越了世界上最极端的地理地形，跨越了热带雨林、肥沃的山谷和干旱的沙漠，将安第斯山脉白雪皑皑的山峰（海拔高达6000多米）和海岸连接了起来。印加路网纵横安第斯山脉，在15世纪达到其扩展的最大范围。印加路网在遍布6000多千米的范围内包括了273个遗址。这些精选的遗址充分显示了印加路网的社会、政治、建筑和工程建设成就，以及路网对贸易、住宿、仓储和宗教所起到的重要意义。

2. 萨迈帕塔考古遗址

入选时间：1998年

所属国家：玻利维亚

遴选依据：文化遗产（ii）（iii）

萨迈帕塔考古遗址是美洲印第安人的印加帝国文化遗址，方圆大约40公顷，包含两个组成部分：安第斯山脉东侧的爱尔福厄特遗址及科恰班巴市和圣克鲁斯厂中间的小城萨迈帕塔遗址，两者相距约6千米。

在关于美洲的早期文献里，萨迈帕塔就因为遍布红色砂岩而广为人知。20世纪90年代，在波恩大学人类学学院的科研人员艾伯特的带领下，展开了考古工作。成果就是精确测绘了周围的环境和构造，并发现了这个遗址区。

遗址区岩石上雕刻着运河、盆地，也有楼梯和座椅等许多图画。东西向的岩石上，岩画最有特点：其中一部分画中三条菱形的雕刻线内，有两条相互交织的运河沿着一条由东至西的直线并列分布；另一部分还可以辨认出两个猫科动物的形象。岩石的南北向，开凿了许多很大的壁龛，足以容得下一个成年男子，或许是印加时代的庙宇或圣殿。

萨迈帕塔考古遗址展示了印加人的仪式中心及早期居民住宅的原始面貌，既是印加人宗教传统的见证，又展现了印加帝国辉煌的文明。

世界遗产委员会评价：萨迈帕塔考古遗址由两部分组成：一部分是一座小山丘，山上有许多雕刻，被认为是14—16世纪当地古镇举行仪式的中心；另一部分位于小山丘南面，是当时的行政和住宅区。一块巨型雕刻石块占据了小镇下方的大部分面积，是古拉丁美洲文化传统和信仰的唯一见证，在美洲再无可与之媲美之石刻。

世界自然遗产

自然遗产是代表地球46亿年演化历史中重要阶段的突出例证，代表演化进行中的重要地质过程、生物演化过程，以及人类与自然环境相互关系的突出例证，独特、稀有或绝妙的自然现象、地貌或具有罕见自然美地域。自然遗产对于研究生命起源、地球科学、生态系统、生物多样性及人类与自然的和谐和可持续发展有着重要意义。

截至2016年7月第四十届世界遗产大会，世界遗产委员会公布的全球世界自然遗产共有203项。

第一节　自然遗产的定义、标准和分类

一、自然遗产的定义

根据《保护世界文化和自然遗产公约》规定，属于下列各类内容之一者，（即分别从三个角度来总结自然遗产）可列为自然遗产：

（1）从美学或科学角度看，具有突出、普遍价值的由地质和生物结构或这类结构群组成的自然面貌。

（2）从科学或保护角度看，具有突出、普遍价值的地质和自然地理结构以及明确划定的濒危动植物物种生态区。

（3）从科学、保护或自然美角度看，具有突出、普遍价值的天然名胜或明确划定的自然地带。

自然遗产是指具有地质、自然地理、生物结构、生态、天然名胜和自然美学价值的自然区域，包括自然生态区、自然风景名胜区和化石遗址等。

二、自然遗产的标准

提名列入《世界遗产名录》的自然遗产项目，必须符合下列4项中的1项或几项标准：

（1）包括最显著的自然现象或特殊的自然美景和具有美学价值的地区。

（2）代表地球演化史中重要阶段的突出范例，包括生命记录、地形发展过程中所进行的重要地质过程或具有重要的地貌或自然地理特征。

（3）代表进化过程中所进行的重要生态和生物过程，以及陆地，淡水、沿海和海洋生态系统以及植物和动物群落的发展的突出范例。

（4）在生物多样性保护方面具有重要意义的生物栖息地、从科学和保护方面的观点来看，包括那些含有突出普遍价值的濒危物种的栖息地。

三、自然遗产的分类

根据自然遗产的定义和标准，可根据其功能分为4类：地球演化、生物进化和生态系统、自然景观和生物保护区。在具体的世界自然遗产评选中，由于很多自然遗产都符合多项遴选标准，如美国黄石国家公园、云南三江并流自然保护区、马来西亚巫鲁山国家公园、厄瓜多尔加拉帕戈斯群岛等一些自然遗产符合世界自然遗产评选全部四项标准，所以同时符合多项标准的自然遗产如何分类并没有严格界限。

第二节　世界自然遗产分述

一、地球演化

（一）地质景观

1.含义

地质景观是指由地球内部应力（内力）作用形成的自然景观，即主要是由地质构造、岩性、地层、古生物等一系列地质因素形成的自然景观。

2.知名地质景观代表

（1）黄石国家公园

入选时间：1978年

所属国家：美国

遴选依据：自然遗产（vii）（viii）（ix）（x）

黄石国家公园位于美国西部北落基山和中落基山之间的熔岩高原上，绝大部分在怀俄明州的西北部。海拔2134~2438米，面积8956平方千米。黄石河、黄石湖纵贯其中，有峡谷、瀑布、温泉及间歇喷泉等，景色秀丽，引人入胜。其中尤以每小时喷水一次的"老实泉"最著名。园内森林茂密，还牧养了一些残存的野生动物，如美洲野牛等，供人观赏。黄石国家公园是美国设立最早、规模最大的国家公园。它就像中国的长城一样，是外国游客必游之处。它以保持自然环境的本色而著称于世。

黄石国家公园自然景观分为五大区，即玛默区、罗斯福区、峡谷区、间歇泉区和湖泊区。五个景区各具特色，但有一个共同的特色——地热奇观。黄石国家公园内有温泉3000 处，其中间歇泉 300 处，许多喷水高度超过 100 英尺，"狮群喷泉"由 4 个喷泉组成，水柱喷出前发出像狮吼的声音，接着水柱射向空中；"蓝宝石喷泉"水色碧蓝；最著名的"老忠实泉"因很有规律地喷水而得名。从它被发现到现在的 100 多年间，每隔33~93 分钟喷发一次，每次喷发持续四五分钟，水柱高 40 多米，从不间断。园内道路总长 500 多英里，小径总长 1000 多英里，黄石湖、肖肖尼湖、斯内克河和黄石河分布其间。黄石公园那由水与火锤炼而成的大地原始景观被人们称为"地球表面上最精彩、最壮观的美景"，描述成"已超乎人类艺术所能达到的极限"。

正如人们所熟知，黄石以数量繁多的热喷泉、大小间歇喷泉地貌、绚丽多彩的高山、岩石、峡谷、河流，种类繁多的野生动物闻名于世。这是地热活动的温床，有 1 万多个地热风貌特征；落基山脉给这片领地创造了无数秀丽的山峦、河流、瀑布、峡谷，其石灰岩的结构又让大地添上美丽多姿的颜色；无数的野生动物赋予它生生不息的生命气息，这里是怀俄明兽群的故乡，也是北美洲乃至全世界陆地最大的、种类最繁多的哺乳动物栖息地。

世界遗产委员会评价：黄石国家公园中广袤的自然森林占地面积约 9000 平方千米，其中 96% 位于怀俄明州，3% 位于蒙大拿州，还有 1% 位于爱达荷州。黄石国家公园拥有已知地球地热资源种类的一半，共有 1 万多处。国家公园还是世界上间歇泉最集中的地方，共有 300 多处间歇泉，约占地球总数的 2/3。黄石国家公园建于 1872 年，它也因为其生物多样性而闻名于世，其中包括灰熊、狼、野牛和麋鹿等。

（2）加拿大落基山公园群

入选时间：1984 年（1990 年扩大范围）

所属国家：加拿大

遴选依据：自然遗产（vii）（viii）

横跨不列颠哥伦比亚与阿尔伯塔两省的落基山脉，有许多国家公园散布其间。长年积雪的山峰、充满了幽深与宁静的湖泊，地球上最出名的山脉景致集中在加拿大落基山公园群的 7 个系列公园中。一提起加拿大人们就会联想到白雪皑皑的山峰和城堡式的饭店。每年位于阿尔伯特和不列颠哥伦比亚地区的这 7 个保护区要接待 900 多万游客。

在 14300 平方英里的保护区里，班夫、贾斯珀、约虎和库特奈四个国家公园占了绝大部分。它们和不列颠哥伦比亚省的三个公园：罗布森山、阿西尼博因山和汉伯相连。班夫成为国家公园得益于加拿大在 19 世纪 80 年代时修建横贯大陆的铁路，于 1887 年开放，成为加拿大第一个保护区公园，并由此建立了加拿大国家公园的体系。它是著名

的避暑胜地，公园里有冰峰、冰河、冰原、湖泊、高山草原和温泉。水秀峰奇，居北美大陆之冠。贾斯珀国家公园是北美最大的公园，园内有山川、森林、冰河、湖泊。被群山环绕的麦林湖、麦林峡谷是公园内不可多得的胜地。约虎公园位于班夫公园的西方，是巧妙地利用大溪谷、冰河、湖泊等自然景观开设的公园，园内的翡翠湖碧绿的湖面照出巴哲斯山的倒影，塔卡考瀑布以 410 米的落差发出巨响。园内伯吉斯谢尔岩石里有 150 多块寒武纪中期的海产化石，其中一些已不为今人知晓。

世界遗产委员会评价：逶迤相连的班夫（Banff）、贾斯珀（Jasper）、库特奈（Kootenay）和约虎（Yoho）国家公园，以及罗布森山（Mount Robson）、阿西尼博因山（Mount Assiniboine）和汉伯省立公园（Hamber provincial parks）构成了一道亮丽的高山风景线，那里有山峰、冰河、湖泊、瀑布、峡谷和石灰石洞穴。这里的伯吉斯谢尔化石遗址也有海洋软体动物的化石。

（3）大峡谷国家公园

入选时间：1979 年

所属国家：美国

遴选依据：自然遗产（vii）（viii）（ix）（x）

大峡谷位于美国西部，亚利桑那州西北部的科罗拉多高原上。是地球上最伟大的地理奇迹之一，它的宽度惊人，向人们揭示了弥足珍贵的地球历史资料。6500 万年前地球漂移的过程中有一块巨大的陆地被抬升到高于海平面 1.5 千米，形成了今天的科罗拉多高原。距今 600 万~1000 万年里，科罗拉多河逐渐侵蚀掉层层岩石，与风、雨、雪、冷、热等因素的腐蚀作用相结合，形成了一条天堑，深 1 英里，宽 18 英里。大峡谷地层多样，显示了地球自 2 亿年前的变更历史。地层里的化石，可追溯到 5 亿年前。现在科罗拉多河仍在侵蚀着大峡谷。

大峡谷大体呈东西走向，东起科罗拉多河汇入处，西到内华达州界附近的格兰德瓦什崖附近。形状极不规则，蜿蜒曲折，迂回盘旋，峡谷顶宽在 6~30 千米，往下收缩成 V 形。两岸北高南低，最大谷深 1500 多米，谷底水面宽度不足千米，最窄处仅 120 米。峡谷的壮观景色举世无双。由于河谷地层在结构、硬度上的差异，千百年河水的冲刷，在长长的峡谷间，鬼斧神工般雕凿出许许多多千姿百态的奇峰异石、峭壁石柱。谷壁地层断面，节理清晰，层层叠叠，就像万卷诗书构成的图案，缘山起伏，循谷延伸。从谷底向上，沿崖壁处露出从前寒武纪到新生代的各个时期的岩系，水平层次清楚，并含有代表性生物化石，被称为"活的地质史教科书"。由于峡谷两壁的岩石性质、所含矿物质不同，在阳光照射下像一块五彩斑斓的调色板。

世界遗产委员会评价：著名的科罗拉多大峡谷深约 1500 米，由科罗拉多河长年侵蚀而成，是世界上最为壮观的峡谷之一。大峡谷位于亚利桑那州境内，横亘了整个大峡谷国家公园。大峡谷的水平层次结构展示了 20 亿年来地球的地质学变迁，同时也保留了大量人类适应当时恶劣环境的遗迹。

（4）塔拉曼卡山脉阿米斯塔德保护区/阿米斯塔德国家公园

入选时间：1983年（1990年扩大范围）

所属国家：哥斯达黎加（与巴拿马共有）

遴选依据：自然遗产（vii）（viii）（ix）（x）

连接哥斯达黎加和巴拿马的塔拉曼卡—科迪勒拉并行山脉是一方宝地，方圆80多万公顷，内有一系列的自然公园和自然保护区，已被列入教科文组织《世界遗产名录》。

塔拉曼卡—科迪勒拉山脉的顶峰在哥斯达黎加和巴拿马之间，海拔接近4000米。按照布里布里和卡贝卡尔印第安人的一则古老传说，山脉形成的那片庞大台地，就是西布神决定建造家园并播下将来能繁衍生息人类的玉米种子的地方。按照这一传说，创世就发生在苏拉温的拉里河源头，西布神曾在那里组织过盛大的庆祝活动，把大量可可豆散发给曾帮助过他的每一个人。科学则告诉我们，这座山脉崛起在大约3000万年之前，地壳构造运动和火山爆发所产生的巨大压力造成了上新世时期的地层上升，这种上升最终填平了当时曾把南北美洲分隔开来的大洋盆地，而且在大约700万年前就已呈现出目前的形状。就这样，一小窄条陆地（在太平洋和大西洋之间的宽度仅为150多千米）产生了，并在两块生物特性不同的大陆之间形成了一座名副其实的"桥"。当地特有之物种丰富多样，可以归因于来自两个不同地域的动植物群的这种遗传趋同。由于气候特点及土壤的肥沃富饶，该地区呈现出五彩缤纷的地形地貌，构成了许多不同的生境。

世界遗产委员会评价：这一独特的遗址位于中美洲，这里有第四纪冰川的痕迹，北美和南美的动植物在这里杂植。热带雨林覆盖了大部分地区。四个不同的印第安部落生活在这片土地上，他们从哥斯达黎加与巴拿马的密切合作中受益匪浅。

（5）格罗斯莫讷国家公园

入选时间：1987年

所属国家：加拿大

遴选依据：自然遗产（vii）（viii）

格罗斯莫讷国家公园被认为是一本关于板块构造学的很好的实例教科书。地球的表面在整个地质年代里不断地发生碰撞与分裂，这种碰撞与分裂导致了地球上海洋的形成和消亡。

6亿年前欧洲大陆和北美大陆是一体的，但是已经开始逐渐分离，同时岩浆从地壳下喷涌而出，填满了两块大陆间的空隙。现在，在格罗斯莫讷地区西小溪湖的悬崖上可以看到已经凝固的岩浆。5.7亿年到4.2亿年以前，这个公园的位置是两块大陆之间被称为亚派图斯海的大洋。公园的地质沉积层中几乎保存着目前已知的那个年代存在过的所有门类的生物化石——这里简直就是一部虚拟的生物进化图表。到4.6亿年前，欧洲大陆与北美大陆被挤压到一起，阿巴拉契亚山脉升起填满了亚派图斯海，亚派图斯海消亡了。一部分大洋地壳与地幔板块向东移动并升起成为陆地的表面。地表又经过多年冰河冰块冲刷，形成了峭壁间的狭长海湾，这种冲刷还切开了山脉形成断层，正是这些断层的结构揭示了地质结构曾经的变化。

格罗斯莫讷国家公园不仅拥有惊人的美丽，还拥有丰富的生物资源和独具特色的生态特征。公园有两种不同的地貌，一种是濒临圣劳伦斯海湾的低地，另一种是山地高原——长岭山。多样的地形给动植物提供了各种生存地，此地有 20 种陆地哺乳动物，230 种鸟类（仍在记录中），11 种鱼类，2 种两栖动物，417 种苔类和 711 种植物。各种各样的动植物包括了中温带、寒带和极地的各种类型。

世界遗产委员会评价：格罗斯莫讷公园位于纽芬兰岛西海岸，为我们提供了一个大陆漂移的珍稀标本，这里的深海地壳和大陆地幔的岩石都暴露在外面。最近的冰川运动产生了许多令人惊叹的景观，包括海岸低地、高山高原、海湾、冰川峡谷、悬崖峭壁、瀑布及许多纯净的湖泊。

（6）冰川国家公园

入选时间：1981 年

所属国家：阿根廷

遴选依据：自然遗产（vii）（viii）

阿根廷冰川国家公园是巴塔哥尼亚地区的一座国家公园，位于阿根廷南部的圣克鲁斯省。公园由多山的湖区组成，它包括南安第斯山的一个被大雪覆盖的地区，以及许多发源于巴塔哥尼亚冰原的冰川。东部的安第斯山一般都有大量冰川。巴塔哥尼亚冰原幅员 1.4 万平方千米，是除南极洲外最大的冰雪覆盖区，约占公园一半的面积，共有 47 个冰川，其中 13 个流向大西洋。在世界的其他地方，冰川至少要在平均海拔高于 2500 米的高度处才开始形成，但由于这里冰川的规模较大，1500 米时即形成了冰川。公园内面积小于 3 平方千米的冰川大约有 200 个，它们都独立于大的冰原之外。冰川的活动主要集中于两个湖区，其实这两个湖本身就是古代冰川活动的产物。1937 年，这一地区首次被列为保护区。1945 年 4 月 28 日，冰川国家公园破土动工。1971 年 10 月 11 日正式限定了目前冰川国家公园的范围。

在冰川国家公园中，有 30% 的面积被冰雪覆盖，其他部分是崎岖高耸的山脉。整个公园可分为两部分，每部分分别由两个细长的湖泊组成。其中之一是面积 1466 平方千米的阿根廷湖，这个湖泊位于公园的南部，这也是阿根廷最大的一个湖泊。在湖的远端三条冰河汇合处，乳灰色的冰水倾泻而下，像小圆屋顶一样巨大的流冰带着雷鸣般的轰响冲入湖中。另外一个湖泊在公园北部，为面积 1100 平方千米的别德马湖。两个湖泊均通过圣克鲁斯河流经圣克鲁斯港，最后注入大西洋。

阿根廷的冰川国家公园里的冰川的引人入胜，妙不可言，是一次视觉和听觉的双重享受：巨墙般的巨冰，如同在山谷中扩展延伸，四周雾霭升腾，煞是壮观。冰川有 4 千米长，大约 150 英尺高。公园提供了两条不同的观赏路径。一条路径是通过巨大的吊车把游客载到高达 300 米的高处，此时，一些冰山从身边漂浮而过。冰川的前部陡峭得令人难以置信，冰川内部因承受巨大的压力而出现了许多的断裂。远处望去，整个冰川呈现出深蓝色。第二条路径朝向冰川前进的方向，从一条绝壁上过去，公园在这一地区设置了几条人行道，以便领略到不同部分的壮美景观。人行道的更大好处在于，它使游人可以观测到冰川底部的风景，还可以尽可能地靠近冰川的正面。

阿根廷冰川国家公园的植被主要由两个界限明显的植被群组成：亚南极的巴塔哥尼亚森林和草原。森林中主要的植物物种包括南方的山毛榉树、南极洲假山毛榉、晚樱科植物、苯巴比妥、虎耳草科植物，酷栗属植物也是其中典型的品种。巴塔哥尼亚草原由东而始，有一大片针茅草丛，其间散布着一些矮小的灌木丛。海拔1000米以上的半荒漠地区长有旱生植物垫子草，更高的西部区域则由冰雪覆盖的山麓和冰川组成。

除鸟类之外，还有其他的脊椎类动物生活在阿根廷冰川国家公园中。在哺乳动物中，有一群南安第斯的马形驼属动物居住在其他动物并不涉足的区域内。其他重要的脊椎动物有驼马、阿根廷灰狐狸、澳大利亚臭鼬等。公园内记载的鸟类达100多种，其中较为著名的品种有土卫五鸟、安第斯秃鹰、野鸭、黑脖雀等。

世界遗产委员会评价：冰川国家公园风景秀美，峰峦叠嶂，冰川湖泊星罗棋布，其中包括长达160千米的阿根廷湖。在遥远的源头，三川汇流，奔涌注入奶白色冰水之中，将硕大的冰块冲到湖里，冰块撞击如雷声轰鸣，蔚为壮观。

（二）化石遗址

1.含义

化石遗址是远古动植物及其活动遗迹经过漫长的地质变化，经高温高压导致其内部成分被替换而石化现象较为集中的区域。这些化石因为保存了远古生物的最初形态而具有非常重要的科学价值，也对于研究这一地区甚至全球的地质与环境变迁和生物演化提供了重要的依据。

2.知名化石遗址代表

（1）乔金斯化石崖壁

入选时间：2008年

所属国家：加拿大

遴选依据：自然遗产（viii）

加拿大乔金斯化石崖壁是一处世界级古生物学遗址，位于芬迪湾入口处。这个地区受到世界上最高的潮汐（超过15米）影响。经过潮汐作用不断侵蚀，形成23米高的断崖，科学家经常会在这里发现新化石。这里产生的化石，让人们对石炭纪时期的生命（包括种类繁多的植物群、变化多样的两栖动物群、令人兴奋的节胸属的踪迹和一些世界首批爬虫动物）有了更多了解。

由于科学家早已在这个地方发现了大量化石树干，因此当时乔金斯化石崖壁已经享有一些知名度。1851年，当时《地质学规则》的作者查尔斯·莱尔和《加拿大地质学》及《煤炭时代通气口》的作者威廉·道森对这个地点进行了考察。道森和莱尔检查其中一个化石树桩时，他们注意到一些非常微小的骨骼。结果这些貌似无关紧要的骨骼变成了在新斯科舍获得的最重要的化石发现。事实上这些是世界上首批爬虫动物的遗体，也是能证明陆生动物生活在"煤炭时代"的第一个证据。

世界遗产委员会评价：乔金斯化石崖壁占地689公顷，是位于加拿大东部新斯科舍省海岸的一处古生物学遗址，由于其所含大量石炭纪（2.9亿~3.54亿年前）化石而被誉为"成煤期的加拉帕戈斯群岛"。崖壁上的岩石展示了这一地球历史时期的风貌，其中包括自宾夕法尼亚纪以来已知的最完整的陆地生物化石记录，它是全世界最丰富、最全面的宾夕法尼亚纪（3.03亿~3.18亿年前）化石记录。化石岩壁上有极早期动物及其所生活的雨林的化石和遗迹，都完好无损且没有受到任何干扰。这处遗址群有绵延14.7千米的海崖，低矮的崖壁、岩石平台和海滩，保留着三种生态系统：河湾生态系统、洪泛平原雨林生态系统，以及遍布淡水湖泊的防火林冲积平原生态系统。化石崖壁上有96类共148种化石，还有20处足迹群，是已知的最为丰富地展现了三种生态系统中化石生物的一处遗址。由于突出展现了这一地球历史时期的主要阶段，该遗址被列入《世界文化和自然遗产名录》。

（2）阿尔伯塔省恐龙公园

入选时间：1979年

所属国家：加拿大

遴选依据：自然遗产（vii）（viii）

在加拿大阿尔伯塔省西南角红鹿河一带，有一座世界闻名的恐龙公园。这座公园地形十分奇特，这里的荒原奇形怪状，形成石柱、山峰和重重叠叠的彩色岩层，以及其他奇观异景。

7500万年以前，现在的东阿尔伯塔地区是大片浅海边的低洼沿海平原。气候属于亚热带，和现在的北佛罗里达相近。无数动物正处于它们的全盛时期——鱼类、两栖动物、爬行动物、原始哺乳动物、鸟类和恐龙。有的恐龙长达几十米，重达四五十吨。有的恐龙很小，体长不到1米。这些恐龙中有食草的，也有食肉的，它们自由自在地生活在这里的陆地或沼泽附近，这里可以说是恐龙的世界。当一些动物死去时，它们躺在河道里和泥地上，其骨骼被新的泥沙层层掩埋。随着时间的推移，挤压在一起的骨骼泥沙结合体和矿物的沉积，加之氧气的缺少，形成了化石——那些曾漫游于古阿尔伯塔的动物的骨骼、牙齿和表皮的印痕。经过更长时间的演化，新的沉积盖住化石并把它们保存起来。

直到距今1.3万年前的冰川时代末期——在地质年代上仅仅是一瞬间，冰川擦损上层岩石，大量融化的冰水纵深冲入软的沙石泥石地层，有关化石的沉积物则显露出来，与此同时也产生了红鹿河谷。阿尔伯塔荒原的中心地带形成了奇特的天然怪岩柱，孤立的岩石台地和低洼的河谷，同时这里也是迄今为止地球上发现的白垩纪晚期恐龙化石的最大集中地。

自从19世纪80年代这里的挖掘工作开始以来，人们已经沿着红鹿河谷获得300多架高质量的恐龙骨骼，这些恐龙骨骼大约代表60种不同种类的恐龙。世界上最著名的古生物学家斯顿伯格博士把这些恐龙化石复制成原形，将其中有代表性的四具标本留在公园中陈列。其他大部分骨骼藏品已经从公园搬到公园西北的皇家泰利尔古生物博物馆安家落户。博物馆以第一个在这里发现"阿尔伯塔龙"的古生物学家ＪＢ泰利尔命名。这里陈列着很完整的"阿尔伯塔龙",以及头甲龙、角龙、鸭嘴龙等恐龙。这座博物馆还设有一个高大的温室,里面种植着不少古老植物,有些还是恐龙的食物,如树蕨、苏铁、罗汉松及一些寄生的有花植物。现在,这座恐龙公园尽量保持着原始的自然状态。这里还成了种类繁多的鸟类栖息所。冬天有叉角羚羊和白尾鹿等珍稀动物来此繁衍生息,这又为恐龙公园增添了新的生机。

世界遗产委员会评价:阿尔伯塔省恐龙公园位于阿尔伯塔省荒地的中心,公园内除了特别秀丽的风景之外,还有许多最为重要的"爬行动物时代"(Age of Reptiles)的化石,特别是可以追溯到7500万年前的35种恐龙化石。

(3)麦塞尔化石坑遗址

入选时间:1995年

所属国家:德国

遴选依据:自然遗产(viii)

麦塞尔化石坑遗址位于法兰克福南部,距离达姆施塔特(德国中部城市)较近。该遗址的北部以一条铁路线为界,南部和西部属工商业地带,东部则是大片的森林。麦塞尔化石坑遗址占地面积为70公顷,南北长约1000米,东西宽约700米。以前开放的化石坑最深处可达地下60米,而油页岩(此处主要的开采资源)及其伴随的沉淀物可由此向下延伸120~130米。该遗址包括一个古代湖床沉积遗迹,湖床位于2.7亿年前形成的古老的赤砂岩沉淀物上。如今深坑的部分斜坡上种植了树木,坑内东部有一个小型湖泊。

形成于第三纪下层的麦塞尔湖属于热带和亚热带气候。目前发现麦塞尔有30多种植物化石遗迹,其中大部分是以"科"来分类的,如卷柏科苔藓、紫萁科蕨类、海金砂科草、柏科植物、粗榧科紫杉和李树等。动物化石最早是在1875年发现的,是一块鳄鱼化石。在这之后陆续出土了包括小型有袋动物在内的40多种动物化石,其他还有穿山甲、食蚁动物、奇蹄类动物、啮齿类动物化石等;仅古代原古马的化石就发掘出了40具,从化石来看,这种动物的骨骼大约只有50厘米长。麦塞尔化石坑遗址中发现的鸟类化石不一而足,古代鸵鸟、佛法僧目鸟、啄木鸟、鸡形目(如火鸡、松鸡等)、猛禽目鸟、营穴鸟化石等都可以在这找到。遗址中发现的鱼类化石无一例外都属硬骨鱼类,如刺鳍鱼亚纲动物、长嘴硬鳞鱼、麦塞尔弓鳍鱼、古代刀鱼、鳗鲡、食肉鲈鱼、双鳍麦塞尔鲈鱼等都在此列。麦塞尔化石坑遗址发掘出的无脊椎昆虫化石数不胜数,其中大部分是各种各样的甲虫化石,主要包括象鼻虫、吉丁科甲虫、锹甲科甲虫、布甲科甲虫、花甲科甲虫、天牛科甲虫及隐翅虫科甲虫化石。令人叹为观止的是有些化石竟然能将昆虫原先的金属光泽保留下来。

麦塞尔化石坑遗址最显著的特征是动植物的许多微细的组织结构,如绒毛、羽毛等都清晰可辨,实属奇观。第三纪下层的动植物遗迹在遗址中得到了较好的保护,该遗址保存下来的化石种类(大量的鱼类、鸟类、大型食肉动物、昆虫、脉管植物、菌类植

物），在质量上都是首屈一指的，而且其数量也很可观，迄今为止已出土了成千上万的化石标本。为了让公众更好地了解麦塞尔化石坑遗址的价值，文化顾问委员会计划在麦塞尔化石坑边缘建立一个永久展示台，但由于技术原因，目前尚未付诸实施。好在这一地区现在有3个博物馆长期向人们展示麦塞尔化石坑遗址的发现。

世界遗产委员会评价：麦塞尔化石遗址是了解3600万~5700万年间始新世生活环境极为珍贵的遗址，是哺乳动物早期进化的唯一资料。从完好的骨架到那个时期动物胃里的物质，哺乳动物的化石仍保存完好。

（4）澳大利亚哺乳动物化石遗址

入选时间：1994年

所属国家：澳大利亚

遴选依据：自然遗产（viii）（ix）

位于澳大利亚里弗斯利的和纳拉库特的化石遗址向人们揭示了古澳大利亚的气候与环境，揭示了澳大利亚近2500万年里有袋动物的进化史，从而受到世界的瞩目，并于1994年被列入世界遗产目录。

遗址群提供了澳大利亚前欧洲时代和更新世晚期无与伦比的有关环境和生态方面的记录，其中包括保存完好的澳大利亚冰河纪巨型动物（巨大的、已灭绝的哺乳动物、鸟类和爬行动物）的化石，也包括一些近代生物的化石，如蝙蝠、蛇、鹦鹉、龟、老鼠、蜥蜴和青蛙等。化石包括一些完好无缺的头盖骨，最纤细处也没有遭到损坏。

世界遗产委员会评价：分别位于东澳大利亚北部和南部的里弗斯利和纳拉库特都位居世界十大化石景点之列，完美地展示了澳大利亚特有动物群的各个进化阶段。

（5）圣乔治山

入选时间：2003年

所属国家：瑞士、意大利

遴选依据：自然遗产（viii）

圣乔治山位于瑞士南部提奇诺州卢戈诺湖南岸，海拔1096米。在意大利境内的部分于2010年扩展为世界遗产，瑞士境内的遗产部分绵延穿越了美里达、里瓦圣维他列和布鲁斯诺行政区。圣乔治山的独特价值在于其富含2.45亿~2.3亿年前的三叠纪中期地质时代的化石岩层。由于该地区缓慢的沉淀速度和缺氧条件，这些化石在连续5个岩层都得到了很好的保存，这使研究海洋生物种群进化成为可能。到目前为止，已经发现了大约1万多种标本，包括30种爬行动物、80种鱼类，大约100种无脊椎动物和无数微型化石。

世界遗产委员会评价：位于提奇诺州境内卢戈诺湖南部的山脉（海拔1096米），呈金字塔形，山上树木繁茂，这座山脉被认为是三叠纪时代（2.45亿~2.3亿年前）海洋生物化石的最完整的记录档案。它记录了在热带潟湖环境中近海岸的暗礁或部分被分离或部分被遮蔽的生物。丰富多彩的海洋生物在这片咸水湖中生存繁殖，有爬行动物、鱼类、双壳贝类、菊石、棘皮动物和甲纲类动物。由于遗存的化石也包括了一些陆生的化石，有爬行类、昆虫和植物，从而形成了极为丰富的化石资源。

（三）火山

1. 含义

火山是指地壳内部的岩浆通过喷发活动在地表上形成的特殊结构和锥状形态的山体。

2. 知名火山代表

（1）堪察加火山群

入选时间：1996 年（2001 年扩大范围）

所属国家：俄罗斯

遴选依据：自然遗产（vii）（viii）（ix）（x）

堪察加火山群这一自然遗产位于俄罗斯远东地区的勘察加州，由 6 个独立的保护区共同组成，它们都是俄罗斯堪察加州的一部分。

堪察加火山群的特点是火山密度高，喷发形式多样，而且这里的地貌十分复杂，有曲折的洞穴、重叠的地层和间歇泉、温泉、喷泉等，奇特的火山地貌和多式多样的泉都是这里的著名景点。克罗诺基活火山附近的间歇泉峡谷共有 25 个间歇泉，泉水所含的矿物质把周围的岩石染成了红、粉红、蓝紫和棕褐。最大的间歇泉为韦孔，喷出的沸水与蒸汽柱高达 49 米，每隔 3 小时约喷射 4 分钟。间歇泉峡谷则位于风景秀丽的克罗诺基国家自然保护区内，面积约 10300 平方千米。克罗诺基湖是堪察加半岛最大的湖泊，位于克罗诺基火山西麓之下。

由于堪察加半岛几乎四面环海，气候潮湿而凉爽，所以植被繁茂。人类在此开发的力度并不很大，这使得原始森林基本上保留了原貌。白桦、云杉、落叶松等针叶林主要生长在山谷中；河边的冲击土壤上是成片的白杨、桤木和柳树林；其他植被分布包括泥炭沼、亚高山带灌木丛、高山苔原，以及宽达 50 千米的辽阔的沿海湿地。

堪察加湖保护区向世人展示了一派岛上风情，这里的动物种类相对较少，但数量却相当可观。其中熊、雪羊、北方鹿、紫貂和狼獾是该地区的典型动物类型，这里的哺乳动物有几十种，主要包括麝鼠、水貂、加拿大海狸、麋鹿、棕熊和雪羊，目前这里尚未发现爬行动物。与此形成鲜明对比的是，各种各样的鸟类应有尽有，其中有一些属世界濒危物种。全球 50% 的阿留申燕鸥栖息在堪察加半岛上；岛上几乎所有的河流中，尤其是那些未被污染过的，都生活着大马哈鱼，这种鱼是食肉鸟类及哺乳动物食物链上关键的一环。但近年来，海滨附近违法的捕鱼行为屡禁不止，加上现代工业对大马哈鱼的产卵地造成了很大威胁，所以它们目前已属于俄罗斯濒危物种。

世界遗产委员会评价：勘察加火山群是世界上最著名的火山区之一，它拥有高密度的活火山，而且类型和特征各不相同。指定考察的 6 个景点集中了勘察加半岛大多数的火山奇异景观。活火山与冰河相互作用造就了这里的生机和美景。景区内物种丰富，除世界现存的最大鲑鱼群外，还集中了罕见的海獭、棕熊和鱼鹰。

（2）夏威夷火山国家公园

入选时间：1987 年

所属国家：美国

遴选依据：自然遗产（viii）（ix）

夏威夷火山国家公园位于美国夏威夷州的夏威夷岛上，面积 929 平方千米，主要包括冒纳罗亚和基拉韦厄两座现代活火山。相传烈火女神皮尔是捣蛋鬼莫埃·莫埃阿·奥利伊和大地母亲奥梅阿的女儿。这位女神四处旅行，寻找安身之处。她一个接一个地试遍了夏威夷群岛的每个地方，但是每当她用魔铲挖土掘火坑时，由于距海太近，海浪总是会把火焰扑灭。最后，女神终于在夏威夷岛东南角的基拉韦厄火山上找到了梦寐以求的家园。人们有时也把这座岛叫作比格艾兰岛。夏威夷当地人很注重传统，至今仍然给女神供奉肉、鱼、水果和鲜花。人们把祭品放在岛群中的圣地——哈莱莫莫火山口的边缘。这处圣地位于夏威夷火山国家公园内。公园是 1961 年根据美国国会法令建立的，1980 年成为教科文组织生物圈保护区，1987 年列入世界自然遗产名录。

这里的火山不是猛烈爆发，而是是缓缓释放的，人们经常能看见大地上渗出的缓慢移动的红色熔岩，有时候甚至会出现在公园的的道路上；有的熔岩通过地下通道在几千米之外流出。其奇幻的烟雾和喷涌的岩浆带给人们久久的震撼。岛上有五座火山，其中的两座位于公园内，即莫纳罗亚火山和基拉韦厄火山。这两座火山都是世界上最为活跃的活火山。基拉韦厄火山海拔 1219 米以上，且仍在增长中；莫纳罗亚火山年代则更久远，体型也更大。这些火山并不像日本的富士山或华盛顿的雷尼尔山那样，圆锥状的山体覆盖着皑皑白雪。实际上，位于夏威夷的这些火山从海平面上缓缓升起，直至山顶的大火山口。这种类型的火山称为"盾状火山"，因为其山顶酷似一个正面朝下的古代战士的盾牌。

世界遗产委员会评价：世界上最活跃的两个活火山——莫纳罗亚火山（海拔 4170 米）和基拉韦厄火山（海拔 1250 米），就像两个巨塔俯瞰着太平洋。火山猛烈的喷发不断地改变周围的景观，熔岩流揭示了奇妙的地质构造过程。人类在这里发现了许多稀有鸟类、当地特有物种和大量的巨型蕨类植物。

（3）鲸鱼峡谷

入选时间：2005 年

所属国家：埃及

遴选依据：自然遗产（viii）

鲸鱼峡谷位于埃及首都开罗西南约 170 千米法尤姆省的沙漠深处，在远古时期曾是一片汪洋，有成群的鲸出没。鲸鱼谷被认为是埃及沙漠中心一处独特的露天博物馆，远古海洋地质区域、丰富的自然资源及独具特色的自然地貌使鲸鱼谷同时兼具重要的自然、文化和科研价值。

在目前对游客开放的鲸鱼谷旅游区，共有 13 个主要景点。通过参观，游客们可以了解到鲸鱼谷的地质形成过程，欣赏到各种古代海洋生物化石标本。鲸鱼谷目前有 400

多块鲸骨化石，它们的"年龄"都可以追溯到 4000 万年前。其中不容错过的是一条在发掘原地露天展出的鲸骨骼化石，这条鲸化石从牙齿到尾巴都很完整，有 18 米长。据科学考证，这种鲸是属于古生代始祖鲸亚目的"械齿鲸"，现在早已绝迹了。此外，鲸鱼谷中存有不同种类、形态各异的鲸化石，甚至可以找到只有 3 个月大的小鲸的骨骼化石。除了鲸，还有海蛇、海龟、鳄鱼、海牛等史前海洋动物和各种海洋植物的化石。游客们在这里可以超越历史和空间，对"鲸鱼之家"的成员们近距离地进行欣赏。

根据科研考证，鲸鱼谷地区形成与地质时代中的始新世和渐新世之间的时期，曾位于海底深处，蕴含了丰富的自然资源。此外，当时濒临鲸鱼谷北部的一块陆地曾被大片森林覆盖，曾是古代尼罗河一条支流的发源地。在鲸鱼谷，沿途有形态各异的石灰石沙岩，它们有的像蘑菇、有的像鸟类，也都最初形成于 4000 万年前的远古海底。这些风化岩石上还有各种奇妙的纹路，组成令人遐想的图案。沙黄色的岩石与蓝天白云相互映衬，显得非常壮观。

世界遗产委员会评价：鲸鱼峡谷位于埃及西部沙漠，有珍贵的鲸化石，这种鲸类属于最古老的、现已绝迹的古鲸亚目。这些化石反映了主要的进化历程之一：鲸由早期的陆生动物进化为海洋哺乳动物。这是世界上反映这一进化阶段的最重要遗迹，生动地展示了这些鲸在进化过程中的生命形态。化石的数量、集中程度及质量可谓首屈一指，所处的环境风景迷人，并受到良好的保护。鲸鱼峡谷的化石展现了鲸后鳍退化最后阶段的原始状态。这些鲸鱼尽管在头骨和牙齿结构方面仍保持了原始面貌，但已显示了现代鲸典型的流线型身体形态。加上该遗址的其他化石材料，使人们完全可能重现当时的环境和生态。

（四）喀斯特地貌

1. 含义

喀斯特地貌即岩溶地貌，是水对可溶性岩石（碳酸盐岩、石膏、岩盐等）进行以化学溶蚀作用为主，加上流水的冲蚀、潜蚀和崩塌等机械作用为辅的地质作用，以及由这些作用所产生的现象的总称。"喀斯特"原是南斯拉夫西北部伊斯特拉半岛上的石灰岩高原的地名，那里有发育典型的岩溶地貌。因为被学术界发现较早而得名。

2. 知名喀斯特地貌

（1）猛犸洞穴国家公园

入选时间：1987 年

所属国家：美国

遴选依据：自然遗产（vii）（viii）（x）

猛犸洞穴坐落于肯塔基州中部，拥有已经探明的 350 多英里的通道和其他尚未探明的通道，因而成为世界上最为庞大的洞穴体系。这个地下洞穴是几百万年以前水流经过灰岩沉积区时，溶蚀岩石形成的地下暗河通道。日久年深，由于水位下降，留下了这些狭窄的水平通道、宽广的洞室和联系这个巨大迷宫的垂直通道。最底下的通道现在仍然

在水流的作用下不断扩大。水渗入洞穴形成的石钟乳、石笋和石膏晶体装点着洞室和通道。珍稀的动物如盲鱼、无色蜘蛛显示了动物对绝对黑暗和封闭环境的适应，在经历数以千年的演化后，50 种洞穴生物的生存受到了流入洞穴系统现代的污水中的污染物质的严重威胁。猛犸洞穴这个令人难以置信的自然奇迹向人类已有的对自然界的传统认识提出了挑战。

世界遗产委员会评价：猛玛洞穴国家公园位于肯塔基州，是世界上最大的自然洞穴群和地下长廊，也是石灰岩地貌构成的典型代表。该国家公园及其地下超过 560 千米的长廊为多种植物和动物提供了栖息地，其中包括许多濒危物种。

（2）卡尔斯巴德洞穴国家公园

入选时间：1995 年

所属国家：美国

遴选依据：自然遗产（vii）（viii）

卡尔斯巴德的故事始于 2.5 亿年以前厚层石灰岩沉积的时候，发育在石灰岩中的裂隙和裂缝，以及渗入其中的水，溶解了松软的岩石，刻凿出隧洞和洞穴。后来，石灰岩沉积被抬升，形成瓜达普鲁山。溶洞藏身其间的瓜达鲁普山高约 1920 米。水从洞穴中流出，并继续下滴，留下的微量矿物质形成石笋、钟乳石及其他滴水岩造型。黄昏时候，卡尔斯巴德的洞口会出现一种不可思议的景观，数百万只蝙蝠从其白日的栖息地——阴冷黑暗的洞穴中振翼飞出，在黑暗中捕食昆虫，挡住了整个卡尔斯巴德洞口。尽管其数量众多，但绝不会碰撞，因其有一种复杂的回声定位的能力。虽然看这一奇观的人能听到其振翼的飕飕声和吱吱的叫声，但由蝙蝠的天然声纳系统发出的声音远远高于人能听到的声频。

今天，长 4.8 千米的小路迂回曲折，通过卡尔巴斯德最有名的溶洞，另外 32 千米长的通道和遂洞则少有人光顾。沿一系列"之"字形的线路从主走廊下降 253 米，可到达第一个，也是最深的一个洞穴，取名绿湖厅，以其位于洞中央的艳绿色水潭而得名，该洞穴布满精美的钟乳石，包括一处令人难忘的小瀑布，它与钟乳石相连形成一个圆柱，被贴切地称为"蒙上面纱的雕像"。"皇后厅"设有奇异的帷幕，那里的钟乳石相拥而长，形成一道光线能照透的石幕，"太阳寺"的滴水岩造型由黄色、粉色和蓝色等有着柔和色彩的钟乳石组成。"忸怩的大象"看起来像一头从背部到尾部的大象，著名的"老人岩"是一个巨大的钟乳石笋，孤独、雄伟地站立在其黑暗的壁龛中。"巨人行"中三个巨大的穹形石笋在站岗放哨，而"王宫"的天花板上撒下来一排令人眩目的钟乳石。

世界遗产委员会评价：位于新墨西哥州的卡尔斯巴德洞穴国家公园是由目前已发现的 80 个洞穴组成的喀斯特地形区。这些洞穴不仅面积广阔，而且其矿物构成数量众多、种类丰富，形态美不胜收。雷修古拉洞穴是其中最突出的一个洞穴，它成了一个地下实验室，为史前地质学和生物学研究提供了宝贵的资料。

二、生物进化和生态系统

（一）含义

生物进化和生态系统，又名生态系统进化，是漫长的一个系统过程。在这个过程中，生物为适应各种原因造成的生态系统变化而不断进化，同时也以自身的活动对周边环境发生或有利或不利的影响，从而引发环境的变迁，也影响到自身的生存状态。

（二）知名生物进化和生态系统

1. 加拉帕戈斯群岛

入选时间：1978年（2001年扩大范围，2007年被列入濒危世界遗产名录，2010年移除濒危世界遗产名录）

所属国家：厄瓜多尔

遴选依据：自然遗产（vii）（viii）（ix）（x）

加拉帕戈斯群岛，又称科隆群岛，位于太平洋东部，属厄瓜多尔管辖的火山群岛。加拉帕戈斯群岛由7个大岛、23个小岛、50多个岩礁组成，散布在约59 500平方千米的海面上。赤道横贯群岛北部，群岛从北向南延伸300千米，面积7976平方千米，其中96.6%的面积现为国家公园，其周围为一个面积79.9平方千米的海洋保护区。群岛距离厄瓜多尔本土1100千米，为加拉帕戈斯省属地。

加拉帕戈斯群岛位于太平洋东部赤道两侧，是由四五百万年前巨大的海底火山喷发形成的，在100多万年前浮出海面。加拉帕戈斯群岛因其自然纯朴而被誉为"地球上最后的天堂"。因受秘鲁寒流影响，岛上气候凉爽并极为干旱，栖息着许多世界独有的动植物。岸边低地贫瘠、干旱，植被以仙人掌科为主。随着海拔的升高，湿度不断增大，200~500米的山坡上生长着茂盛的常绿林，而海拔最高的地区是苔鲜、蕨类植物占优势的旷野。由于现存多种不寻常的动物物种，加拉帕戈斯群岛被人称作"独特的活的生物进化博物馆和陈列室"。

加拉帕戈斯群岛是世界上最孤独、最美丽的群岛之一。当年查尔斯·达尔文乘坐英国皇家舰船"猎犬"号航行期间，在观察的基础上，系统地阐述了他的进化论。但是，毫无疑问，其灵感的最丰富的源泉之一就是加拉帕戈斯的雀科鸣鸟。所有这些鸟都是偶然从南美洲飞抵这里的常见的古老品系的后代。它们在整个群岛上找到了许多闲置的适于栖息的生态环境，并深化成能在体形大小、鸟喙形状、羽毛颜色、声音、饮食和行为等方面加以区分的13个品种。不同品种的鸟嘴的差异性就是这种适应性传播的最好证明。有些鸟具有典型的食籽喙，另一些以仙人掌植物为食的鸟长有一种长而尖的嘴，还有一些以昆虫为主食的鸟拥有一个小乳头状的鸟喙。啄木鸟不仅长有一个专门的喙，而且还形成一种复杂的行为模式，包括用仙人掌刺去捕获裂缝中的幼虫。在这些岛屿上发现的许多动物，不仅对群岛而言，对群岛之中的某些特定岛屿而言都是很独特的。

厄瓜多尔政府于 1935 年和 1959 年先后把科隆群岛部分地区划为野生动植物保护地。保护地于 1968 年成为加拉帕戈斯国家公园，由厄瓜多尔建在圣克鲁斯岛上的达尔文生物站的协助下进行管理，生物站的宗旨是促进科学研究和保护科隆群岛上土生土长的动植物。公园管理部门负责岛上的管理和生态保护工作。这里的生态保护制度非常严格，没有持证导游陪同，游客不得入内。岛上划出了 30 个登陆上岸的地方，还为游客开辟了专门小道，但为游客开辟的地段既显示不了岛上生物景观的千姿百态，也展示不了它们自然演化的完整过程。公园管理部门严禁游客擅自行动、自行游览。野游确实危险，因为林区干燥难以通行，岛上淡水匮乏，游客一旦迷路就可能有生命危险。

世界遗产委员会评价：群岛地处离南美大陆 1000 千米的太平洋上，由 19 个火山岛及周围的海域组成，被人称作独一无二的"活的生物进化博物馆和陈列室"。加拉帕戈斯群岛处于三大洋流的交汇处，是海洋生物的"大熔炉"。持续的地震和火山活动反映了群岛的形成过程。这些过程，加上群岛与世隔绝的地理位置，促使群岛内进化出许多奇异的动物物种，如陆生鬣蜥、巨龟和多种类型的雀类。1835 年，查尔斯·达尔文参观了这片岛屿后，从中得到感悟，进而提出了著名的进化论。

2. 贝加尔湖

入选时间：1996 年

所属国家：俄罗斯

遴选依据：自然遗产（vii）（viii）（ix）（x）

贝加尔湖在俄罗斯境内，位于东西伯利亚高原南部。是欧亚第一淡水湖，也是世界上最深和蓄水量最大的淡水湖，贝加尔湖为东北—西南走向，呈月牙形，长 636 千米，平均宽 48 千米，最宽处 79.4 千米，面积为 3.15 万平方千米。湖水平均深 730 米，中部最深达 1620 米，蓄水量约占世界地表淡水总量的 1/5。湖中有岛屿 27 个，最大的奥利洪岛面积为 730 平方千米。湖岸长 2200 千米，有巴尔古津湾和普罗瓦尔湾等湖湾。

贝加尔湖周围群山环绕，原始林木苍翠，风景绮丽。早在史前时期，这一带确实是一片"北方的海"。2000 万年前，由于发生强烈地震，中间的地层断裂塌陷，四周群山拱起，形成一个巨大的盆地，周围的急流不断地注入盆地，从而形成了这个地球上最深的湖，贝加尔湖有色楞格河、巴尔古津河、上安加拉等 336 条大小河流和山溪注入湖内，湖水大部分经安加拉河流入叶尼塞河。通常，一个湖泊的寿命只有 1 万~1.5 万年，由于风吹日晒、泥沙淤积，湖水逐年缩减，直至干涸。但贝加尔湖的储水量不但不减，反而逐年增加。充沛的水量，影响到沿岸的气候。夏天，贝加尔湖减弱了周围地区的暑热程度；冬天，贝加尔湖所蓄的热量也减缓了西伯利亚严酷的冰冻，而贝加尔湖本身，即使在最暖和的季节里，湖面温度也只有 7℃ 左右。

贝加尔湖有"生物博物馆"的美称。湖中有植物 600 种，水生动物 1200 种，其中 3/4 为特有物种。贝加尔湖是淡水湖，但湖里却生活着地道的海洋动物：海豹、海螺、海鱼和龙虾。1 米多高的海绵在湖底长成浓密的"丛林"，外形奇特的"贝加尔龙虾"就在这"丛林"中生长繁衍。贝加尔湖特有的胎生贝湖鱼是一种绯红色、半透明的小鱼,无鳞,鳍像大蝴蝶的翅膀。这里盛产的长臂虾,只在北美洲的湖泊中才有它的同种。贝加尔湖是一个重要的鱼品生产基地。每年从湖中可捕获上万吨各种鱼类。其中著名的"贝加尔鲱鱼"一年四季都可捕获。另外,贝加尔湖还生产鲟鱼、鲑鱼、鳕鱼、萨门鱼、白鱼和蝶鲛鱼等。

贝加尔湖水极其清澈,透明度达 40.5 米,被誉为"西伯利亚明眸"。这里阳光充足,雨量稀少,冬暖夏凉,有矿泉 300 多处,是俄罗斯最大的疗养中心,湖畔建有多处旅游基地。

世界遗产委员会评价:坐落在俄罗斯联邦境内西伯利亚东南部的贝加尔湖,占地 315 万公顷,是世界历史最悠久(2500 万年)且最深的(1700 米)湖泊。它拥有地表不冻淡水资源的 20%。以"俄国的加拉帕戈斯"而闻名于世的贝加尔湖,因其悠久的年代和人迹罕见,使它成为拥有世界上种类最多和最稀有的淡水动物群的地区之一,而这一动物群对于进化科学具有不可估量的价值。

3. 亚马孙河中心综合保护区

入选时间:2000 年(2003 年扩大范围)

所属国家:巴西

遴选依据:自然遗产(ix)(x)

亚马孙河中心综合保护区是 2000 年世界自然遗产雅乌国家公园的扩展。平原湿地、生态系统、洪泛森林、湖泊、河道及岛屿共同造就了这一地区的实体环境和生物类型,并展现出陆地与淡水生态系统发展中持续演进的生态过程。区内有不断改变演化的河道、湖泊及地貌。漂浮于平原湿地河道中的植物不断移动变化,其中包括许多当地原生物种。阿纳维阿那斯则拥有巴西亚马孙流域第二大的内河岛屿。

就亚马孙地区中部的生物多样性、栖息地与濒临绝种的物种来说,扩大后的保护区加深了雅乌国家公园提供的保护程度。该地区是世界地方鸟类区之一,被世界野生动物基金列为 200 个优先生态保护区之一,也是植物多样化的中心。扩大后的雅乌国家公园相当程度地强化了亚马孙地区中部水生物种的多样性,此外,也进一步保护了生存受到威胁的重要物种。

雅乌国家公园位于马瑙斯市西北部大约 200 千米处。最初它是雅乌河和黑水河的汇合处,后来雅乌河的右岸逐渐拓展,一直延伸到卡拉宾那尼河流入口处。再后来,公园又继续顺着卡拉宾那尼河的右岸向上扩展,最后再一次与黑河相遇。公园的海拔高度介于 0~200 米。公园中的森林与连续分布于辽阔的亚马孙中部平原上的森林相连,四周是由地势较低的黑河环绕,从而形成这里一道独特的风景景观。代表性的植物有:生长于以陆地环境为主的热带雨林,郁郁葱葱,在洪水季节可以免遭洪水的侵袭。这种森林的主要特征包括:树木较矮,树干纤细,具有乔木生长层,经常伴生着许多本属中的附生植物。此外,由于生长于沙质的泥土中,营养供应比较匮乏,每公顷平均含有 108 种植物,而浅色旱热落叶矮灌木林在这些植物组成中所占的比例最大,在这里,那些占据优

势的较高的树木及附生植物、蔓藤植物都比较稀少，很少见到。公园中的动物群数量丰富，有许多是与黑水生态体系密切相关的属种。脊椎动物分布密度较高：120 种哺乳动物，411 种鸟类，15 种爬行动物，320 种鱼类。公园中还有许多特有的保护物种。对于研究亚马孙河动物群来说，雅乌国家公园的重要价值在于：公园中大约拥有 60% 以上生活于黑水流域的鱼类，以及 60% 以上出现在中亚马孙河地区的鸟类。

雅乌国家公园在历史上是亚马孙河流域人类居住的家园。最近的考古研究在黑河的入口处识别出 17 处遗址，这表明这里有可能是连接索离穆艾斯和黑水地区的通道。无数的石头雕刻艺术品推动了考古学家对这里进行更深入的研究。当地的居民过着俭朴的乡村田园生活，他们有的是葡萄牙人的后裔，有的是本地土著居民。大多数居民沿袭着世世代代流传下来的传统的生活方式。公园中没有公路可走，最近的一条公路是靠近玛瑙斯，距离公园大约有 100 千米之遥。黑水河是进入雅乌国家公园的唯一路径，目前公园中还没有成立专门的旅行社，所以游客要在这里租船进入公园游玩。从玛瑙斯到公园的入口处大约需要 18 个小时的车程。公园中首选的参观对象就是卡拉宾那尼瀑布和辽阔的黑河沙滩。雅乌国家公园正好处于亚马孙河两大支系河流之间，它的地质形成年代跨越了第三系和第四系，这使它具有一个得天独厚的机会，保护一系列非常引人注目的、特殊的生态体系。该公园是巴西最大的保护区，保护着世界上第二大热带雨林，除此之外，公园中还有几个开放的热带雨林，从整个黑水流域中分开。亚马孙地区还有几个保护区，保护着大量的黑水流域所特有的动植物群。

世界遗产委员会评价：亚马孙河中心保护区占地超过 600 万公顷，是亚马孙盆地中最大的保护区，同时也是地球上生物多样性最丰富的地区之一。保护区内还有平坦耕地生态系统、洪泛森林生态系统，以及湖泊和河流的重要范例，多种水生动物不断进化，这里成为世界上最大的发电鱼类种群的栖息地。保护区为诸如巨骨舌鱼、亚马孙海牛、黑凯门鳄和两种淡水豚类等许多珍稀濒危动物提供了保护。

4. 大堡礁

入选时间：1981 年

所属国家：澳大利亚

遴选依据：自然遗产（vii）（viii）（ix）（x）

大堡礁位于太平洋珊瑚海西部，北面从托雷斯海峡起，向南直到弗雷泽岛附近，沿澳大利亚东北海岸线绵延 2000 余千米，总面积达 8 万平方千米。北部排列呈链状，宽 16~20 千米；南部散布面宽达 240 千米。大堡礁水域共约有大小岛屿 600 多个，其中以绿岛、丹客岛、磁石岛、海伦岛、哈米顿岛、琳德曼岛、蜥蜴岛、芬瑟岛等较为有名。这些各有特色的岛屿现都已开辟为旅游区。大堡礁由 350 多种绚丽多彩的珊瑚组成，造型千姿百态，堡礁大部分没入水中，低潮时略露礁顶。从上空俯瞰，礁岛宛如一颗颗碧绿的翡翠，熠熠生辉，而若隐若现的礁顶如艳丽花朵，在碧波万顷的大海上怒放。

在大堡礁群中，色彩斑斓的珊瑚礁有红色的、粉色的、绿色的、紫色的、黄色的，其形态有鹿角形、灵芝形、荷叶形、海草形，构成一幅千姿百态的海底景观。在这里生活着大约 1500 种热带海洋生物，有海蛰、管虫、海绵、海胆、海葵、海龟，以及蝴蝶鱼、天使鱼、鹦鹉鱼等各种热带观赏鱼。

1975 年颁布的大堡礁海洋公园法，提出了建立、控制、保护和发展海洋公园，其中涵盖了大堡礁 98.5% 的区域范围，1981 年整个区域被划定在世界遗产名录中。大堡礁属热带气候，主要受南半球气流控制，海藻是大堡礁形成的主要因素。除土著人以外，澳大利亚白人也散居在附近岛屿，当地旅游业十分发达，并成为重要的经济来源。

世界遗产委员会评价：大堡礁位于澳大利亚东北海岸，这里物种多样、景色迷人，有着世界上最大的珊瑚礁群，包括 400 种珊瑚、1500 种鱼类和 4000 种软体动物。大堡礁还是一处得天独厚的科学研究场所，因为这里栖息着多种濒临灭绝的动物，比如儒艮（海牛）和巨星绿龟。大堡礁是世界上最大的珊瑚礁区，是世界七大自然景观之一，也是澳大利亚人最引以为自豪的天然景观。

三、自然景观

（一）含义

地球外部圈层中的岩石圈、大气圈、水圈、生物圈是构成自然景观的重要因素，也因其不同组合而形成不同的自然景观，如岩石景观、地质构造景观、气象气候景观、天象景观、水体景观、生物景观等。

（二）知名自然美景

1. 伊瓜苏国家公园

入选时间：1984 年

所属国家：阿根廷

遴选依据：自然遗产（vii）（x）

被誉为"南美第一奇观"的伊瓜苏瀑布是南美洲最大的瀑布，也是世界五大名瀑之一。"伊瓜苏"在当地印第安人的瓜拉尼语中意为"大水"。伊瓜苏瀑布位于阿根廷北部和巴西交界处、伊瓜苏河下游，距伊瓜苏河与巴拉那河交汇处约 23 千米。伊瓜苏河发源于巴西南部，沿途汇集了大溪小流，穿过维多利亚山口，以雷霆万钧之势朝巴西和阿根廷交界的平原奔腾而去。

伊瓜苏瀑布呈弧形，平均落差 72 米，共有 275 股大大小小的瀑布，组合成三大瀑布群，平均每秒钟流量 1750 多立方米，雨季流量每秒钟达 1.27 万立方米。最高、最壮观的瀑布群名叫"鬼喉瀑"，位于正中。因该瀑布在泻入深渊时发出的轰鸣声加上深渊内震耳欲聋的回声令人惊心动魄，故而得此怪名。北翼的瀑布群在巴西境内，是两层平台组成的大小瀑。南翼的瀑布群则在阿根廷境内，是两组双层的瀑布群。汛期时，三大瀑布群连成一道垂挂于峭壁之上的天幕，水天一色。当阳光照射到水雾上时，四周就会映现出一条条五彩缤纷的彩虹，景色极其壮观。伊瓜苏瀑布地处热带季风气候区，每年

11 月到次年 3 月为雨季，这时伊瓜苏河水位猛涨，每秒平均达 1 万多立方米的巨大水量覆盖崖壁，共同汇成一道半圆形水幕，狂泻而下，其声势之浩大，如万马奔腾。瀑布壮丽的景观使其成为一个旅游胜地，吸引着世界各地众多的游客。阿根廷和巴西在瀑布的南、北两侧分别建有国家公园。阿根廷所建的公园称伊瓜苏国家公园，面积达 5.5 万公顷。公园里森林、沼泽广布，野猪、山猫、猿猴等动物出没其间。每年 8 ~ 11 月是游览的最佳季节。

世界遗产委员会评价：该公园中心是一个半圆形瀑布群，高约 80 米，直径达 2700米，处于玄武岩地带，横跨阿根廷与巴西两国边界。瀑布群由许多小瀑布组成，产生了大量水雾，是世界上最壮观的瀑布之一。瀑布周围生长着 2000 多种维管植物的亚热带雨林，是南美洲有代表性的野生动物貘、大水獭、吼猴、虎猫、美洲虎和大鳄鱼的快乐家园。

2. 普托拉纳高原

入选时间：2010 年

所属国家：俄罗斯

遴选依据：自然遗产（vii）（ix）

普托拉纳高原是俄罗斯的玄武岩高原，位于泰梅尔半岛以南中西伯利亚高原西北侧的高山地区，由西伯利亚暗色岩组成。普托拉纳高原是中西伯利亚高原的最高部分，有山地苔原，大部分河谷有针叶林。

普托拉纳高原的自然景色美得令人吃惊。这里坐落着超过 2.5 万个类似峡湾的湖泊、数十个深峡谷、河流和小溪，以及数千个瀑布。这个高原地处北极地区，苔原生态系统具有多样性。值得一提的是，一种罕见的驯鹿在迁徙时也要穿过这个高原。在这里可以欣赏到一座座平顶山被 5000 英尺深的峡谷分割开来，到处都是暗色的西伯利亚岩石，最引人注目的景象要数木板人行道和薄雾弥漫淡淡笼罩着的湖泊。河流小溪更是随处可见，还有激荡人心的瀑布。动物观赏和摄影也是一绝，生活在保护区的包括普托拉纳雪山盘羊、棕熊、苍鹰、秃鹫、白尾鹰、北极狼、驯鹿、北极狐、北极猫头鹰、紫貂、猞猁、麋鹿、鼠兔、松鼠、木旅鼠、松鸡、杜鹃、啄木鸟、大量野生水鸟、野生鱼类、野鸭、野鹅等。

联合国教科文组织代表表示：北极是一个令人陶醉的地方，但现在正面临着越来越大的压力。在这一地区，普托拉纳高原无疑是真正意义上的野生环境之一。这是一个非常偏远、非常天然的地方，拥有非同一般的地貌多样性。由于气候变暖导致的温度不断升高，北极的很多生态系统正在快速发生改变。

世界遗产委员会评价：本遗产范围与俄罗斯普托拉纳国家自然保护区相同，位于北极圈以北大约 100 千米处，中西伯利亚北部的普托拉纳高原核心地区。列入世界自然遗产名录的部分，是一个独立的山脉中的一系列亚北极和北极生态系统，包括原始针叶林、森林苔原、北极苔原和沙漠系统，以及未经改变的冷水湖泊和河流系统。一个主要的驯鹿迁徙路线也包含在该遗产项中，它代表着一个特殊的、大规模的、日益稀少的自然现象。

四、自然保护区

（一）含义

自然保护区是对具有代表性的自然生态区域、珍稀濒危野生动植物物种的天然集中分布区，有特殊意义的自然遗迹等保护对象进行保护和管理的区域。

（二）知名自然保护区

1. 大喜马拉雅山脉国家公园保护区

入选时间：2014 年

所属国家：印度

遴选依据：自然遗产（x）

大喜马拉雅山脉国家公园坐落于印度北部的库鲁地区，位于喜马拉雅山脉的西部，建立于 1984 年，占地面积达 1171 平方千米，海拔 1500~6000 米。保护区面积 905.4 平方千米，缓冲区面积 265.6 平方千米，保护区由于其"特殊的自然美景和生物的多样性"于 2014 年被列为世界自然遗产。

大喜马拉雅山脉国家公园保护区由高高的山峰、面积广阔的高山草甸、潺潺的溪流和茂密的森林组成，为生物的多样性提供了可能。高山冰川和积雪融水成为溪流的主要水源，对于下游成千上万的使用者至关重要。保护区内保护着受季风影响的森林和高山草甸，成为多种动物的天然栖息地，包括 31 种哺乳动物、181 种鸟类、3 种爬行动物、9 种两栖动物、11 种环节动物、17 种软体动物和 127 种昆虫等，其中有 4 种哺乳动物和 3 种鸟类属于世界濒危物种。这些动物在保护区内受到了良好的保护，保护区内还生长着大量的药用植物。

世界遗产委员会评价：该国家公园坐落于印度北部的喜马偕尔邦，位于喜马拉雅山脉的西部，其特点是拥有高海拔山峰、高山草甸和河边森林。面积为 90 540 公顷的遗产包括了高山冰川和积雪融水汇成的河流的发源地，以及供给下游数以百万计用水者的重要集水区。大喜马拉雅山脉国家公园保护区保护着受季风影响的森林和喜马拉雅山脉前缘范围的高山草甸。它是喜马拉雅生物多样性热点地区的一部分，其中包括 25 种伴有众多动物物种的森林类型，其中一些森林类型已受到威胁。该自然遗产对生物多样性保护具有非常重要的意义。

2. 马纳斯野生动植物保护区

入选时间：1985 年

所属国家：印度

遴选依据：自然遗产（vii）（ix）（x）

马纳斯野生动植物保护区位于印度东北部的阿萨姆邦，地处喜马拉雅山脉外围的丘

陵地带，海拔在 40~150 米，地势较低且平坦。马纳斯河从保护区的西部分成了三个支流，直到保护区南 64 千米处汇入雅鲁藏布江。横跨马纳斯河的保护区，北部以印度与不丹的国境线为界；南部靠近北卡姆鲁浦的居民区；东部和西部则与一大片森林保护区接壤。

马纳斯野生动植物保护区面积约 390 平方千米，世界上最小的猪——侏儒野猪就生活在这里。这种野猪体长只有 70 厘米，体重不足 10 千克，脸上带有白色条纹。人们原来估计这里的侏儒野猪已经绝迹，1971 年的一场森林火灾后，才发现这里还生活着两三只侏儒猪。在马纳斯野生动植物保护区，已经发现 350 种鸟类，其中有濒危的印度大野雁、非洲秃鹫和印度秃鹫，另外还有 7 种卷尾鸟，如长尾尖喙的灰卷尾鸟、白腹卷尾鸟等。1953 年，这里发现了金色长臂猿和四肢很长的猿猴。保护区内还生活着只在阿萨姆地区才能见到的亚洲水牛和印度象。除此之外，野生动植物保护区内还有 3 种两栖动物和恒河鳄、阿萨姆原产龟、蛇类和蜥蜴等 36 种爬行动物。保护区中的哺乳动物主要包括金叶猴、长臂猿、暗色豹、老虎、金猫、虎猫、野狗、恒河海豚、印度大象、印度犀牛（1980 年时大约有 75 只）、侏儒猪、沼泽鹿、黑鹿、拱鹿、印度麂、印度野牛和印度穿山甲等。其中金叶猴近年来只在马纳斯野生动物禁猎区和印度与不丹交界处发现过；这里老虎的数量在印度位居第二，截至 1984 年有记载的老虎达 123 只；禁猎区里的印度大象业已达到 2000 头。

保护区主要有三种植被：①位于保护区北部的热带半绿林（如樟树）；②热带干湿落叶林（最为常见），代表树种有：木棉树、苹婆、石梓属和木蝴蝶属；③位于保护区西部的广阔的冲积草原，由许多草类、各种树木和灌木丛组成（如油柑、木棉树），这片草原又可进一步细分为湿润的冲积草原和丘陵稀树大草原。保护区内已发现 500 种高等植物，尤其引人注目的是靠攀附树木生长的兰花。

世界遗产委员会评价：马纳斯野生动植物保护区位于喜马拉雅山脚下一个平缓的斜坡上，这里由一片冲积草原和热带森林构成，是许多野生动植物的家园。保护区内生活着许多濒危物种，如老虎、印度犀牛和印度象等。

3. 潘塔奈尔保护区

入选时间：2000 年

所属国家：巴西

遴选依据：自然遗产（vii）（ix）（x）

列入《世界遗产名录》的这部分保护区占地总面积约为 18.78 万公顷，由四部分组成，保护区的海拔高度介于 80~900 米，其中最高的是阿莫拉尔山脉。整个潘塔奈尔地区一直延伸到邻国玻利维亚和巴拉圭，但是 80% 的部分依旧位于巴西境内。这个位于巴西西部的潘塔奈尔是一片一望无际的冲积平原，跨越 140000 平方千米的土地。整个风景区中涵盖着各种各样的生态亚区，如河道走廊、林场、常年存在着的湿地和湖泊、季节性的泛滥平原和陆生森林。四周则为山脉和平原所环绕，在地形上是一个相对较平坦的风景区，只有沿着由南至北和由西至东的方向上有少许弯曲。

　　每年10月到翌年的4月，暴雨会引起巴拉圭河及其支系河流的泛滥。一般来说，根据洪水泛滥的程度和持续时间，潘塔奈尔保护区可以被划分为3个亚区：①潘塔奈尔高地，海拔高度相对较高，大约有20%的土地平均每年有连续2~3个月灌溉期；②潘塔奈尔中部地区，是一个过渡地区，泛滥时间可持续三四个月；③下关潘塔奈尔，属于较低的地区，一到雨季，这里就几乎被洪水所淹没。潘塔奈尔地区属于热带半潮湿型气候，年均气温为25℃，年均降水量为1100毫米。

　　生活环境的相互影响导致了明显的植物分异。潘塔奈尔作为一个单一的生物群系，至少由10个生物地理区组成，不同的土壤、植被和水文条件形成了不同的动物群落。潘塔奈尔的动物群尤其丰富，包括80种哺乳动物、650种鸟类、50种爬行动物和400种鱼类。受保护的动物群比较密集，诸如生活在当地的美洲虎、南美泽鹿、食蚁兽属和身躯庞大的水獭。这里还是许多喜好成群出现的各种鸟类的避难所，同时也是湿地类型鸟类的一个最重要的栖息家园。鹦鹉的种类也非常丰富，据记载，这里有26种鹦鹉，其中有一种叫金刚鹦鹉，是世界上最大的鹦鹉。由于这些鹦鹉生活在树的顶端，这就给人们的观察带了诸多不便，但是近些年来，随着无线电传播技术的进一步发展，人们开始研究它们的行为和迁徙状况。动物生活环境的破坏和人类在这里进行的捕捉活动是导致这些动物趋于灭绝的两个主要因素。

　　世界遗产委员会评价：潘塔奈尔保护区由四个保护区构成，该保护区位于巴西中西部马托格罗索省西南角，占巴西潘塔奈尔大沼泽地区面积的1.3%，潘塔奈尔大沼泽地区是世界上最大的淡水湿地生态系统之一。该地区最主要的两条河流，库亚巴河与巴拉圭河都从这里发源。潘塔奈尔自然保护区内动植物的种类和数量都非常可观。

文化与自然双重遗产

截至 2017 年 8 月，联合国教科文组织遗产委员会公布的世界文化和自然双重遗产共有 35 处，分布在亚洲、欧洲、美洲、大洋洲、非洲等 27 个国家和地区，其中亚洲 10 处、欧洲 7 处、非洲 6 处、美洲 6 处、大洋洲 6 处（见表 5-1）。

表 5-1　世界自然与文化双重遗产一览（截至 2017.11）

序号	遗产名称	所属国家	评选年份	评选依据
1	阿杰尔的塔西利	阿尔及利亚	1982	C（i）（iii）（vii）（viii）
2	卡卡杜国家公园		1987、1992	C（i）（vi）（vii）（ix）（x）
3	威兰德拉湖区		1981	C（iii）（viii）
4	塔斯马尼亚荒原	澳大利亚	1982、1989	C（iii）（iv）（vi）（vii）（viii）（ix）（x）
5	乌卢鲁—卡塔曲塔国家公园		1987、1994	C（v）（vi）（vii）（viii）
6	恩内迪高地：自然和文化景观	乍得	2016	C（iii）（vii）（ix）
7	泰山		1987	C（i）（ii）（iii）（iv）（v）（vi）（vii）
8	黄山	中国	1990	C（ii）（vii）（x）
9	峨眉山和乐山大佛		1996	C（iv）（vi）（x）
10	武夷山		1999	C（iii）（vi）（vii）（x）
11	比利牛斯—珀杜山	法国、西班牙	1997、1999	C（iii）（iv）（v）（vii）（viii）

续表

序号	遗产名称	所属国家	评选年份	评选依据
12	洛佩—奥坎德生态系统与文化遗迹景观	加蓬	2007	C（iii）（iv）（ix）（x）
13	曼代奥拉	希腊	1988	C（i）（ii）（iv）（v）（vii）
14	阿索斯山		1988	C（i）（ii）（iv）（v）（vi）（vii）
15	蒂卡尔国家公园	危地马拉	1979	C（i）（iii）（iv）（ix）（x）
16	干城章嘉峰国家公园	印度	2016	C（iii）（vi）（vii）（x）
17	伊拉克南部艾赫沃尔：生态多样性避难所和美索不达米亚城市遗迹景观	伊拉克	2016	C（iii）（v）（ix）（x）
18	蓝山—约翰·克罗山	牙买加	2015	C（iii）（vi）（x）
19	瓦迪拉姆保护区	约旦	2011	C（iii）（v）（vii）
20	马洛蒂—德拉肯斯堡公园	莱索托、南非	2000、2013	C（i）（iii）（vii）（x）
21	邦贾加拉悬崖（多贡斯土地）	马里	1989	C（v）（vii）
22	古老的玛雅城和卡拉克穆尔，坎佩切热带保护森林	墨西哥	2002、2014	C（i）（ii）（iii）（iv）（vi）（ix）（x）
23	汤加里罗国家公园	新西兰	1990、1993	C（vi）（vii）（viii）
24	洛克群岛—南部潟湖	帕劳	2012	C（iii）（v）（vii）（ix）（x）
25	马丘比丘古神庙	秘鲁	1983	C（i）（iii）（vii）（ix）
26	里奥阿比塞奥国家公园		1990、1992	C（iii）（vii）（ix）（x）
27	伊维萨岛的生物多样性和特有文化	西班牙	1999	C（ii）（iii）（iv）（ix）（x）
28	拉普人区域	瑞典	1996	C（iii）（v）（vii）（viii）（ix）
29	奥赫里德地区文化历史遗迹及其自然景观	马其顿	1979、1980	C（i）（iii）（iv）（vii）
30	格雷梅国家公园和卡帕多西亚石窟遗址	土耳其	1985	C（i）（iii）（v）（vii）
31	赫拉波利斯和帕穆克卡莱		1998	C（iii）（iv）（vii）
32	圣基尔达岛	英国	1986、2004、2005	C（iii）（v）（vii）（ix）（x）

序号	遗产名称	所属国家	评选年份	评选依据
33	恩戈罗恩戈罗自然保护区	坦桑尼亚	1979、2010	C（iv）（vii）（viii）（ix）（x）
34	帕帕哈瑙莫夸基亚国家海洋保护区	美国	2010	C（iii）（vi）（viii）（ix）（x）
35	长安名胜群	越南	2014	C（v）（vii）（viii）

（资料来源：联合国教科文组织世界遗产中心官网。）

第一节　亚　洲

一、中国

（一）泰山

入选时间：1987 年

遴选依据：C（i）（ii）（iii）（iv）（v）（vi）

必去理由：五岳独尊，登泰山、保平安

泰山又名岱山、岱宗，位于山东省中部泰安市境内，面积 426 平方千米，山势雄伟壮丽，气势磅礴，名胜古迹众多，有"五岳独尊"之誉。主峰玉皇顶海拔 1545 米，突起于华北平原、横亘于齐鲁丘陵，相对高差有 1300 米，视觉效果格外高大，具有通天拔地之势，故孔子有"登泰山而小天下"之语，杜甫有"会当凌绝顶，一览众山小"的佳句。泰山包括幽区、旷区、奥区、妙区、秀区、丽区六大风景区，泰山日出、云海玉盘、晚霞夕照、黄河金带是泰山四大奇观。泰山不但在地质学和历史文化方面具有很高的研究价值，而且还有很高的艺术价值和美学价值。

泰山成山于太古代，既是世界地质公园，又是天然的历史、艺术博物馆。泰山花岗岩、科马提岩、三大断裂，还有人们熟知的"稳如泰山""醉心石"无不显示着泰山在地质、地貌上的神奇。构成泰山地层基底的"泰山杂岩"形成于太古代，年龄在 20 亿年左右，是我国古老的地层之一。泰山有丰富的地壳运动遗迹，在地质方面有丰富的研究成果，并设有著名的地质研究基地，具有世界意义的地质科学研究价值。泰山 100 年树龄以上的古树名木有 34 个树种，共有 1 万多株。如"唐槐""汉柏""六朝松"等渗透着历史文化的内涵，成为有生命的文物，是珍贵的遗产。泰山药用植物资源丰富，有

448种，其中何首乌、黄精、杏叶参和紫草被誉为泰山四大名药。泰山动物兽类有11种，鸟类140多种，昆虫800多种，鱼类中以赤鳞鱼最为有名，是泰山特有物种。

泰山历史悠久，文化灿烂，名胜古迹众多。从四五万年前的旧石器时代到五六千年前的新石器时代，泰山周围地区都出现了人类活动的遗迹。这里有古建筑群20多处，历史文化遗迹2000多处，还有大量历史名人赞颂泰山的石刻、碑记。泰山的特殊地位，使其受到历代帝王的尊崇，并被当作江山永固的象征，由此形成了泰山在世界上独一无二延续数千年的封禅祭祀文化。此外，泰山吸引了历代大批文人墨客，留下了众多不朽的名篇佳作和书法墨宝，也形成了独特的石刻艺术宝库。泰山现有刻石2200余处，从秦代延续至今，镌刻了一部中华民族的文明史；无论时间的跨度还是书法艺术的流变，堪称中外首屈一指的天然书法博物馆。泰山绵延200多千米，盘卧在方圆426平方千米的土地上，形体集中，产生厚重安稳之感，"稳如泰山"不仅是对其形态的描述，而且还是伟大、崇高的象征。在中国乃至世界，还没有一座山像泰山一样，在数千年持续不断的历史发展中，始终维系着一个古老民族"国泰民安"的信念与对"和平""统一"的企盼。

世界遗产委员会的评价：庄严神圣的泰山，两千年来一直是帝王朝拜的对象，其山中的人文杰作与自然景观完美和谐地融合在一起。泰山一直是中国艺术家和学者的精神源泉，是古代中国文明和信仰的象征。

（二）黄山

入选时间：1990年

遴选依据：C（ii）（vii）（x）

必去理由：五岳归来不看山，黄山归来不看岳

黄山雄踞于安徽南部黄山市境内，风景区面积160.6平方千米，是世界地质公园，与长江、长城、黄河同为中华壮丽山河和灿烂文化的杰出代表，被世人誉为"人间仙境""天下第一奇山"，素以奇松、怪石、云海、温泉、冬雪"五绝"著称于世。境内群峰竞秀，怪石林立，有千米以上高峰88座，"莲花""光明顶""天都"三大主峰，海拔均逾1800米。明代大旅行家徐霞客曾两次登临黄山，赞叹道："薄海内外无如徽之黄山，登黄山天下无山，观止矣！"后人据此概括为"五岳归来不看山，黄山归来不看岳"。

黄山集8亿年地质史于一身，经历了造山运动和地壳抬升，以及冰川和自然风化作用，才形成融峰林地貌、冰川遗迹于一体，兼有花岗岩造型石、花岗岩洞室、泉潭溪瀑等丰富而典型的地质景观。前山岩体节理稀疏，多球状风化，山体浑厚壮观；后山岩体节理稠密，多柱状风化，山体峻峭，形成了"前山雄伟、后山秀丽"的地貌特征。黄山生态系统稳定平衡，植物群落完整而垂直分布，保存有高山沼泽和高山草甸各一处，是绿色植物荟萃之地，素有"华东植物宝库"和"天然植物园"之称。景区森林覆盖率为84.7%，植被覆盖率达93.0%，有高等植物222科827属1805种，有黄山松、黄山杜鹃、天女花、木莲、红豆杉、南方铁杉等珍稀植物，首次在黄山发现或以黄山命名的植物有

28 种。

黄山原名黟山，因峰岩青黑，遥望苍黛而得名。传说轩辕黄帝曾在此采药炼丹，得道成仙。唐玄宗笃信道教，遂于天宝六年（747 年）诏改黟山为黄山，黄山之名于是一直沿用至今。黄山不仅是一座美丽的自然之山，还是一座丰富的艺术宝库。自古以来，人们游览黄山，建设黄山，歌颂黄山，留下了丰厚的文化遗产，概括起来有遗存、书画、文学、传说、名人"五胜"。黄山现有楼台、亭阁、桥梁等古代建筑 100 多处，历代摩崖石刻近 300 处，篆、隶、行、楷、草诸体俱全，颜、柳、欧、赵各派尽有。历代文人雅士在观赏美景的同时，留下了浩如烟海的文学作品，流传至今的就有 2 万多篇（首）。美丽神奇的黄山孕育了"黄山画派"，创立了以黄山为主要表现对象的山水画派，在中国画坛独树一帜、影响深远。

世界遗产委员会的评价：黄山，在中国历史上文学艺术的鼎盛时期（16 世纪中叶的"山""水"风格）曾受到广泛的赞誉，以"震旦国中第一奇山"而闻名。今天，黄山以其壮丽的景色——生长在花岗岩石上的奇松和浮现在云海中的怪石而著称。对于从四面八方来到这个风景胜地的游客、诗人、画家和摄影家而言，黄山具有永恒的魅力。

（三）峨眉山和乐山大佛

入选时间：1996 年

遴选依据：C（iv）（vi）（x）

必去理由：佛国天堂，山之领袖；佛是一座山、山是一座佛

峨眉山位于神秘的北纬 30° 附近，雄踞在四川省西南部，四川盆地向青藏高原的过渡地带，景区面积 623 平方千米，其核心区面积 154 平方千米，由高、中、低三大主题游览区组成。现全山共有寺庙 28 座，景点分为传统十景和新辟十景。主峰金顶绝壁凌空、高插云霄，海拔 3099 米，云海、日出、佛光、圣灯、金殿、金佛为峨眉山的六大奇观。峨眉山以优美的自然风光和神话般的佛国仙山而驰名中外，这里自古就有"普贤者，佛之长子，峨眉者，山之领袖"之称。它以其"雄、秀、神、奇、灵"的自然景观和深厚的佛教文化，被联合国教科文组织列入《世界文化与自然遗产名录》。

峨眉山自然遗产极其丰富，素有天然"植物王国""动物乐园""地质博物馆"之美誉。由于处于多种自然要素的交会地区，这里区系成分复杂，生物种类丰富，特有物种繁多，保存有完整的亚热带植被体系，森林覆盖率达 87%。峨眉山有高等植物 242 科，3200 多种，约占中国植物总数的 1/10，其中仅产于峨眉山或在峨眉山发现、并以峨眉定名的植物就达 100 余种。此外，峨眉山还是多种稀有动物的栖居地，已知动物 2300 多种。这里是研究世界生物区系等具有特殊意义问题的重要地点。

峨眉山文化遗产极其深厚，是中国佛教圣地，被誉为"佛国天堂"，是普贤菩萨的道场。佛教的传入，寺庙的兴建和繁荣，使峨眉山这座雄而秀的"蜀国仙山"增添了神奇的色彩。在过去漫长的历史岁月中，峨眉山不仅积累了丰富的佛教文化瑰宝，也遗存了大量珍贵的文物。景区内现存寺庙 30 多处，文物古迹点 164 处，寺庙及博物馆的藏

品 6890 多件，其中属于国家定级保护的文物 850 多件，它们都具有不同的历史、文化和艺术价值。如飞来殿、万年寺无梁砖殿均为国家一二级保护品；内外铸有全本《华严经》文和佛像 4700 余尊的华严铜塔、万年寺明代铜铸佛像，以及明代暹罗国王所赠《贝叶经》等都是稀世珍宝。峨眉山丰富的历史文化遗存和佛教文物在中国国内其他风景名山中是罕见的，它是峨眉山悠久历史文化的结晶和瑰宝，其中有不少佛教文物和寺庙建筑对研究峨眉山整个佛教史都是非常珍贵的资料和佐证。

乐山大佛景区位于岷江、青衣江、大渡河三江汇流处，面积 17.88 平方千米。世界第一大佛——乐山大佛位于景区凌云山壁，它依山凿成，坐东向西，正襟危坐，气魄雄伟，头顶苍穹，脚踏三江，远眺峨眉，近瞰嘉州。佛像通高 71 米，与凌云山齐，魁伟高大，相好庄严，比例匀称：头宽 10 米，鼻长 5.6 米，耳长 7 米，眉长 5.6 米，眼长 3.3 米，嘴长 3.3 米，颈高 3 米，肩宽 28 米，指长 8.3 米，脚背宽 8.5 米，脚背至膝高 28 米，头顶有发髻 1051 个，它是我国古代最大的石刻造像工程，也是世界上最大的石刻座佛像。

乐山大佛景区自然景观与人文景观独具特色。山下江河争流、波光云影、帆影点点；山上繁华似锦、茂林修竹、朱楼画檐、丹崖峭壁。除乐山大佛外，景区内名胜古迹星罗棋布：自然人文奇观——巨型睡佛，青衣别岛——乌尤寺，宋元古战场——三龟九顶城、秦时离堆、汉时尔雅台等，历代名士墨迹众多，佛教文化底蕴深厚。景区依山傍水，风光旖旎，恰似天然画卷，美不胜收。

世界遗产委员会的评价：公元 1 世纪，在四川省峨眉山景色秀丽的山巅上，落成了峨眉山上第一座佛教寺院。随着四周其他寺庙的建立，该地成为佛教的主要圣地之一。许多世纪以来，文化财富大量积淀。其中最著名的就是乐山大佛，它是 8 世纪时人们在一座山岩上雕凿出来的，仿佛俯瞰着三江交汇之所。佛像身高 71 米，堪称世界之最。峨眉山还以其物种繁多、种类丰富的植物而闻名天下，从亚热带植物到亚高山针叶林可谓应有尽有，有些树木树龄已逾千年。

（四）武夷山

入选时间：1999 年

遴选依据：C（ⅲ）（ⅵ）（ⅶ）（ⅹ）

必去理由：一溪贯群山，一山叠船棺

武夷山坐落于福建省北部武夷山市西南，景区面积 60 平方千米，山地海拔多在 300~400 米，最大高度差 500 米左右。武夷山有黄山之奇、华山之险、庐山飞瀑之胜、桂林山水之秀，博采众长，小巧玲珑，具有综合性特点。武夷山以秀水、奇峰、幽谷、险壑等诸多美景和悠久的历史文化及众多的文物古迹而享有盛誉。

武夷山风景的精华在九曲溪，那里溪水碧清、折复绕山，贯穿于丹崖群峰之间，宛如玉带将 36 峰、99 岩连为一体，构成"一溪贯群山"的独特自然美景。武夷山有奇特的红层单斜山，在外力因素长期雕琢塑造下，形成中国类型最齐全，也最有观赏价值的丹霞地貌。这里有雄伟而气派的单面山，有危岩千仞的短块山，还有在垂直节理影响下

形成的柱状山。这些红层峰林，像喀斯特峰林，又非喀斯特峰林，足可以"以假乱真"。这里还有各式各样的岩洞，为武夷大添光彩。武夷山植被保存良好，有成片的中亚热带长绿阔叶林，次生的马尾松林和各类竹林，可谓四季常青、鸟语花香、生机勃勃。

武夷山不仅山水奇秀迷人，而且历史文化悠久，人文景观丰富。早在4000多年前，就有先民在此劳动生息，逐步形成了国内外绝无仅有的偏居东南一隅的"古闽族"文化和其后的"闽越族"文化，绵延2000多年之久，留下众多的文化遗存。反映这一时期文化特征的主要有"架壑船棺""虹桥板"，以及占地48万平方米的汉代闽越王城遗址。武夷架壑船棺是现今国内发现年代最久远的悬棺，因而武夷山被考古学家认为是悬棺葬俗的发祥地，其实物是研究我国先秦历史和已消逝的古闽族文化的极为珍贵资料。秦汉以来，武夷山中相继修建不少宫观、道院、庵堂，是古代道教和佛教中心之一，其中的武夷宫是山中最古老的宫观。先民的智慧，文士的驻足在九曲溪两岸留下众多的文化遗存：有朱熹、游酢、熊禾、蔡元定等鸿儒大雅的书院遗址35处，有堪称中国古书法艺术宝库的历代摩崖石刻450多处，有僧道的宫观寺庙及遗址60余处。

世界遗产委员会的评价：武夷山脉是中国东南部最负盛名的生物保护区，也是许多古代孑遗植物的避难所，其中许多生物为中国所特有。九曲溪两岸峡谷秀美，寺院庙宇众多，但其中也有不少早已成为废墟。该地区为唐宋理学的发展和传播提供了良好的地理环境，自11世纪以来，理教对中国东部地区的文化产生了相当深刻的影响。公元1世纪时，汉朝统治者在程村附近建立了一处较大的行政首府，厚重坚实的围墙环绕四周，极具考古价值。

二、越南

长安名胜群

入选时间：2014年

遴选依据：C（v）（vii）（viii）

必去理由：东南亚极美的名胜区，越南极古老的旧首都

长安名胜群位于越南红河平原以南的宁平省、红河三角洲南部，是一处由石灰岩喀斯特地貌构成的壮观山谷景观。景区包括华闾古都国家级特别遗迹区、长安名胜——三谷—碧洞国家级特别遗迹区、华闾特用林区3处主要保护区，总面积为4000公顷，既符合文化、审美价值，又符合地质、地貌价值的各项标准，成为越南第一处世界文化和自然双重遗产。这一名胜群是目前世界上唯一基本保持原貌并加以继承与发扬的具有文化价值和自然价值的名胜区，同时也是东南亚极美的名胜区之一。

长安名胜群自然景观均在红河三角洲南岸，这里水道绕行，奇峰突兀。长安地区的华闾海湾历经2.5亿年的地质变化，高山、岛屿数千年前经海水冲刷侵蚀，加上人工筑堤抗洪、填海造地，显示出典型的喀斯特地貌。目前，这里经过探测的可容小船穿山而过的溶洞数量为48个，其中最长的溶洞达1千米。溶洞的种类及形态丰富多样，洞里的钟乳石千姿百态。

　　同时考古学家在长安名胜群分布在不同海拔的多个洞穴里发掘出持续时间超过 3 万年的石制、骨制劳动工具和陶器人类活动痕迹，这些遗迹展示了从事季节性狩猎和采集的原始居民适应气候和环境变化的历程。968 年，丁部领在越南长安地区建立独立的封建国家，定都华闾，为越南建国之始；而后前黎朝依旧定都华闾，直到李公蕴建立李朝，于 1010 年迁都升龙（河内）。发掘的众多考古遗址同长安名胜群中的多处寺庙、祠堂和丰富多样的庙会礼仪、民间传说宝藏等一起肯定了长安文化遗产的真实性。

　　世界遗产委员会的评价：长安名胜群位于红河三角洲南部边缘地带，是典型的石灰岩喀斯特景观，山峰与峡谷相间，许多山峰部分被水淹没，又有陡峭近乎垂直的峭壁环绕。经过对不同高度的山洞进行考古勘探，发现了 3 万年前人类活动的痕迹。这些遗址展示了季节性狩猎采集者是如何在这些山峰上生存，如何适应重大的气候及环境变化的，特别是最后的冰河时代过后，这里曾被海水一次次淹没。因其战略意义，在 10—11 世纪期间，越南曾经的首都华闾即建于此地。该名胜群还有寺庙、塔、稻田及小村庄。

三、印度

干城章嘉峰国家公园

入选时间：2016 年

遴选依据：C（iii）（vi）（vii）（x）

必去理由：世界第三高峰，登山者的向往领地

　　干城章嘉峰国家公园位于喜马拉雅山脉中段尼泊尔和印度交界处，其字面意思是"五座巨大的白雪宝藏"，也是全世界 14 座 8000 米高峰中位置最东的一座。无论从任何一个角度来看，干城章嘉都有着东西及南北走向宽阔巨大的山体呈大"X"字，由四个不同的峰顶组合出的巨大山块，海拔均超过 8450 米。这里拥有峡谷、湖泊、冰川和白雪皑皑的山峰等多种地貌类型，公园因世界第三高峰——干城章嘉峰而得名，除此之外，还有当地土著居民崇拜的洞穴、河流、湖泊。

　　干城章嘉峰的知名度虽然远不及只高它 300 多米的珠穆朗玛峰，但在世界第一高峰被确认之前，它曾被认为是世界最高峰。由于这里地处孟加拉湾暖湿气流控制区，降水量非常大，冰雪补给充足，使得冰川长度、厚度和面积非常巨大，并且这些冰川流动快，冰裂缝较多。这组群峰，受地理位置影响，常常浓云密布，很难露出真面目。从大吉岭的避暑山庄远望干城章嘉峰，景色壮丽，在晴朗天空下犹如一道从天上垂下来的白墙，异常美丽，因此锡金人视干城章嘉峰为神山。

　　干城章嘉峰国家公园的文化价值表现在其登山冒险精神。因为地处偏远且难度较高，攀登干城章嘉峰的人并不多。1955 年，一支英国考察队来到这里，成为第一支到达顶峰的登山队，但他们却从未踏上峰顶，因为锡金王公要求不能污染了山顶顶峰。此后，这里每一位登山者都沿袭了这个传统，无人踏上山顶。至 1999 年年底仅有 146 人

登上干城章嘉峰，且其中只有一位女性；但死于此山的人则有 38 人，大部分是因为高山反应，所以干城章嘉峰的凶险可见一斑。尽管如此，多年来一直有许多探险家、登山爱好者愿意冒着生命危险去征服它，这种勇敢、冒险的精神值得每一个人敬佩。

世界遗产委员会的评价：干城章嘉峰国家公园坐落于印度北部（锡金邦）喜马拉雅山脉的中心。这里有独特的多样化地貌，平原、峡谷、湖泊、冰川，原始森林覆盖的雄伟雪山，以及世界第三高峰——干城章嘉峰。关于这座山峰有许多的神话传说，山中大量的自然景观（山洞、河流、湖泊等）都成为锡金原住民的膜拜对象。这些神秘的传说和风俗，与佛教信仰相融合，成就了锡金人的民族特性。

四、土耳其

（一）格雷梅国家公园和卡帕多西亚石窟遗址

入选时间：1985 年

遴选依据：C（i）（iii）（v）（vii）

必去理由：独一无二的类月地貌，恢宏无比的地下城镇

格雷梅国家公园及卡帕多西亚石窟群（卡帕多基亚石林）位于土耳其的卡帕多西亚省，距首都安卡拉东南约 220 千米，景区面积近 4000 平方千米。这是一个神奇的地方，它有世界上独一无二的如月球般荒凉诡异的地貌。连绵数英里的洞穴、地道及数百座完整的地下城市令参观者流连忘返，仿佛置身于一个地球以外的世界。

数百万年前的火山喷发造就了地球上这个独一无二的类月地貌。随着时间的流逝，当地 3 座主要火山共喷涌出数千吨火山物质，最终将这里变成一个火山物质王国。第一批火山喷发遗留下一层名为"石灰华"的软岩，随后发生的喷发则留下更为坚硬的玄武岩层。这种高密度物质形成了一个具有保护性的表面，减缓了下方石灰华被侵蚀的速度。随着雨水、风及高吹沙的侵蚀，最终形成了如今这些巨大的高地、山谷、峡谷，以及连绵数英里的烟囱状岩层。放眼望去，悬崖、深谷、岩石遍地，火山岩尖上的沉积物好像被切削成了几百座奇形怪状的古堡、石笋、断岩和岩洞；山体上寸草不生、岩石裸露，与光秃的山体形成鲜明对比的是林木茂盛的山间峡谷。格雷梅公园的村镇、道路、古建筑遗址也大都沿着峡谷分布。

据记载，2000 多年前，土耳其先民赫梯民族就曾在此凿洞而居，而大规模在此挖掘则始于 4 世纪，当时的基督徒在此地挖掘栖身的洞穴、修道院和教堂。几千年来，人们一直在柔软的火山层上开凿，最终创造出一个巨大的地下大都市。在面积超过 100 平方英里（约合 258 平方千米）的区域内，到处是加固型避难所、秘密教堂、地牢及完整的地下城市。在这片到处都是遗失的城市的土地上，每一个洞穴甚至每一个角落周围都隐藏着不为人知的秘密。这些古城从地面往下层层叠叠、深达数十米，纵横交错。每个地下城的规模大小不等，有的仅能居住几十人，有的可容纳上万人。城市边缘还有一些隧道，通向别的地下城，现在已勘测到的最长隧道达 9000 米。这些迷宫式的建筑和美不

胜收的壁画使这一地区充满了神秘的色彩，加之其未知的建造目的，因此人们将其称之为神秘的卡帕多西亚。

世界遗产委员会的评价：在一处完全由侵蚀作用形成的壮观景观中，格雷梅山谷及其周围地区含有岩石凿成的殿堂，它提供了反对崇拜圣像后期拜占庭艺术的独一无二的证据。在那里，我们可以看到4世纪时期传统人类居住的遗迹，如住所、史前人类穴居的村落和地下城镇。

（二）赫拉波利斯和帕穆克卡莱

入选时间：1998年

遴选依据：C（ⅱ）（ⅳ）（ⅶ）

必去理由：喀斯特里的"棉花宫殿"，繁华落尽的温泉小站

赫拉波利斯和帕穆克卡莱位于土耳其西南部的代尼兹利省，距首都安卡拉西南约420千米，有着"棉花宫殿"之称的特殊地貌。

赫拉波利斯因为有温泉而远近闻名。温泉源自土耳其西安纳托利亚的卡尔达吉山一侧，水温37℃，从地下汩汩冒出，经过一系列阶地形成瀑布般落下。富含矿物质的泉水从山谷倾泻而下时，经过数百年的沉积形成了钙华瀑布，石灰岩层如雪般白，钟乳石和浅浅的池水在阳光的照射下闪闪发亮，就像是秋天里的棉花一样蓬松。赫拉波利斯遗址中有一个台阶状的半圆形场地，场地的台阶从1~6米不等，就近沉积下来的碳酸钙给这些石灰华场地披上了一层绚丽的洁白。泉水喷涌时，碳酸盐扩散开来，碳酸钙结晶附着在岩石表层，形成白色的石灰华，既像钟乳石，又像冻结的瀑布，异常绚丽。从罗马时代起，雪白的石灰石连同温泉就被认为具有神奇的魔力，这里的水富含多种矿物质，能治疗风湿、皮炎和哮喘，同时对眼睛和皮肤十分有益。

公元前2世纪末，阿塔利德斯王朝的帕加马国王欧迈尼斯二世建造了赫拉波利斯温泉站。而这个城市的兴起却是在拜占庭时期，由于温泉的养生治疗作用，这里成了规模庞大的养生中心。在建设结构上，它承袭了希腊的传统风格，主要的街道有1千米长，主要的建筑物都排列在街道的旁边，街道两侧的小巷都与街道成直角形，城镇中较为重要的一些建筑物包括剧院、八角形建筑、纪念门、神殿、罗马式建筑房间和大墓地。时至今日，当时的建筑物——阿波罗神殿的基础部分，现在还残存着。不幸的是，接二连三的地震使这座古城遭到了严重的破坏。据史料记载，至少有4次大地震袭击过这座城市。1354年大地震之后，这座城市就渐渐荒废了。

世界遗产委员会的评价：从平原上200米高的岩石中流出的泉水和水中的方解石形成了帕姆卡莱（土耳其语中意为"棉花宫殿"）这一特殊地貌。它由石林、石瀑布和一系列的梯形盆地组成。公元前2世纪末，阿塔利德斯王朝的帕加马国王们建立了赫拉波利斯温泉站。这处遗址包括浴室的废墟、庙宇和其他希腊建筑。

五、约旦

瓦迪拉姆保护区

入选时间：2011 年

遴选依据：C（（ⅲ）（ⅴ）（ⅶ）

必去理由：壮观无比的沙漠景观，遵循祖制的贝都因人

瓦迪拉姆保护区位于约旦南部，靠近沙特阿拉伯边界，占地 74000 公顷。这里沙漠地貌面积浩大，一望无际，似神殿般的广阔。其最壮观的沙漠景观，又被称作"月亮谷"，因为它像月球表面一样宁静沉寂。除了沙漠，这里还拥有一系列高耸的岩层、悬崖、拱形结构和峡谷，风化的巨大岩石如同城堡，为平缓的线条增加了跳跃的变化。正因为瓦迪拉姆沙漠的美丽壮观，使它成为电影《阿拉伯的劳伦斯》的主要外景地，也成为全世界旅游爱好者向往的地方。

沙漠并非真的像一眼看上去的那样沉寂。仔细观察，你会在沙地上寻找到骆驼、狐狸和鹰的脚印；为加强对阿拉伯大羚羊这一珍稀动物的保护力度，约旦皇家自然生态保护协会也在这里为阿拉伯大羚羊建立了一个自然保护区。到了春天，雨水带来小丘的绿意，银莲花、红罂粟和约旦的国花黑鸢尾花次第开放，一片生机，吸引着博物学家从四面八方向沙漠集结。

瓦迪拉姆保护区的岩画、碑铭和考古遗址拥有大约 1.2 万年历史。在这里还有那霸田时代留下来的神殿，证明瓦迪拉姆在 2000 年前已经是一个圣地。贝都因人（阿拉伯游牧民）至今遵循着祖先的生活方式游牧在沙漠腹地，黑色的帐篷和聚集的驼群是他们家园的标志。他们长久以来一直与当地的自然奇迹和平共处，从而使行踪不定的阿拉伯大羚羊有了赖以生存的家园，这也就是拉姆保护区为何被列入世界自然和文化双重遗产的原因所在。

世界遗产委员会的评价：作为自然与文化双重遗产列入名录，位于约旦南部，靠近沙特阿拉伯边界，占地 74000 公顷。瓦迪拉姆保护区一系列形态各异的沙漠景观由狭窄的峡谷、天然拱门、高耸的峭壁、坡道、巨型滑坡和洞穴组成。保护区内的岩画、碑文和考古遗迹显示了人类在过去 12 000 年的时间里在此的生活，以及与自然环境互动的证据。25000 个石刻与 20000 个碑文为追溯人类思想的发展及早期字母的演变提供了可能。遗址展现了该地区牧业、农业和城市活动的发展。

六、伊拉克

伊拉克南部艾赫沃尔：生态多样性避难所和美索不达米亚城市遗迹景观

入选时间：2016 年

遴选依据：C（ⅲ）（ⅴ）（ⅸ）（ⅹ）

必去理由：世界上最大的内陆三角洲系统，苏美尔文明的承载地

在伊拉克南部有一块地方被很多人认为是圣经上的伊甸园的位置，此地被列为联合国

教科文组织的世界文化遗产地，它就是艾赫沃尔。该地大部分是沼泽地，联合国教科文组织称之为"独特的，位于极端炎热干旱环境中的世界最大的内陆三角洲系统之一"。这块沼泽地曾在 20 世纪 90 年代被萨达姆袭击，抽干了其中大部分的水，原因是担心这块地方会是叛军的藏身处。但如今，战争后的这块区域在自我修复，并且大部分已经恢复原状。

美索不达米亚文明是指在两河流域间的新月沃土（底格里斯河和幼发拉底河之间的美索不达米亚平原，现今伊拉克境内）所发展出来的文明，是西亚最早的文明，也是亚洲三大人类文明之一。美索不达米亚文明是一个典型的以城市为核心的文明，最初的城市文明是由苏美尔人建立的，因此又名苏美尔文明。公元前 3000 年左右，这一地区已经出现了 12 个相互独立的城邦。城邦中居民众多，拥有复杂的宗教、政治、军事结构，掌握了先进的技术，并与外界建立了广泛的贸易联系。神庙是苏美尔城市中最引人注意的建筑，通常修建在高台之上，形成高耸入云的梯形结构，这使得它们在周围建筑中显得鹤立鸡群，这种神庙建筑被称为"塔庙"，这也是两河流域城市中与众不同的建筑。从今天留下的城市考古遗址我们便能感受到那个时代建筑的恢宏，聚居地遗址上人口的密集及贸易的发达。

世界遗产委员会的评价：位于伊拉克南部的艾赫沃尔遗产地由七部分组成：三处考古遗址和四处湿地沼泽。Uruk 和 Ur 的城市考古遗址和 Tell Eridu 考古遗址构成了美索不达米亚平原南部苏美尔文明的城市和聚居地遗迹，这一文明于公元前 3000 年左右在底格里斯河和幼发拉底河湿地三角洲地区兴盛起来。伊拉克南部艾赫沃尔也叫伊拉克沼泽十分独特，是极度炎热和干燥环境下世界上最大的内陆三角洲系统。

第二节 欧 洲

一、法国、西班牙

比利牛斯—珀杜山

入选时间：1997 年、1999 年

遴选依据：C（ⅲ）（ⅳ）（ⅴ）（ⅶ）（ⅷ）

必去理由：雄伟的山脉，恬静的田园，和谐的西法人民友谊

比利牛斯—珀杜山位于比利牛斯山脉的中部，绵延于法国和西班牙两国国界。比利牛斯山脉是欧洲西南部最大的山脉，为阿尔卑斯山脉西南延伸部分，是法国和西班牙两国的界山。比利牛斯—珀杜山是西班牙著名的自然风景区，民俗风情独具特色。西班牙和法国分别于 1918 年和 1967 年在各自的辖区内建立了比利牛斯—珀杜山国家公园。1988 年 9 月，法、西两国签订了共同保护这一地区文化与自然遗存的合作协议。1997 年及 1999 年，世界遗产委员会公布比利牛斯山脉—珀杜山被评为世界自然和文化双重遗产，由西班牙与法国共有。

比利牛斯地区生态完整，风光秀美，有着奇特的自然景观。湖泊、瀑布、冰川、大峡谷和裸露的岩层随处可见。这个地区动植物资源丰富，拥有繁多的物种；亚地中海植被、麻类植被、山区植被、亚高山植被和高山植被5种植被覆盖了这一地区的各个角落；哺乳类动物则多达800多种。山区自然景色秀丽，是重要的旅游胜地和登山滑雪的活动场所，来此参观旅游的人络绎不绝；其中西班牙的托尔拉和法国的加瓦尔尼村庄是两处最吸引人的亮丽景点；加瓦尔尼的古罗马圆形剧场看上去格外幽雅，具有登山爱好者所喜爱的岩石表面和壮观的瀑布。

从旧石器时代（公元前4万—前1万年），居民就已经开始在比利牛斯地区居住。在西班牙与法国的长期交往中，山脉起着重要的作用。以比利牛斯山脉为界，附近的西班牙与法国在文化上具有极大的相似性，特别是使用梯田及随季节性变化将牲畜在山地和草地之间迁移的生活方式和特点，为此处的历史文化研究提供了一定的价值。本地区社会经济活动在过去的50年里有所衰退，但依然能领略到欧洲高地地区这种古老农业生产生活方式，放牧和迁徙是该地区主要的经济活动。比利牛斯－珀杜山保留的古村庄、古农场、田野、高山、草原和山路，为我们洞察历史、体验古欧洲社会生活提供了帮助。

世界遗产委员会的评价：这处雄伟壮观的高山景观，横跨法国与西班牙当前的国界，以海拔3352米的石灰质山——珀杜山顶峰为中心，方圆30639公顷。在西班牙境内的是欧洲两个最大最深的峡谷，而在法国境内更加陡峭的北坡上则是三个大片环形屏障，充分代表了这里的地质地貌。除了雄伟的山脉，这个地区还有着恬静的田园风光，反映了农业生活方式，这种生活方式曾在欧洲高地非常普遍，而今却仅存于比利牛斯地区。在这里，可以通过村庄、农场、原野、高地牧场和崎岖的山路这些独特的景观，去回顾久远的欧洲社会。

二、希腊

（一）曼代奥拉

入选时间：1988年

遴选依据：C（i）（ii）（iv）（v）（vii）

必去理由：众神聚集的奥林匹斯山，"天空之柱"上的修道院

曼代奥拉位于希腊的特里卡拉色州，品都斯山脉的边缘。这里因众神曾经居住过的奥林匹斯山和令人叹为观止的曼代奥拉修道院而闻名于世。曼代奥拉，在希腊语中是悬在空中的意思，这也正是曼代奥拉众多修道院的与众不同之处。

这里的地质环境非常特别。几百万年以前此处是一片汪洋，后来由于地壳的运动和海水的冲击，逐渐变为一片石林，神秘的谷地、高原、山脉，错落有序出现在一个平面上。裸露的岩石、奇伟的山峰、幽深的山谷、叠翠的山峦，使人仿佛置身于一个空灵的世界。这里的山岩形状奇特多变、形态千姿百态、色彩丰富，神秘的谷地、高原和山脉

的景色令人激动不已。

这里更为神奇的是在万丈悬崖上却竖立着许多修道院。从 11 世纪起，在几乎都是砂岩峰的地区，修士们选定了这些"天空之柱"，克服难以置信的种种困难，开始修建一座座修道院，直到 15 世纪隐士思想大复兴的时代，一共修建了 24 座隐修院。这些修道院都坐落在高达 549 米的峻峭石峰上面，令人眩晕地在深渊之上伸出，全部用石头建造，红瓦房顶、木质走廊，内设教堂、塔楼、医院、餐厅、厨房等。要上去得爬上那危险的摇摇欲坠的、系在岩石上的梯子。阿特拉斯的圣山教堂建筑基本上是拜占庭风格，很多都采用了大致相同的布局，其中最雄伟壮观、在建筑角度上最值得欣赏的是海拔高度为 613 米的曼代奥拉修道院，而修道院内的教堂更是建筑精华中的精华，教堂内部用壁画装饰，明亮、通风，有利于展示保存得很好的壁画。

世界遗产委员会的评价：从 11 世纪起，一些修道士就在这个几乎不可抵达的砂岩峰地区定居了下来，住在"天空之柱"上。15 世纪，隐士思想大复兴，这些修道士克服了超乎想象的困难，在这里修建了 24 座修道院。这里的 16 世纪壁画代表了后拜占庭绘画艺术发展的一个重要阶段。

（二）阿索斯山

入选时间：1988 年

遴选依据：C（i）（ii）（iv）（v）（vi）（vii）

必去理由：修士和隐士的"圣山"，女人的禁地

阿索斯山全称阿索斯山自治修道院州，位于希腊恰尔基迪半岛的东部。阿索斯是古希腊神话中的癸干忒斯，与其他癸干忒斯一样是乌拉诺斯与盖亚之子。他将一座山投向宙斯，被宙斯打落于马其顿附近，成为阿索斯山的圣峰，海拔达 2033 米。这里从地形上看山势奇伟、高峰耸峙；从景色上看山清水秀，十分幽静。在阿索斯山上，1000 多年来居住着特殊居民——修士和隐士，人们把这座山称为"圣山"。

屹立在阿索斯山上的一座座修道院，有的在断岩绝壁的洞穴之中，还有的修道院隐蔽在浓荫的山谷之中，唯一的通道是悬在 30 米高处的两条铁链。洞穴的入口处黑暗而阴森，但里面却很宽敞。大片的草坪上，风格迥异的殿堂、塔楼，把半岛点缀得十分美丽。其中的拉乌纳修道院建于 963 年，它坐落在山巅，是最富有、最权威，也是最完整地保存了拜占廷时代艺术风格的建筑，再配上马其顿绘画学派的精巧壁画，古香古色，令人叹为观止。

阿索斯山上的修道院堪称不可多得的旅游胜地，然而它却拒一半的旅游者于山门之外。1060 年，拜占廷皇帝君士坦丁九世曾颁布法令，禁止任何女人、雌性动物在此生存，直至今天，岛上仍然不接待女性游客。女士们要想满足对圣山的好奇心，只能参加希腊港口城市皮雷埃夫斯组织的爱琴海海上旅游，或租用摩托艇在航海途中借助望远镜来窥视一下那神秘光环下的圣地。

世界遗产委员会的评价：阿索斯山自 1054 年以来就是东正教的精神中心，也是一

个艺术宝库，从拜占庭时期起就拥有独立的法律。这座"圣山"禁止妇女儿童进入。这些修道院（约有20座修道院，住着1400名修道士）的规划设计的影响远达俄罗斯，其绘画流派甚至影响了东正教艺术史。

三、西班牙

伊维萨岛的生物多样性和特有文化

入选时间：1999年

遴选依据：C（ii）（iii）（iv）（ix）（x）

必去理由：岛屿和海洋最完美的融合

西班牙的伊维萨岛，位于地中海巴利阿里群岛马霍卡岛西南80千米处，面积572平方千米。岛上农业生产以自给为主，海盐是主要出口物资，海岛周围有类型多样的海洋生物。这里是肖邦的故居，是驰放音乐的发源地。

伊维萨地区的生物变异现象是一个展现深海生物和近海岸生物相互作用、相互影响的难得的例子。该区内有丰富的波西多尼亚海草，也被誉为最长寿的海草。它是整个地中海地区仅存的一种濒危植物，蕴含和支持着海洋生物物种的多样性，这里的许多动物都依赖海草释放的氧气而生存。这种海草的根茎属于木本，非常结实，能在数千年时间里保持与同一株海草个体的连接。沿岛周围有许多美丽的沙滩，气候宜人，自然景色优美。除了自然风光，还有中世纪威尼斯人建造的双尖塔城堡。许多人认为，伊维萨岛是众多岛屿中最为色彩斑斓的一座，是岛屿和海洋的完美融合。

伊维萨岛完整无损的16世纪军事要塞是军事建筑工程和文艺复兴建筑美学的历史见证。这种意大利—西班牙建筑模式对于新大陆城镇的建设与防御具有特别深远的影响。萨·卡莱塔的腓尼基人废墟和普伊格·德斯·墨林斯的腓尼基—迦太基人墓地是地中海西部腓尼基殖民地城市化和社会化生活的证明。就腓尼基人和迦太基人坟墓的数量、重要性和实物方面而论，它们构成了独一无二的一种资源。伊维萨岛的高城是防御卫城的典型代表，城墙和城市的整体构造都以特别的方法得到保护。从最早的腓尼基时代到阿拉伯占领期，到加泰罗尼亚时期直到文艺复兴时期，都留下连续永恒的历史痕迹。

世界遗产委员会的评价：伊维萨岛的生物多样性和特有文化提供了一个海洋生态系统和沿海生态系统之间相互作用的极好范例。伊维萨岛边地中海盆地所特有的波西多尼亚海草生长茂盛，蕴含和支撑着海洋生物的多样性。另外，伊维萨岛的历史遗迹保存完好。萨·卡莱塔聚居地考古遗址和普伊格·德斯·墨林斯墓地遗址证实了一点：在史前，特别是腓尼基—迦太基时期，伊维萨岛对于地中海经济发展起到了非常重要的作用。坚固的高城要塞是文艺复兴时期军事建筑的杰出范例，对于西班牙殖民者在新大陆的防御性建筑发展具有极其深远的影响。

四、瑞典

拉普人区域

入选时间：1996 年

遴选依据：C（iii）（v）（vii）（viii）（ix）

必去理由：广阔的山峦和峡谷，依旧驯鹿的萨米人

拉普人保护区位于瑞典北部环极区的诺尔布达境内，从诺尔布达中心开始，沿着山区向西一直延伸到挪威边境。占地面积大约是 9400 平方千米，海拔高度在 600 米到 2016 米。这里是世界上最大的未受破坏的自然区域，由于面积广阔，因此该地区地理形态多变，每一个自然保护区和国家公园都有不同的特点。

这里有险峻的山峦、广阔的高原、奔流的瀑布，以及冰川、沼泽、原始森林和高山大湖。保护区内的萨勒克山和大湖瀑布国家公园的北欧阿尔卑斯山景观以高峻的山峦、幽深的河谷和奔涌的河流而著称于世，这里有 1800 多米的山峰 200 多座，以及 100 多个冰川。保护区内的帕亚伦塔地区是一个周围被瓦斯腾湖和维里湖两条大湖包围的高原，其中的维里湖被称为"瑞典最美丽的湖泊"。此外，这里还是一个野生生物保护区，有丰富的动植物群及一些濒危的物种，具有极高的地质研究价值。

这里生活的萨米人早在 4000~5000 年以前就来到这里，他们仍然保留了大部分与众不同的文化特质。他们以驯鹿业谋生，只在夏季生活在山区里，他们对这里土地、水域的所有权，以及捕鱼、狩猎都是合法的并受到保护。

世界遗产委员会的评价：瑞典北部北极圈地区是萨米人或拉普人的家园。这里是最大的也是最后一个人们按照祖传方式进行生活的地区，这种生活以牲畜周期性的迁移为基础。每年夏天，萨米人赶着他们的驯鹿群穿越自然风景区走向大山，这些风景区至今还保存着，如今却受到汽车的威胁。我们可以从冰碛和水流路线的改变中看到历史和现今的地质作用。

五、马其顿

奥赫里德地区文化历史遗迹及其自然景观

入选时间：1979 年、1980 年

遴选依据：C（i）（iii）（iv）（vii）

必去理由：欧洲最古老的人类聚居地之一，东欧地区的耶路撒冷

奥赫里德地区位于马其顿共和国的西南部、奥赫里德湖的东北岸，是景色秀丽、气候宜人的古城。这里有中世纪教堂、修道院、壁画、城堡与塔等古迹，也是国际疗养、游览的胜地。奥赫里德湖是世界上最古老的湖泊之一，湖长 35 千米，宽 15 千米，湖面 2/3 属于马其顿，其余部分属于阿尔巴尼亚。古老的湖泊为诞生于第三纪的许多特有物种和孑遗淡水物种提供了庇护，养育了藻类、扁形虫、蜗牛、甲壳类和鱼类等物种。深邃的蓝色湖水给拜占庭式的壁画艺术家们灵感，也使得旅游者一年到头络绎不绝。

奥赫里德自然历史文化区的人类居住史可以追溯到 4 世纪希腊征服该地之前，那时伊利里亚人就定居在此，至 4 世纪时奥赫里德成为主教中心，从此有好几个世纪这里一直是基督教的中心城市。6—7 世纪，斯拉夫人从北方拥入此地并定居下来，奥赫里德成为巴尔干半岛的斯拉夫文化中心。10 世纪，斯拉夫圣徒西里尔和美多乌斯的两位门徒来到该城，使奥赫里德和周围地区变成传教活动和教育活动的中心；同一时期，奥赫里德成为塞缪尔沙皇的斯拉夫帝国大都会和大主教中心。

修建在城墙内的奥赫里德旧城，庄严的要塞占据了显要位置；狭窄曲折的街道和林荫路组成的中世纪城市布局完好地保留下来。奥赫里德的宗教建筑在城市风景中非常突出，有早期的长方形教堂、修道院、中世纪教堂等。其中具有代表性的如占地 700 平方米、绘满壁画的早期基督教大教堂，占地 400 平方米、具有拜占庭艺术风格的圣索菲亚大教堂。从 11 世纪到 18 世纪圣索菲亚大教堂一直是马其顿整个地区的教堂，教堂内的湿壁画已经有 800 多年的历史，这些壁画向人们述说着早已逝去的那个时代的情况。

世界遗产委员会的评价：奥赫里德镇坐落在奥赫里德湖边，是欧洲最古老的人类聚居地之一。它建于 7—19 世纪，拥有最古老的古斯拉夫修道院和 800 多幅 11—14 世纪末的拜占庭风格的画像。奥赫里德镇被誉为仅次于莫斯科托里托拉可夫画廊之后世界上最重要的收藏地。

六、英国

圣基尔达岛

入选时间：1986 年、2004 年、2005 年

遴选依据：C（iii）（v）（vii）（ix）（x）

必去理由：欧洲最高的悬崖峭壁，英国最高的岩石

圣基尔达岛位于苏格兰西北部刘易斯岛的外海外赫布里底群岛上，面积有 853 公顷，其中生物保护区面积为 842 公顷，是英国唯一一个自然与文化双重遗产。目前整个群岛被苏格兰国家秘书处指定为国家科学基地；同时它还受制于地方法规，目的是保护当地的自然环境。该群岛的所有权移交给了苏格兰国家历史机构，该机构在 1957 年的国家公园和乡村法案第 16 章中宣布将它作为国家自然保护区。

圣基尔达岛是座火山群岛，包含赫塔岛、杜文岛、索伊岛及博雷岛等小岛。火山爆发和冰川侵蚀，使这里形成了起伏的丘陵山脉，也形成了欧洲最高的悬崖峭壁。索伊岛和博雷岛的陡峭悬崖高达 370 米，在四面临海的景色中，更显得峻峭异常。毗邻博雷岛的两块耸立的大岩石，是英国岛屿中最高的岩石；其中阿明岩高达 191 米，利岩高达 165 米。这里是欧洲西北部海鸟的重要繁殖地，拥有许多濒临灭绝的珍贵海鸟，特别是角嘴海雀和塘鹅。

这里也有着很高的考古价值，经考证，巴伊村落和莫尔河谷的人文文化大约持续了 2000 年。18 世纪，主要群岛上的人口略低于 200 人，是大不列颠岛上最偏远的定居岛；1930 年，最后一批当地的土著居民从这里迁出。如今圣基尔达岛并没有固定的居民，主

要作为军事基地。在圣基尔达岛已经遗弃的村落旁的山坡上，有用石头围墙圈起的一块块耕地，当年在岛上定居的村民在一个个形状各异的石圈内铺垫海藻，种植少量谷物。岛上这些文明时代的痕迹，对喜欢文化旅游的游客具有很大吸引力。

世界遗产委员会的评价：1986 年，圣基尔达岛由于其自然特色和野生动物被首次列入《世界遗产名录》。今天，这里又被列为文化遗产地，成为一项综合性遗产。这片火山群岛包括 4 个岛屿，分别是赫塔岛、丹村岛、索厄岛和博雷岛，自 1930 年以来就无人居住。这里保留着人类在赫布里底群岛的极端条件下在此生活 2000 多年的证据。人类生活遗迹包括建筑结构、农田系统、传统的高地石屋等。当地经济建立在农业和牧羊产品的基础之上，仅供维持生存，因此经济易遭受破坏。

第三节 非 洲

一、阿尔及利亚

阿杰尔的塔西利

入选时间：1982 年

遴选依据：C（i）（iii）（vii）（viii）

必去理由：沙漠深处的石林，8000 年前的岩画

阿杰尔的塔西利是撒哈拉沙漠边缘的一处山脉，位于阿尔及利亚，与尼日尔、利比亚两国接壤。在阿尔及利亚，很少有比阿杰尔高原更壮观的风景，它尤其以深邃的峡谷和鬼斧神工般的绝壁而举世闻名。

阿杰尔高原位于阿尔及利亚的东南部，通常被认为是北撒哈拉沙漠的一部分。这一地区的海拔高度，由北部的 1500 米逐渐升高到中南部的 1800 米。史前时期的洪水在这里留下了狭窄的峡口、深长的河谷。因为沙漠中岩石的氧化程度及沉积在岩石表面的金属氧化物的含量不同，岩石的颜色在暗红和黑色之间变化。古老的地质作用与常见的风暴侵蚀使这里形成了沙地中的陡峭悬崖和迷宫般的石林，也形成了无数形态各异的砂岩沟壑。尽管该地区降雨量极少，但这些沟壑还是积存了用来灌溉和水栖动物藏身的湖泊。人们于 1924 年在这里发现了第一条在撒哈拉沙漠中存活下来的鳄鱼，这里还生长着油橄榄和名叫"达罗特"的千年古柏等古老珍稀植物。

阿杰尔高原风景区内的人文景观最著名的是那些拥有 8000 年之久的岩石绘画，大部分的作品发现于阿杰尔高原地区的中心处。从绘画上描绘的该地区风土人情可以看出，它与现今的撒哈拉地区的民俗存在着很大的差异。塔西利史前洞窟中有壁画和雕刻作品 5000 多件，具有很高的历史价值，它们现在由塔西利国家公园加以严格的保护。专家们按西方学者对非洲史前时代的分期，将它们分为狩猎时期、饲养牲畜时期、牧人时期和骆驼时期等不同的流派和风格。

世界遗产委员会的评价：该遗址所在地环境独特，如同月球表面，极具地质学研究意义，是世界上最重要的史前岩洞艺术群之一。15 000多幅绘画和雕刻作品记录了公元前6000年至公元初几个世纪撒哈拉沙漠边缘地区的气候变化、动物迁徙和人类生活进化。当地的地质构成形态有着极高的观赏价值，被侵蚀的砂岩形成了"石林"。

二、乍得

恩内迪高地：自然和文化景观

入选时间：2016年

遴选依据：C(ⅲ)(ⅶ)(ⅸ)

必去理由：攀岩爱好者心中的圣杯，撒哈拉古人的艺术殿堂

恩内迪高地位于乍得东北部偏远地区的恩内迪沙漠，年复一年的风力和水力侵蚀将这里塑造成以峡谷和河谷为特征的高原，呈现出壮观的峭壁、石拱和岩钉景观。因为乍得远离海洋，且国土大部分属沙漠气候，所以又被称为"非洲死亡之心"。恩内迪高原长久以来被誉为"攀岩爱好者心中的圣杯"，这片人迹罕至的荒漠，有数不尽的天然巨型石拱门，以及高耸的岩柱和岩壁，像极了美国的犹他州峡谷。这里有寓言中的高达700英尺的世界最高独立式拱门——阿洛巴拱门。

恩内迪高地的洞穴、峡谷、住所的岩石上绘画或雕刻着数以千计的图画，是撒哈拉地区最大规模的岩画艺术之一的精彩呈现。8000~12000年前刻画的这些巨大的写实岩画证实了那个时期非洲动物让人惊叹不已的多样性，这些动物包括大象、犀牛、水牛、长颈鹿、羚羊、河马、狮子和鳄鱼等。而在7500年前发生了另一个显著变化：这个时期的岩壁画开始刻画人物形象，这意味着一种根本的态度转化，即人类开始把自己从自然中独立出来。在这些画完成后不久，一系列旱灾接踵而来，逼迫当地古人向北方、东方和南方迁徙。

世界遗产委员会的评价：砂岩结构的恩内迪高地位于乍得的东北部，长年的风力和水力侵蚀将这里塑造成以峡谷和河谷为特征的高原，呈现出壮观的峭壁、石拱和岩钉景观。在这些巨大的峡谷中，水的长久存在对于支撑高地的生态系统，繁育植物群和苔藓群，以及保障人类生活，发挥着极其重要的作用。在洞穴、峡谷、居所的岩石上绘制或雕刻着数以千计的图画，展示着撒哈拉地区最大规模的岩画艺术。

三、加蓬

洛佩—奥坎德生态系统与文化遗迹景观

入选时间：2007年

遴选依据：C(ⅲ)(ⅳ)(ⅸ)(ⅹ)

必去理由：热带雨林与草原的完美融合，40万年来班图和俾格米人的生活记录

洛佩—奥坎德生态系统与文化遗迹是加蓬的第一处世界遗产项目，位于加蓬首都利伯维尔东南约350千米处的加蓬心脏地带，占地面积5360平方千米，是加蓬的一座国

家公园——洛佩国家公园。这里北临奥果韦河，东接奥夫埃河，为地球上罕见的热带草原和热带雨林的混合生态系统。

洛佩国家公园几乎恰好位于赤道上，大部分地区为热带雨林，小部分是于15000多年前冰河时代后期形成的热带草原，公园内两种景观完美融合在一起。1946年，当地被列为洛佩－奥坎德野生动物保护区，成为加蓬的首个保护区，2002年成为加蓬的国家公园。洛佩－奥坎德生态系统与文化遗迹景观代表了一个茂密和保存完好的热带雨林和热带草原残余环境之间的不寻常的界面，越来越多的濒危大型哺乳动物在洛佩—奥坎德找到了它们最后的栖息地。这里还保留了在过去1.5万年热带雨林—草原过渡期生物进化的记录。

洛佩—奥坎德生态系统与文化遗迹景观国家公园显示了绵延40万年，从旧石器时代、新石器时代、铁器时代，直至当代的班图和俾格米人的生活记录。它是不同民族相继生活的证据，这些民族遗留了在山岭、岩洞和掩蔽所周围居住的广泛的、保存比较完好的居住遗迹，也是制铁术和收集的非凡的1800幅岩刻画的证据。这些新石器时代和铁器时代遗址，连同在那里发现的岩刻艺术，反映了班图人和西非其他民族沿奥果韦河谷到北部茂密常绿的刚果森林，再到中部、东部和南部非洲的主要移徙路线，这一点决定了撒哈拉以南非洲的发展。同时洛佩—奥坎德生态系统与文化遗迹景观提供了中部非洲文化向大西洋延伸的最早记录，它显示了早期驯化植物、动物和森林资源的利用的证据。

世界遗产委员会的评价：洛佩－奥坎德生态系统与文化遗迹景观展示了保护完好的茂密热带雨林与残余热带草原环境之间的奇妙结合，这里的物种丰富，包括濒危的大型哺乳动物，是多种生物的栖息地。该遗址展现了生物及其栖息地适应冰川后期气候变化的生态和生物进程。这里有不同民族相继生活的证据，他们在山岭、岩洞和庇护所周围留下了大量保存比较完好的居住遗迹，同时还有炼铁的遗迹，约有1800幅杰出的岩石雕刻。该遗产包括新石器时代和铁器时代遗址，还有岩刻艺术，共同反映了班图人和西非其他民族沿奥果韦河谷向茂密的常绿刚果森林北部，再到中东部和南部非洲的主要移徙路线，这一移徙书写了撒哈拉以南非洲的发展。这是加蓬列入世界遗产的第一处遗址。

四、莱索托、南非

马洛蒂—德拉肯斯堡公园

入选时间：2000年、2013年

遴选依据：C(i)(iii)(vii)(x)

必去理由：玄武岩地质与多样景观皆佳，撒哈拉原住民遗迹丰富

马洛蒂—德拉肯斯堡公园是一处跨国界遗址，最初是2000年南非的夸特兰巴山脉德拉肯斯堡山公园独自申请为世界遗产，2013年作为南非"德拉肯斯山公园"遗产的扩展项目，莱索托马洛蒂山脉塞赫拉巴泰贝国家公园同肯斯堡山公园一起被列入世界自然与文化双重遗产名录。

该地区地质上有高耸的玄武岩拱璧、金色砂岩城墙堡垒，以及壮观的雕塑拱门、洞穴、峭壁、柱子和岩池，景色上有高纬度的草地、原始的陡峭河谷及岩石密布的峡谷，更增添了公园的美丽。公园为多种濒危物种提供了保护，尤其是鸟类和植物。除此之外，该地区壮观的景致还包括众多的山洞和岩石棚，保存了数量最多的非洲南部撒哈拉人数千年前的绘画。这些岩石画品质上乘且选材广泛，反映了现已迁离该地区的撒哈拉人的生活。

世界遗产委员会的评价：马洛蒂－德拉肯斯堡公园地跨两个国家，包括南非的夸特兰巴山脉德拉肯斯堡国家公园和莱索托的塞赫拉巴泰贝国家公园。公园具有独特的自然景观，包括高耸的玄武岩拱璧、金色的沙石堡垒，以及壮观的雕塑拱门、山洞、峭壁、石柱和岩池。此处栖息有濒危物种如开普秃鹫（南非秃鹫）和胡秃鹫。壮观的自然风光中有众多山洞和悬岩，集中了撒哈拉以南非洲数量最多的岩画，展现了在此居住4000多年的桑人的精神生活。

五、马里

邦贾加拉悬崖（多贡斯土地）

入选时间：1989年

遴选依据：C(v)(vii)

必去理由：在悬崖峭壁边缘的村子，传统保守的多贡文明

邦贾加拉悬崖位于马里中部横贯东西的邦贾拉山地，在靠近尼日尔河一侧海拔500米的断崖上。在这悬崖峭壁间，布满了犹如蜂窝般的多戈族的住宅和墓地。1989年，根据自然遗产遴选标准被列入《世界遗产目录》。

邦贾加拉高地是最具西非地质地貌特征的地方之一，其中的邦贾加拉悬崖是一座断层山脉，面向尼日尔河的那一面是陡峭的断崖。该断崖相对高度约500多米，悬崖和峡谷里的植被以郁郁葱葱和种类繁多而见长，主要包括榕属、大戟属和风车子属植物。各种各样的植被分布，为多种鸟类提供了得天独厚的自然条件。

邦贾加拉悬崖可以说是西非最美丽的地方之一，它是多贡文明的中心地区之一，沿袭下来的古代习俗、庆典、艺术及民间传说包罗万象，无奇不有。多贡人的村庄坐落在绵延达125英里的邦贾加拉悬崖沿途，远近闻名的尼日尔河一路伴随着悬崖流过。当初多贡族人之所以选择将村庄建在邦贾加拉悬崖附近，是因为他们孤立无援，悬崖可以作为抵御外敌入侵的屏障，也是大型建筑（房屋、粮仓、圣坛、神殿和集会厅）的保护伞。可以说这些建筑正是几个世纪以来传统多贡文化的灵魂。这里的居民具有博大的宇宙观、独特的社会制度和文化艺术。尽管在当今观光浪潮冲击下，他们仍然能保持着固定不变的传统生活方式。

世界遗产委员会的评价：邦贾加拉的突出地形是悬崖和沙土高原，悬崖上建有大型建筑（房屋、粮仓、圣坛、神殿和集会厅）。这里现在仍然保留着许多悠久的传统（面纱、集会、祭祀仪式等）。正是拥有这些建筑学、考古学和人类学的价值及优美的风景，邦贾加拉高地才得以成为最具西非地质地貌特征的地方之一。

六、坦桑尼亚

恩戈罗恩戈罗自然保护区

入选时间：1979 年、2010 年

遴选依据：C（iv）（vii）（viii）（ix）（x）

必去理由：世界上最大的火山口，非洲动物的伊甸园

恩戈罗恩戈罗自然保护区位于坦桑尼亚共和国北部。1979 年被列入世界遗产名录。保护区是一片辽阔的高原火山区，西接塞伦盖蒂国家公园，东连马尼亚腊湖国家公园，占地 80 944 平方千米。该地区于 1957 年在行政上从塞伦盖蒂国家公园的范围内划出，成为独立的自然保护区。区内有闻名遐迩的恩戈罗恩戈罗火山口、奥杜瓦伊峡谷和已成深湖的恩帕卡艾火山口。

恩戈罗恩戈罗破火山口是世界上最完整的火山口，也是世界上最大的破火山口之一。如同镶嵌在东非大裂谷带上的一只"大盆"。据测，火山口宽度为 14.5 千米，深度为 610~762 米（另一资料为 610~720 米），直径约 18 千米，底部直径约 16 千米，占地总面积广达 264 平方千米。恩戈罗恩戈罗是一片非常独特的自然保护区，集中了草原、森林、丘陵、湖泊、沼泽等各种生态地貌，无数种类的野生动物在这里生存，逐渐形成了一个独立的生态链系统，被称为非洲动物的伊甸园。

20 世纪 50 年代中期，在距恩戈罗恩戈罗火山口西侧 40 千米处发现了奥杜瓦伊浅峡谷，峡谷因古河水侵蚀岩石层而形成。1959 年，人类学家在这里发掘出距今 125 万年的南猿头盖骨。1960 年，又发掘出距今 190 万年的能人化石残骸、石器，以及迄今仍被狩猎的动物的远祖化石。这些发现对面临复杂而又有争议的人种系谱学的研究具有重要价值。

世界遗产委员会的评价：巨大完整的恩戈罗恩戈罗火山口是野生动物出没的地方，附近是注满了深水的恩帕卡艾火山口和盖伦活火山。在距此不远的奥杜瓦伊山谷的挖掘工作中，发现了人类的远祖之一哈比利斯人的遗址，莱特利遗址也在该区域内，它也是 360 多万年前原始人类活动的主要区域之一。

第四节 美 洲

一、美国

帕帕哈瑙莫夸基亚国家海洋保护区

入选时间：2010 年

遴选依据：C（iii）（vi）（viii）（ix）（x）

必去理由：大自然留给太平洋的一笔巨大财富

帕帕哈瑙莫夸基亚国家海洋保护区是一处位于西北夏威夷群岛的海洋保护区，由大

量偏远的太平洋岛屿和环礁构成，包括 10 个岛屿和环礁，面积达 36 万平方千米，是世界上面积最大的海洋保护区之一，在归属上除了中途岛外皆隶属夏威夷州，据说区名是由创造夏威夷的女神及其丈夫的名字合成的。

帕帕哈瑙莫夸基亚国家海洋保护区是世界上最大的海洋保护区之一。在这个被夏威夷人称为"富饶之地"的保护区中，保护着 7000 种野生物种，其中 1/4 是特有的。原始、清新的珊瑚礁、小岛和水域生活着诸多濒危物种，是夏威夷僧海豹和绿海龟等许多稀有物种的栖息之所，也是众多珊瑚种类的庇护所。该区域还是世界上最大的热带海鸟群居地，约有 1400 万只海鸟在这里筑巢、觅食。该区域还有许多特有的植物，主要包括太平洋棕榈树、银剑菊等。

世界遗产委员会的评价：帕帕哈瑙莫夸基亚由一群线性排列的低海拔小岛和环礁及其附近海域组成，位于夏威夷主群岛以西约 250 千米处，跨度超过 1931 千米。对现存的夏威夷原住民来说，该遗址作为祖先生存的环境，深含着宇宙精髓与传统意义，它体现了夏威夷人概念中的人类与自然世界的亲缘关系。这里是生命的摇篮，也是死后魂灵回归之所。在遗址中的尼豪岛与马库马纳马纳岛上，人们还发现了欧洲殖民前的人类定居点及其考古遗迹。此外，帕帕哈瑙莫夸基亚主要由远洋和深海生物的栖息地组成，其中包括海底山脉和海底沙滩、广阔的珊瑚礁和大面积的潟湖等。它是世界上最大的海洋保护区之一。

二、墨西哥

古老的玛雅城和卡拉克穆尔，坎佩切热带保护森林

入选时间：2002 年、2014 年

遴选依据：C（i）（ii）（iii）（iv）（vi）（ix）（x）

必去理由：世界最大的神秘的玛雅古城遗址

坎佩切的古玛雅城市卡拉科姆鲁位于墨西哥坎佩切州，是玛雅文化的最突出代表之一，2014 年该遗产进行了增扩。

玛雅文明是世界上唯一一个诞生在热带丛林的古代文明，它的诞生和消失充满了神秘色彩，以至于不少学者认为玛雅人是"天外来客"。卡拉克穆尔古城位于世界第三大生物多样性保护区：从中部墨西哥至巴拿马运河，包括了所有亚热带和热带生态系统的中美洲热带森林。这个建立在热带森林深处重要的玛雅遗址，在长达 12 个多世纪的历史中扮演着关键的角色。它是目前发现的最大的玛雅遗址之一，也是古玛雅帝国最大、最繁华的城邦。它始建于 514 年，占地大约 70 平方千米，在鼎盛时期拥有 5 万人口。这里雄伟的建筑结构及其独特的整体布局保存得非常完好，给世人展现了一幅生动的古玛雅首都的生活画面。

卡拉克穆尔遗址考古的重大发现莫过于散落在建筑群中一系列保存格外完好的纪念碑。它是 12 个世纪以来玛雅建筑艺术和城市发展的典型代表，它记录了玛雅城市的政治生活和精神生活，见证了古玛雅首都的辉煌。玛雅古城和卡拉克穆尔热带保护森林被

列入世界自然与文化双重遗产，说明世界遗产保护的方向已经不仅重视遗产的本身，同时也重视遗产所处的文化和自然生态的保护。

世界遗产委员会的评价：位于墨西哥南部尤卡坦半岛的中南部，包括重要玛雅城卡拉克穆尔遗址。该城在此地区历史上扮演长达 12 个世纪之久的重要角色，其主要特色是保存完好的建筑，生动展现了一副古玛雅城都的生活画卷。该遗址还处于中美洲生物多样性热点地区，拥有从墨西哥中部至巴拿马运河间所有的亚热带和热带生态体系。

三、秘鲁

（一）马丘比丘古神庙

入选时间：1983 年

遴选依据：C（i）（iii）（vii）（ix）

必去理由：寻找失落的印加城市及文明

马丘比丘位于现今的秘鲁境内库斯科西北 130 千米、乌鲁班巴河上方 457 米的秘鲁境内的安第斯山上，整个遗址高耸在海拔约 2350 米的山脊上，像个巨人俯瞰着乌鲁班巴河谷，为热带丛林所包围，是世界新七大奇迹之一。由于独特的位置、地理特点和发现时间较晚，马丘比丘成了印加帝国最为人所熟悉的标志。

马丘比丘意为"古老的山巅"，它坐落在两座山峦间的马鞍形的山脊上，那里曾是个宗教活动之地，又因世人无法得知其原始的名字，故借其附近一座山脉之称为其命名。马丘比丘又被称作"失落的印加城市"，是保存完好的前哥伦布时期的印加遗迹。

人们认为马丘比丘是印加统治者帕查库蒂于 1440 年左右建立的，直到 1532 年西班牙征服秘鲁时都有人居住。印加人称自己为"太阳的子孙"，他们将太阳视作"燃烧的火鹰"，渴望用"拴日石"将带来光明和温暖的太阳永远留在天上。直到今天，对太阳的崇拜仍在印加民间流传，在这座古城关于太阳崇拜的建筑也随处可见。考古发现（加上最近对早期殖民文件的解读）显示马丘比丘是印加贵族的乡间休养场所（类似罗马庄园），在此居住的人数很少。目前整个遗迹约由 140 个建筑物组成，包括庙宇、避难所、公园和居住区。这里还建有超过 100 处阶梯——每个通常由一整块巨大的花岗岩凿成。还有大量的水池，相互间由穿凿石头制成的沟渠和下水道连接，通往原先的灌溉系统。

世界遗产委员会的评价：马丘比丘古神庙位于一座非常美丽的高山上，海拔 2430 米，为热带丛林所包围。该庙可能是印加帝国全盛时期最辉煌的城市建筑，那巨大的城墙、台阶、扶手都好像是在悬崖峭壁自然形成的一样。古庙矗立在安第斯山脉东边的斜坡上，环绕着亚马孙河上游的盆地，那里的动植物非常丰富。

（二）里奥阿比塞奥国家公园

入选时间：1990 年、1992 年

遴选依据：C（iii）（vii）（ix）（x）

必去理由：地球表面上最精彩、最壮观的地热奇观

里奥阿比塞奥国家公园以数量繁多的热喷泉，绚丽多彩的高山、岩石、峡谷、河流，种类繁多的野生动物闻名于世。亚马孙河的两个分支河流——马拉宁河和瓦雅加河流经公园的两侧，环绕成了里奥阿比塞奥盆地，形成一个有机整体。该地区的土壤呈酸性，从未遭受到农业开垦及伐木的迫害。岩石类型以前寒武的变质岩为主。里奥阿比塞奥地区的气候比较潮湿，随着地势的增高而逐渐变凉，多样的地形和气候使得该地区动植物资源异常丰富。公园四周被卡斯特、肖肖尼、蒂顿、塔伊、比佛黑德和加拉廷国有森林环绕。里奥阿比塞奥国家公园那由水与火锤炼而成的大地原始景观被人们称为"地球表面上最精彩、最壮观的美景"，描述成"已超乎人类艺术所能达到的极限"。

公园自然景观分为五大区，即玛默区、罗斯福区、峡谷区、间歇泉区和湖泊区。五个景区各具特色，但有一个共同的特色——地热奇观。里奥阿比塞奥国家公园内有温泉3000 处，其中间歇泉 300 处，许多喷水高度超过 100 英尺。这里是地热活动的温床，有一万多个地热风貌特征；落基山脉给这片领地创造了无数秀丽的山峦、河流、瀑布、峡谷，其石灰岩的结构又让大地添上美丽多姿的颜色；无数的野生动物赋予它生生不息的生命力，这里是怀俄明兽群的故乡，也是北美洲乃至全世界陆地最大的、种类最繁多的哺乳动物栖息地。

世界遗产委员会的评价：里奥阿比塞奥国家公园建于 1983 年，目的是为了保护安第斯山脉潮湿森林里特有的动植物。该公园里的动植物具有很强的当地特色，这里还发现过以前被认为已经绝种的黄尾毛猴。自 1985 年以来进行的研究，已经发现了 36 个未知的考古地点，均位于 2500~4000 米的高度，这非常有利于对印加帝国以前当地社会的了解。

四、危地马拉

蒂卡尔国家公园

入选时间：1979 年

遴选依据：C（i）（iii）（iv）（ix）（x）

必去理由：热带丛林深处神秘的玛雅文明

坐落在危地马拉东北部的热带丛林深处的玛雅文明的主要遗迹，是迄今人们了解最多、规模最大的玛雅古城之一。然而这座古城只是在最近 25 年才被发掘者揭开了面纱，整个古城的规模现在已大致清楚。发掘出的 3000 余座建筑，从已填平的陋室到巨大的金字塔庙宇，为考古学提供了充足证据，表明这里是平原玛雅帝国的最大首都和玛雅文明的中心，反映了哥伦布发现新大陆之前玛雅文明最高的工艺水平和文化成就。

蒂卡尔城最高的建筑是 6 座傲然耸立的金字塔，石灰石构筑的金字塔平台在莽莽森林中矗立而起，顶端各有一座小庙。最高的一座金字塔自底部至顶端高 70 米，是美洲印第安人修造的最高建筑物。蒂卡尔的庙宇宫殿皆环绕广场和庭院而建，建筑物前雕刻的石碑和祭台林立成行，井然有序。宽阔的石阶路自外部庙堂通向中心广场。城市用水由蓄藏量丰富的地下水库供应。蒂卡尔堪称建筑奇迹，尤其在缺乏车辆、滚轮和拖曳牲畜的条件下建造如此辉煌壮丽的都市，实在令人惊叹。站在最高的 4 号神殿的顶端，鸟瞰四周的原始森林，有种身在摩天楼的感觉，但是这座巨大的玛雅城市在 900 年时谜一般地崩溃了。

世界遗产委员会的评价：在丛林心脏地带的繁茂植被环绕下，坐落着玛雅文明的主要遗址之一。自公元前 6 世纪到公元 10 世纪，这里一直有人居住。作为一个举行仪式的场所，这里不但有华丽而庄严的庙宇和宫殿，也有公共的广场，可沿坡道进入。周围的乡村内还零散保留着一些民居的遗迹。

五、牙买加

蓝山—约翰·克罗山

入选时间：2015 年

遴选依据：C（iii）（vi）（x）

必去理由：最昂贵的咖啡产地，串连成网的奴隶逃亡文化

蓝山—约翰·克罗山位于牙买加东南部的山区，这里拥有全岛国最丰富的生态系统多样性，也是加勒比海地区最完整的净土和生物多样性热点地区，特有的植物种比例高，尤其是地衣、苔藓和开花植物。这里半数开花植物是特有种，生长在海拔 900~1000 米的约翰·克罗高原，独特的山地热带雨林遍布蓝山的陡峭山坡和崎岖山形上。这里同时也是世界上两栖类、鸟类和哺乳类动物物种 "78 个最不可替代的保护区" 之一的一部分。蓝山更以出产优质咖啡闻名，长期以来，蓝山咖啡以顺滑的口感、适中的酸度、浓郁的香味赢得全世界咖啡族的青睐。此外，由于种植生长条件苛刻、产量少，蓝山咖啡一直是最昂贵的咖啡品种之一。

蓝山—约翰·克罗山脉陡峭的山体和繁茂的植被成为人们的通行禁区，即使到了今天也只有几条路可以走，这为历史上发生在该地区反抗西班牙殖民统治下奴隶逃亡事件提供了理想的避难之所。原住民泰诺人为从非洲被贩卖到牙买加的黑奴提供逃亡期间所需的所有物质，为逃入森林创造条件。黑奴在森林里耕田种地、渔猎，形成村落，最终形成自己独特的文化。17 世纪末，他们将逃亡路线、躲藏处和安身处串联成网，抵抗英国的殖民统治。18 世纪中期，逃亡奴隶正式结束与殖民国家的战争，开始在村落里定居、自治，并维持着对蓝山的朝圣，直到 20 世纪 60 年代时才彻底独立。

蓝山—约翰·克罗山脉见证了从 1655—1962 年英国在牙买加跨越 3 个世纪的殖民统治，直到牙买加赢得完全独立。赋予这项遗产重要文化价值的正是逃亡奴隶在山区留下的物质和非物质文化遗产，如 1739 年他们和英国人签订协议的南尼镇就是遗产的文

化核心区，此外还有隐秘的道路网及山中的圣地等。蓝山"上风逃亡者"社区的宗教仪式、传统医药、语言、音乐、舞蹈及法律和政治系统等非物质文化遗产，部分在今天依然沿用，展现了根植于非洲社会的文化和社会元素的演化过程。而逃亡奴隶与原住民泰诺人的结盟，也带来了两种文化的融合。

世界遗产委员会的评价：该遗产地位于牙买加东南部的山区，这里丛林广茂，道路崎岖，曾为逃亡奴隶提供了一处庇护之所，这些人最初主要是当地土著泰诺人，后来则是非洲黑奴。他们在这个与世隔绝的区域建立起一个由小径、隐藏处和居留所构成的网络，借此反抗欧洲殖民体系，这里成为南希镇的遗产之路。森林为黑奴提供了所有生存所需。他们与大山之间建立起了强大的精神联系，今天我们在宗教仪式、传统医学和舞蹈等非物质文化遗产中仍可以看到这些痕迹。该遗址同样也是体现加勒比海生物多样性的热点地区，这里许多植物都是当地独有的，特别是地衣、苔藓及一些开花植物。

第五节　大洋洲

一、澳大利亚

（一）卡卡杜国家公园

入选时间：1981 年、1987 年、1992 年

遴选依据：C（i）（vi）（vii）（ix）（x）

必去理由：独特而复杂的生态系统，抽象夸张的岩石壁画

卡卡杜国家公园是澳大利亚最大的国家公园，面积 131.6 万公顷，位于澳大利亚北部地区达尔文市以东 220 千米处。曾是土著自治区，1979 年被辟为国家公园。1981 年，卡卡杜国家公园作为文化与自然双重遗产列入世界遗产名录，1987 年和 1992 年扩展了其范围。这里有独特而复杂的生态系统，包括冲积平原、低洼地带和高原等地形，是适合各种独特动植物繁衍的理想环境。

卡卡杜和毗邻的阿海姆地高原有着难以计数的独特的动植物种群，这在世界上也是罕有的。公园内植物种类繁多，超过 1600 种，仅红树属植物就有 22 种。公园最值得称道之处是保存较完整的自然生态原始环境和优美的景色。柠檬桉、大叶樱、南洋杉等树木，是澳大利亚的特产，公园还生长着大片的棕榈林、橘红的蝴蝶花树、松树林等。公园里的沼泽地带红树林形成天然堤坝，丘陵地带是热带树林和大草原。卡卡杜的植物为鸟类提供栖息场所，这里鸟类丰富得令人惊讶，有 1/3 还多的澳大利亚鸟类（大约有 280 个品黑颈鹳种）至少一年中会有一段时间生活在这个国家公园。

卡卡杜国家公园具有的别样古迹就是悬崖上的许多洞穴，里面有世界上享有盛名的岩石壁画，目前已经发现岩画大约 7000 处。这些岩画是当地土著的祖先用蘸着猎物的

鲜血或和着不同颜色的矿物质涂抹而成。壁画的内容反映了当地土著祖先们各个时期的生活内容、生产方式，以及某些野兽、飞禽的形象。这些壁画抽象夸张，反映了澳大利亚土著对世界的独特认识，也较完整地反映了土著文化各个历史时期的发展历程。岩画及其他考古遗址，表明了这个地区从史前的狩猎者和原始部落到仍居住在这里的土著居民的技能和生活方式。通过发掘遗址人们还找到了澳大利亚最早生活的人类的证据，为澳大利亚的学者、研究人员等提供了珍贵的资料。

世界遗产委员会的评价：这是独一无二的考古和人种保护区，位于澳大利亚北领地州，4万多年以来，一直有人类在此居住。这里的石洞壁画、石刻及考古遗址完整记录了该地区人民的生活技能和生活方式，包括从史前狩猎采集者到如今仍在此生息的土著居民。这里还是各种生态系统共存的一个特例，包括潮坪、漫滩、低地和高原，为当地大量的珍稀动植物提供了栖息之地。

（二）威兰德拉湖区

入选时间：1981年

遴选依据：C（iii）（viii）

必去理由：干涸湖泊中的有袋动物化石，数万年前的澳洲大陆人文化遗迹

威兰德拉湖区位于澳大利亚新南威尔士西南部的墨累河盆地，被巴尔拉纳德郡和文特沃斯郡从西南向东北方向对角分开，中心地区海拔70米，这个地区归属新南威尔士州政府管辖。

威兰德拉湖是新生代第四纪形成的筒状湖，而盆地是距今40万年前拉克伦河、马兰比季河和墨累河围成的三角洲。湖区共有5个200万年前形成的相互交错的大湖盆和14个小湖盆，占地1000平方千米。这里的沉淀物为研究10亿年前气候的变化和人类的活动提供了翔实的资料。威兰德拉湖岸边的湖区有12万年前冲积而成的地层，其土壤中有三层沉淀物，代表着地球演变的三个阶段，这种清晰的地层分界，即使在世界范围内也是比较少见的。此外该地区还发现了更新世以来一系列湖泊和沙滩的形成遗留下来的化石。这里是研究澳洲大陆人类进化无可比拟的地区，完好地保存了许多大型有袋动物的化石，现在人们已经认证了55种之多的动物，其中包括巨型有袋动物和巨型树袋熊。

兰德湖区留有许多人类文化遗迹。通过数次放射性同位素地质年测定，人类至少在3万年以前就开发这个地区了。湖区人类的活动并不仅仅局限于远古时代，研究资料表明，人类在此居住了相当长的时间，并且留下了世界上近代人类活动的最早遗迹。人们在这里发现了2.6万年前的火葬遗址（世界上最早的火葬遗址），考古发现了一处3万年历史的赭石墓葬遗址，大型有袋动物的遗迹和1.8万年前的磨石和灰泥。

世界遗产委员会的评价：该湖区有更新世系列湖泊和沙滩构造的化石，考古研究还发现了4.5万~6万年前人类居住的证据。这对于研究澳洲大陆人类进化史有着里程碑式的意义。湖区还有一些保存完好的大型有袋动物化石。

（三）塔斯马尼亚荒原

入选时间：1982、1989 年

遴选依据：C（iii）（iv）（vi）（vii）（viii）（ix）（x）

必去理由：世界上仅有的温带雨林，世界上空气最纯净的地区之一

塔斯马尼亚荒原是澳大利亚塔斯马尼亚岛上的一处保护区，是澳大利亚最大的保护区之一，其面积超过 1.4 万平方千米。它是世界上最大的温带荒野之一，还存有世界上仅有的温带雨林。1982 年，塔斯马尼亚西部荒野公园作为自然遗产列入世界遗产名录。1989 年，塔斯马尼亚保护区扩展到 13800 平方千米，改名为塔斯马尼亚荒原，作为文化遗产列入世界遗产名录。

塔斯马尼亚荒原从海岸一直延伸至海拔高度 1615 米以上的塔斯马尼亚的中心，它有陡峻的、锯齿状的山峰，深深的冰蚀谷地及冰斗湖，浩瀚荒芜的沼泽及丰富的野生动物。塔斯马尼亚岛有很多特色景物，其中残存着最完好而广阔的古代雨林，但 1/4 以上的岛屿依然是真正的荒原，这些荒原都是日趋稀有的自然景观。这一大片雨林是一种独特的、已被认真保护和珍藏的珍贵资源，成为世界上仅有的几个大规模的温带雨林之一。

2 万年前人们便在这里生活，山中的洞穴曾是冰期时代猎人的居所，石壁上刻有世界上最古老的壁画。塔斯马尼亚荒原的空气十分纯净，因此，人们在此建立了空气监测站，为监测世界上其他地区的空气纯净度提供了基本的数据。

世界遗产委员会的评价：这些公园和保护区地处受冰河作用严重影响的地区，到处都是峭壁峡谷，占地总面积超过 100 万公顷，是世界上仅有的几个大规模的温带雨林之一。在石灰石洞穴中发现的遗迹可以证明早在两万多年前就曾有人类在这里居住过。

（四）乌卢鲁—卡塔曲塔国家公园

入选时间：1987、1994 年

遴选依据：C（v）（vi）（vii）（viii）

必去理由："澳大利亚的红色心脏"——乌卢鲁巨石

乌卢鲁—卡塔曲塔国家公园，位于澳大利亚北部炎热的内陆沙漠地区，以其壮观的地质学构造而闻名于世。1987 年和 1994 年，乌卢鲁—卡塔曲塔国家公园分别作为世界自然和文化遗产列入《世界遗产名录》。

在澳大利亚炎热、多沙的平原上，挺拔地矗立着一块巨大的光滑的红色砂岩，澳大利亚土著阿波利基尼人（有资料称为：阿南古土著人）称这块巨石为"乌卢鲁"。它的形状有些像两端略圆的长面包，突兀在广袤的沙漠上，硕大无比，雄伟壮观，如巨兽卧地，格外醒目。它是目前世界上最大的巨石，呈椭圆形，长 3600 米，宽约 2000 米，高 348 米，高出周围荒漠平原 335 米，基围约 8800 米，有人把乌卢鲁称为"澳大利亚的红色心脏"。

当地人从乌卢鲁及其周边的大自然中领悟了许多东西，他们最宝贵的精神财富都来自这片土地。乌卢鲁的洞窟里留下了古代安纳库人描绘的壁画，壁画表现的是流传在安纳库人中的久库鲁巴的故事。久库鲁巴是安纳库人传承下来的关于如何生存的法则。过去，这里是孩子们举行成年仪式的地方。孩子们离开父母，在这里过集体生活。他们将学习安纳库文化最根本的信条，也就是"久库鲁巴"法则。男孩子学习狩猎，女孩子学习如何寻找果物和水源，还有一些生存所必需的植物学知识。因此，安纳库人的宗教观和人生观都深深扎根于久库鲁巴的信条中，安纳库人的传说也深深地镌刻在乌卢鲁的岩石上。

卡塔曲塔是在乌卢鲁西面的岩石圆顶屋，在当地它有"巨人"之称，其盛名不在乌卢鲁巨石之下。从空中望去，卡塔曲塔好像是一堆大大小小的馒头，又像是形式各样的头颅，是澳大利亚内陆沙漠上的另一奇景。卡塔曲塔由 28 块圆形大岩石组成，有的连在一起，有的个别独立，最高峰约 540 米，从地面算起，比乌卢鲁巨石高 190 多米。岩面裂缝中多清水，故而各种野生植物和动物能生存于上，看上去比乌卢鲁巨石更具活力。

世界遗产委员会的评价：该公园原名乌卢鲁国家公园，特点在于其壮观的地质构造，也是澳大利亚中部广阔的红砂土平原的主要构造。乌卢鲁是一块巨大的独石柱，而卡塔曲塔则是穹顶形巨石，位于乌卢鲁西部，它们共同构成了世界上最古老人类社会传统信仰体系的一部分。乌卢鲁—卡塔曲塔原来的所有者是阿南古土著人。

二、新西兰

汤加里罗国家公园

入选时间：1993 年

遴选依据：C（vi）（vii）（viii）

必去理由：世界第四大公园，毛利人的精神领地

汤加里罗国家公园位于新西兰北岛中央，建于 1887 年，是新西兰最早的国家公园。整个国家公园内，森林密布，高山雪景，溪水流淌，风光俊秀，有壮观的火山群及良好的生态环境。当地土著毛利人的文化是其特色之一，中心地带的山脉对于毛利人来说具有宗教上的象征意义，标志着整个部落及其环境在精神上的联系。它是世界著名的旅游胜地，前来参观的游客每年成千上万。

这里是新西兰最著名的火山公园，有 15 座近代活动过或正在活动的火山口，呈线状排列，向东北延伸。其中最著名三座火山是鲁瓦皮胡山、东加里罗山和瑙鲁霍伊火山。1887 年，毛利部落酋长将这三座火山赠送给新西兰人民，国家公园于 1894 年由新西兰政府展示挂牌建立。通过有效的管理和随后的大规模土地采购，今天的汤加里罗国家公园已经占地 790 平方千米，是新西兰最大的公园，是世界第四大公园。

在新西兰，人们会时刻感觉到毛利文化的存在。一个民族的文化深深地影响了整个国家的生活。毛利人约于 1000 年前由太平洋中部，从传说中的哈瓦基乘木筏迁徙至此，

并从此定居。1907 年新西兰独立后，民族权利受到尊重，人口逐渐回升。现代毛利人已接受英裔新西兰人的影响，社会、经济和文化均已发生变化，多会讲英语，许多人进入城市当雇工。部落界限已被打破，民族意识开始形成，民族文化得到复兴和发展。

世界遗产委员会的评价：1993 年，汤加里罗成为第一处根据修改后的文化景观标准被列入《世界遗产名录》的遗址。地处公园中心的群山对毛利人具有文化和宗教意义，象征着毛利人社会与外界环境的精神联系。公园里有活火山、死活山和不同层次的生态系统，以及非常美丽的风景。

三、帕劳

洛克群岛—南部潟湖

入选时间：2012 年

遴选依据：C（ⅲ）（ⅴ）（ⅶ）（ⅸ）（ⅹ）

必去理由：太平洋最纯净的海洋生态系统之一，世界上最清澈透明的海水

洛克群岛—南部潟湖位于帕劳科罗尔州和贝里琉州，以其密集着大量的海湖和珊瑚礁系统而闻名。

洛克群岛—南部潟湖是一个荒无人烟的地方，但景色异常美丽而奇特，是整个帕劳最亮丽耀眼、最受观光客青睐的好去处。这些美丽的覃状火山岛群，布满了生机盎然的热带植物，潜水处礁石横生、沙滩围绕，使得海水呈现出深浅不一、碧绿湛蓝交融的生动色彩，适温的海水，没有一丝人为的污染，非常适合各种海上活动。环礁沙滩里蕴藏着丰富的水族生态，绿藻、游鱼、珊瑚、珠贝……让人眼花缭乱，目不暇接。有"水上花园"之称的洛克群岛，其实是百万年前浮生起来的古老礁脉，由 200 座石灰岛组成，稀少人烟的岛屿布满了浓密森林，看起来像绿色草菇。

洛克群岛是帕劳最早有人居住的地方。基于安全的因素，早期帕劳人选择住在不容易与外界接触的陡峭山峰，而今的帕劳却因自然资源，如丰富的海洋生物、鸟类、洞穴、咸水湖、暗礁等资源大力发展观光业。

世界遗产委员会的评价：洛克群岛—南部潟湖面积 10.02 万公顷，有 445 个因火山喷发形成的石灰岩无人岛。许多岛屿由珊瑚礁围绕，呈奇特的蘑菇状，矗立在蓝绿色潟湖中。多达 385 种珊瑚种类及不同类型的栖息地形成的礁石群丰富了该景区的美学价值，包括各种植物、鸟类、海洋生物及至少 13 种鲨鱼。这里有最为集中的海洋湖泊，由海水被陆地从大海隔离而成。这里富有独特风格的岛屿孕育着种类繁多的生物物种，也有许多新的物种在此被发现。岩石堆砌的村庄遗址，以及墓地和石头艺术，佐证了非常规整的居民社区在小岛上曾经存在过 3000 多年。这些在 17 世纪和 18 世纪被遗弃的村庄说明了社会生活、人口增长和生活行为对边缘海洋环境气候变化的影响。

文化景观遗产

文化景观这一概念是 1992 年 12 月在美国圣菲召开的联合国教科文组织世界遗产委员会第十六届会议时提出并纳入《世界遗产名录》中的。

第一节　文化景观的定义与类型

一、文化景观的定义

在文化地理学中，文化景观指的是人类在地表活动的产物，即自然风光、田野、建筑、村落、厂矿、城市、交通工具和道路，以及人物和服饰等所构成的文化现象的复合体，反映了文化体系的特征和一个地区的地理特征。

文化景观遗产则是人类的不同群体在发展和演进过程中根据自身所处的特殊而又复杂的环境中所创造的充分利用环境资源和优势、符合自身特点的、在全世界具有罕见的标本意义、不可替代的文化现象。其形式包括生产方式、具有精神象征意义的物象等。

二、文化景观的类型

一般来说，文化景观包括以下类型。

（一）由人类有意设计和建筑的景观

包括出于美学原因建造的园林和公园景观，它们经常（但并不总是）与宗教或其他概念性建筑物或建筑群有联系。

（二）有机进化的景观

产生于最初始的一种社会、经济、行政及宗教需要，并通过与周围自然环境的相联系或相适应而发展到目前的形式。包括两种次类别：一是残遗物（化石）景观，代表一种过去某段时间已经完结的进化过程，不管是突发的或是渐进的。它们之所以具有突出、普遍价值，就在于显著特点依然体现在实物上。二是持续性景观，它在当地与传统生活方式相联系的社会中，保持一种积极的社会作用，而且其自身演变过程仍在进行之中，同时又展示了历史上其演变发展的物证。

（三）关联性文化景观

这类景观列入《世界遗产名录》，以与自然因素、强烈的宗教、艺术或文化相联系为特征，而不是以文化物证为特征。此外，列入《世界遗产名录》的古迹遗址、自然景观一旦受到某种严重威胁，经过世界遗产委员会调查和审议，可列入《濒危的世界遗产名录》，以待采取紧急抢救措施。

第二节　文化景观遗产代表

一、欧洲

（一）哈尔施塔特—达特施泰因·萨尔茨卡默古特文化景观

入选时间：1997 年

所属国家：奥地利

遴选依据：文化遗产（iii）（iv）

历史上哈尔施塔特 – 达特施泰因是商业和矿业城市。公元前 2000 年末期，由于盐矿的开掘，此地开始有人居住。在萨尔茨堡河谷发现了大量古迹，散落在今天哈尔施塔特城附近。由于盐矿业的发达，这一地区很早就取得了经济繁荣。大量优质建筑和艺术品遗迹表明了这一点。众多考古遗迹最终使得哈尔施塔特被确定为欧洲铁器时代的发祥地。哈尔施塔特城沿着萨尔茨堡山脚下与哈尔施塔特湖之间的狭长地带伸展开来，从米尔巴赫开始，几个世纪积聚的矿渣堆一直延伸到湖水中，形成人工高地。晚期哥特式建筑围拢着三角形集市，显示这是哈尔施塔特的中心。旁边是天主教的圣玛丽教堂，它在1750 年的大火中未遭破坏。与此对应，城市南部主要是 18 世纪，特别是 1750 年以后建造的晚期巴洛克式建筑。典型的哈尔施塔特建筑，狭窄而又高高耸立，与市内布局相得益彰。此外还有一些中世纪晚期的杰出建筑，如建于 13 世纪末的地下盐矿保护设施。

哈尔施塔特—达特施泰因·萨尔茨卡默古特地区是秀美异常的文化景致与重要的科

技影响力的杰出体现。萨尔茨卡默古特以湖泊闻名，这里共有76个湖泊，像珍珠项链般串在一起。哈尔施塔特湖清澈透底，在高山峡谷之中，像一条宽阔的绿色绸带。依山傍水的巴洛克式建筑紧挨着陡峭的高山斜坡，这些建筑物的艺术风格和精美程度，足以与这里的湖光山色相媲美。

世界遗产委员会评价：在萨尔茨卡默古特秀美的自然景观中，从史前时代起就有了人类活动。早在公元前2000年，人类就开始在这里开采盐矿。一直到20世纪中叶，这项资源一直是该地区繁荣昌盛的基础，这里的繁华从哈尔施塔特城的精美建筑中可见一斑。

哈尔施塔特—达特施泰因位于阿尔卑斯山脉东部萨尔茨卡默古特地区。萨尔茨卡默古特是奥地利的一个度假区，它从萨尔茨堡到达赫施泰因山山脉，跨越上奥地利州（80%）、萨尔茨堡州（7%）和施蒂利亚州（13%）。当地主要河流是多瑙河的支流特劳恩河。萨尔茨卡默古特的意思是"盐业商会的产业"，盐业商会负责管理哈布斯堡帝国的盐矿。哈尔施塔特城是这片美丽地区的文化中心，坐落在达特施泰因山脚下，哈尔施塔特湖畔。

（二）费尔特湖／新锡德尔湖文化景观

入选时间：2001年
所属国家：匈牙利（与奥地利共有）
遴选依据：文化遗产（v）

新锡德尔湖，在奥地利和匈牙利边境，是欧洲内陆最大的平原湖。湖面海拔113米，面积315平方千米，其中240平方千米在奥地利境内，75平方千米在匈牙利境内。湖水的平均深度只有1.5米，湖底浅平，没有一处超过1.8米深。湖的面积及深度随季节变化而变动。新锡德尔湖本属匈牙利，1922年将2/3的湖区划归奥地利。有运河与匈牙利境内多瑙河支流雷普采河相通。湖岸芦苇茂密，栖有珍贵水禽，为国际禁猎地。新锡德尔湖四周由芦苇环绕着，没有支流的湖水经过严重的蒸发略含咸味。新锡德尔湖是自然的天堂，250多种鸟类在这片自然保护区内自由自在地生活。

在新锡德尔湖的西岸，有一个小城叫鲁斯特。这里的居民世代享受着大自然的恩赐。夏天一到，从地中海飞来的鹳鸟在房顶上搭窝建巢，当地人也以此来判断夏季的到来。在中欧地区，鲁斯特是植物生长期间日照天数最多的地方。在鲁斯特种植葡萄已有2000年历史，早在1524年，这个地方特产的葡萄酒已十分闻名。湖畔的另一个城市莫尔比施的标志是酒桶上装饰着鹳鸟和孩子亲昵的样子，给人们的生活蒙上了一层童话色彩。孩子们都是由鹳鸟妈妈带来人世的传说在这里已经是人人皆知了。1957年，一个叫赫伯特·埃尔森的人发起创立了"湖上音乐节"，40多年来从未间断过。与平时不同的是，露天剧场外面多了不少服务摊点。每年的7月、8月，慕名而来的游客晚间的一项重要的活动就是在这里听湖上音乐会。

沿新锡德尔湖的是布尔根兰州，意为城堡之地。迄今为止，这个州还有68座城堡，

很多城堡都记载着一段段传说和故事。1918年，第一次世界大战结束之后，匈牙利王国的这块土地被划入奥地利，成为奥地利最东部地区的一个州。爱斯特哈泽宫殿是布尔根兰州保存最完善的贵族建筑。这座中世纪的城堡在17世纪、18世纪和19世纪经过了两次大规模的扩建和整修。爱斯特哈泽宫殿内的海顿大厅曾经是海顿工作30年的地方。在这里，海顿首演了他的大部分作品。如今，人们为了纪念他，还经常在此举行音乐会。在海顿路上，人们保留了海顿从1766—1778年所居住的故居，这座小小的展览馆让人回忆起这位伟大作曲家的生活与创作。

世界遗产委员会评价：新锡德尔湖与费尔特湖地区8000年以来一直是多种文化的汇集地，其风格迥异的景观生动地体现了这一点，也是人类活动和自然环境相互作用的结果。湖区周围奇异的乡村建筑和几座18世纪和19世纪的宫殿为该地区增添了浓厚的文化色彩。

（三）戈布斯坦岩石艺术文化景观

入选时间：2007年

所属国家：阿塞拜疆

遴选依据：文化遗产（iii）

戈布斯坦岩石艺术文化景观位于戈布斯坦的西边，距离阿塞拜疆共和国首都巴库大约40英里，于2007年在第三十一届世界遗产委员会会议上被评选为世纪文化遗产。它本身属于戈布斯坦国家保留地，为了保护区域内的古代雕刻、泥火山，在1966年被定为阿塞拜疆国家历史景观。戈布斯坦国家保留地有着丰富的考古学意义，其中有超过60万件5000~2万年前的岩石绘画，描写的内容包括描述史前人类、动物战争、宗教舞蹈、斗牛、赛艇、持矛战士、骆驼商队、太阳与星星等。

世界遗产委员会评价：戈布斯坦岩石艺术文化景观位于阿塞拜疆中部荒漠地区横空突起的岩石高原，这里蕴藏着近6000幅精美雕刻，让人们看到了4000年前的岩石艺术。在这里还发现了居住地和墓葬的遗存，表明大量人类在上一个冰河时代之后的湿润时期曾经在此地定居，时间从旧石器时代早期一直延续到中世纪。遗产占地537公顷，是范围更大的戈布斯坦保护区的一部分。

（四）平威利尔国家公园

入选时间：2004年

所属国家：冰岛

遴选依据：文化遗产（iii）（vi）

平威利尔是冰岛西南部的一个城镇，地处平威利尔北岸，位于冰岛首都雷克雅未克东北40余千米处。平威利尔国家公园无疑是冰岛最具有历史、文化和地质重要性的地方。素有"世界最古老的民主议会会址"之称，后来这里成为冰岛人民喜庆大事的庆贺之地。平威利尔国家公园——议会会址，最好地概括了冰岛的历史和冰岛民族。国家公园对冰岛有特殊的历史意义，它在 930—1798 年期间是冰岛议会会议所在地，这是世界上最早的议会之一。1928 年成为国家公园。1944 年在此宣布脱离丹麦统治，成立冰岛共和国。

平威利尔国家公园建于 1928 年，是冰岛的第一个国家公园，当初是冰岛议会的召开地，国家公园建造的目的是要保护议会会址遗址及周围的自然景观。冰岛议会的雏形最早出现于 930 年，至今已有 1000 多年历史，冰岛人称之为世界上最古老的议会。冰岛古议会会场是一座不大的山丘，前面是开阔的绿茵地，背后是高 30 余米像屏风似的峭壁。从 9 世纪起，北欧人及爱尔兰人陆续来到冰岛定居，逐步形成了一些部落式的居民点。930 年夏，各居民点推选了 39 名首领到平威利尔集会，共商国家大事，即是冰岛议会的起源。此后类似的会议每年举行一次，其主要任务是制定法律，宣判刑事案件等，每次会期两周。与会的除议员外，也有各地居民前来旁听并反映意见。开会时议员们坐在山丘上，各地居民坐在山丘下，议长则站在半山的石头上主持会议。由于背后峭壁回音的作用，与会者都能听到发言人的讲话。这样的议会活动一直持续到 1798 年。对于每一位冰岛人来讲，冰岛议会会场是一个有着深远意义的地方。现在，国家公园已经是一个著名的风景区域了，同时国家公园也展示了当地人对于这里的保护方式。

另外闻名世界的是冰岛平威利尔国家公园大裂谷，该裂谷位于冰岛平威利尔国家公园，是北美板块和亚欧大陆板块的分界线。现在这个裂缝仍以每年 2 厘米的速度在分离。在这里可以找到的最让人震撼的体验方式，莫过于潜入海水下面的板块裂缝中，潜水体验分为"水肺潜水"和"洞穴潜水"。

世界遗产委员会评价：平威利尔国家公园是一个曾经在冰岛历史上很受关注的会议——阿尔廷（露天议会）的召开地。阿尔廷始于 930 年，并一直持续到 1798 年。每年，在两周多的时间内，阿尔廷制订相关的法律，强调自由民主的理念，并解决争议。对于冰岛人民来说，阿尔廷具有深远的历史渊源和象征意义。遗址包括平威利尔国家公园和阿尔廷会址，即大约 50 个用草皮和石头建造的摊棚的碎片。10 世纪时的废墟被认为已深埋地下。该遗址还有 18 世纪和 19 世纪遗留下来的农用工具。该公园展示了 1000 多年间景观的保护方式。

（五）特拉蒙塔那山区文化景观

入选时间：2011 年
所属国家：西班牙
遴选依据：文化遗产（ii）（iv）（v）
特拉蒙塔那山位于西班牙巴利阿里群岛自治区的马略卡岛。马略卡岛是西班牙的巴利阿里群岛的最大岛屿，位于西地中海，是著名的旅游点和观鸟去处。马略卡岛上到处是砂质的海滩、陡峭的悬崖、种植着橄榄或是杏树的田野等自然风光。特拉蒙塔那山位于马略卡岛的西北部，这里以中世纪般的田园风光而负盛名。这里每年有 300 天以上的

晴朗天气，被称为"地中海的乐园"。

马略卡岛西北多岩石的崎岖海岸，是一个完全没有游客潮侵袭的世界。特拉蒙塔那山上分布着橄榄树林、松树森林及石质建筑的小村庄。这里所有的建筑物都取材于当地的红褐色石材，与大海的蓝色、橄榄树的绿色和山石的红褐色相组合，美得让人无法呼吸。

历史上，450年汪达尔人占领了巴利阿里群岛，534年被拜占庭人占领，902年被摩尔人征服，1229年被亚拉冈国王海梅一世占领，在此之前为阿拉伯或摩尔人管治，1276年马略卡王国成立，1349年至19世纪成为自治区，马略卡岛直接由内陆管理。摩尔人最先在这里修建定居点，在那时他们就修建了灌溉用的水渠，并且一直沿用至今，他们当初留下的橄榄树经过历代人精心灌溉形成了错落有致的橄榄树丛。除了橄榄树以外，当地人还种植了许多柑橘树，都是在岩石山体一小片一小片的土地上，经过一代代人精心开垦培植而成的。

世界遗产委员会评价：特拉蒙塔那山区文化景观位于延着马略卡岛西北海岸线平行伸展的一座单面为悬崖峭壁的山脉之中。数千年在一个资源稀缺的环境中发展起来的农业改变了土地的面貌，并围绕着源自封建时代的农业单位建立起了一个相互连通的水管理设备网络。这一景观的特征由此可以概括为其所拥有的农业梯田、相互连通的包括水车在内的水利设施，以及干石建筑与农场。

（六）阿兰胡埃斯文化景观

入选时间：2001年

所属国家：西班牙

遴选依据：文化遗产（ii）（iv）

阿兰胡埃斯小城属于西班牙中部马德里自治区的马德里省，位于马德里以南48千米处，濒临塔霍河畔，曾是西班牙波旁王朝的夏宫。由于历史上伊比利亚半岛曾被阿拉伯人占领统治过很长时间，故而此地充满异域风情。

阿兰胡埃斯皇家宫殿由菲利普二世国王始建于1561年，作为王室的夏季行宫。在被大火烧毁之后，费尔南多六世国王于18世纪重建。阿兰胡埃斯是天主教双王——伊莎贝尔和费尔南多"出逃"之处。18世纪时，波旁王朝的国王菲利普五世将宫廷中心移到阿兰胡埃斯。之后的卡洛斯三世和四世分别修建了王宫的两翼和"王子花园"及"农夫之家"。阿兰胡埃斯王宫的正面充满东方风情，中国殿和阿拉伯殿是主要的游览景点。阿兰胡埃斯的花园设计独具匠心。岛屿花园的花草、雕像与喷泉相映成趣。"王子花园"反映了西班牙国王想把西班牙中部和海洋联系在一起的梦想。"王子花园"中还有一座法鲁阿斯博物馆。

1851年，一条自马德里至阿兰胡埃斯的铁路修通，被命名为"草莓铁路"，这是西班牙历史上的第二条铁路。如今这条铁路仍在运行，但已演变成为西班牙著名的观光铁路。这趟列车由1928年制造的蒸汽车头拖动，4节车厢是木制的。1914—1930年制造，另有两节 60 年代生产的车厢。"草莓列车"从马德里行驶到阿兰胡埃斯只需要不到 1 小时。途中复古装扮的乘务员会用提篮盛装阿兰胡埃斯草莓供游客品尝。每年 5—10 月开行的"草莓列车"不仅能使人们享受古典火车的意境，还可以欣赏沿途非常迷人的乡村景色。除了王宫之外，阿兰胡埃斯还有一些历史古迹。如坐落在王宫北面、临近塔霍河南岸的圣安东尼奥皇家教堂、圣帕斯夸尔皇家修道院、游艇博物馆、雇员之家（现市政厅）、已修复的老圣查尔斯医院及最近修复的查尔斯三世皇家剧场等。

世界遗产委员会评价：阿兰胡埃斯文化景观体现了许多复杂的关系，如人类活动与自然的关系、蜿蜒水道与呈现几何形态的景观设计之间的关系、乡村和城市之间的关系，以及森林环境和当地富丽堂皇的精美建筑之间的关系。300 年来，西班牙王室对于阿兰胡埃斯文化景观倾注了许多精力，使得它向世人展示着奇妙的变化。我们不仅能看到人道主义和政治集权的观念，而且可以领略到 18 世纪建造的法国式巴洛克花园所体现出来的特色，以及启蒙运动时期伴随着植物种植和牲畜饲养所发展起来的城市生活方式。

（七）阿尔布拉 / 伯尔尼纳文化景观中的雷塔恩铁路

入选时间：2008 年

所属国家：意大利与瑞士共有

遴选依据：文化遗产（ⅱ）（ⅳ）

雷塔恩铁路位于瑞士东南部的格劳邦登州和意大利北部的松德里奥省。铁路上的列车横贯位于瑞士和意大利之间的阿尔卑斯山，在行驶期间，它们经常遭遇严重的暴雪袭击。自从 1904 年开放以来，这种独特的列车一共穿越了 55 条隧道和 196 座高架桥和大桥，这种漂亮和独特结构的列车连接着与世隔绝的乡村。

阿尔布拉—伯尔尼纳铁路线建于 20 世纪初，沿途穿越阿尔卑斯山，连接瑞士的图西斯和意大利的蒂拉诺。铁路与其所穿越的丰富文化风景完美地结合为一体，被称为世界上最壮观的路线之一。雷塔恩铁路至今仍是穿越欧洲阿尔卑斯山区海拔最高的一条铁路线，倾斜度达到 70%，是世界同类铁路中落差最大的线路之一。瑞士的高山铁路非常知名，雷塔恩铁路是旅游发烧友们喜欢选择的高山铁路线之一。在冰川列车、伯尔尼纳快车和棕榈快车三条阿尔卑斯全景观列车中，一般游客会乘坐连接了欧洲最负盛名的两大阿尔卑斯山度假胜地采尔马特和圣莫里茨的冰川列车，沿路高山峡谷、原始森林、高山牧场，各类风景美不胜收。也有游客选择乘坐黄金列车前往著名的旅游城市英特拉肯，从英特拉肯换乘专门列车登上知名的少女峰，在纯净的自然美景中穿行，沿途观赏的绵延雪山、湛蓝的湖泊和具有欧罗巴情调的乡村景色，是一条公认的精品旅游路线。火车的终点在海拔 3454 米的少女峰火车站，这是欧洲最高的火车站。从火车站出来，乘坐高速电梯到达海拔 3571 米的斯芬克斯观景台，360° 旋转的观景台可以把山峦起伏的阿尔卑斯雪山尽收眼底。

世界遗产委员会评价：这处遗产包括两条具有历史意义的铁路，这两条铁路从两处

关口穿越了瑞士的阿尔卑斯山。阿尔布拉线于1904年开通，长67千米，位于该文化景观的西北部。这条铁路的结构非常独特，令人印象深刻，其中包括42条隧道和封闭式地道，以及144座高架桥和桥梁。伯尔尼纳线全长61千米，包括13条隧道和地道及52座高架桥和桥梁。这处遗产是20世纪早期利用铁路连接阿尔卑斯山中部偏僻居民点的典范，为山区人民的生活带来了重大而深远的社会经济影响。这处遗产集精良技术、杰出建筑和优美环境之大成，展现了建筑和土木工程学上的辉煌成就，与沿途的环境和谐地融为一体。

（八）皮埃蒙特的葡萄园景观：朗格－罗埃洛和蒙菲拉托

入选时间：2014年

所属国家：意大利

遴选依据：文化遗产（ii）（iii）（iv）

这一景观坐落于皮埃蒙特的南部，波河和利古里亚阿尔卑斯山脉中间。在古罗马帝国时代，老普林尼指出皮埃蒙特是最有利于种植葡萄的地区，斯特拉博也提到过这里的橡木桶。该地区的酿酒历史可追溯到前罗马时代，共包括1万多公顷土地及29个村镇，其中大部分涉及葡萄酒生产。该遗产名录被认可也主要是因为它的葡萄酒生产历史文化、乡村景观、历史建筑，以及人与自然的相互关系。这里拥有根深蒂固的葡萄酒文化，以及非凡的葡萄生长和葡萄酒生产景观。

朗格—罗埃洛和蒙菲拉托涵盖了5个不同的葡萄种植区，以及驰名的景观和凯沃尔时期的城堡，在葡萄园的发展乃至意大利历史上，都是具有象征意义的名字。

世界遗产委员会评价：这一景观包含5个不同的葡萄酒产区和加富尔城堡，在葡萄园的发展历史上和意大利历史上都是一个象征性的名称。它位于皮埃蒙特的南部，在波河和利古里亚亚平宁山脉之间，包括与该地区几个世纪以来的葡萄种植和葡萄酒酿造相关的所有技术和经济过程。在公元前5世纪于该地区发现了葡萄花粉，证实皮埃蒙特是伊特鲁里亚人和凯尔特人之间的联系和贸易地点；伊特鲁里亚和凯尔特语，仍可在当地方言中找到。在罗马帝国期间，普林尼长老提到皮埃蒙特地区是最有利于在古意大利种植葡萄树的地区之一。

（九）莱茵河中上游河谷

入选时间：2001年

所属国家：德国

遴选依据：文化遗产（ii）（iv）（v）

莱茵河是德国最长的河流，全长1320千米，从瑞士发源，流经瑞士、德国、法国、荷兰4个国家。在德国境内有867千米。沿途风景最美的一段在中游的莱茵河谷段，从德国的美因茨到科布伦茨之间。在此处，河水变得很急，优美的自然风光、历史悠久的教堂城堡及葡萄园，几百年来塑造了独特的莱茵河谷美景。在65千米长的距离间坐落着约 40 座城堡，当属欧洲的城堡之最，莱茵河流域中无数富有中世纪遗迹的古老的小城更使莱茵河谷一带成为整个欧洲文化史上的一颗明珠，体现了莱茵河最精华的部分。

为了保护自然风景的原貌，莱茵河河谷段没有架设桥梁，往来两岸都靠轮渡。两岸风景有点像中国的三峡，但山没有三峡的高、陡。沿河两岸山坡上遍布葡萄园，点缀着无数罗马时代的古堡。欧洲还没有哪一段大河流域风光能像这一段的莱茵河中游那样，荟萃了如此密集的、有几百年历史的自然与人文浑然一体的景观。早在 200 年前，德国浪漫主义时期的诗人和思想家们就被莱茵河的魅力所倾倒，为它创作了无数美丽的诗篇，因此有"200 年莱茵浪漫"一说。无数的诗人、画家、音乐家使这条两岸点缀着古老城堡的河谷充满了神奇的色彩。

世界遗产委员会评价：延绵 65 千米的莱茵河中游河谷，与河畔的古堡、历史小城、葡萄园一起生动地描述了一段人类与变迁的自然环境相互影响的漫长历史。几个世纪以来，这里发生的众多历史事件、演绎的许多传奇，对作家、艺术家和作曲家产生了很大影响。

（十）卢瓦尔河畔的叙利至沙洛纳之间的卢瓦尔河谷

入选时间：2000 年

所属国家：法国

遴选依据：文化遗产（i）（ii）（iv）

卢瓦尔河全长 1005 千米，是法国最大的河流。它发源于中央高原，在布列塔尼半岛注入大西洋。卢瓦尔河流域是法国古代文明的中心之一，两岸有许多历史遗迹，最多的是城堡群。其中叙利城至沙洛纳城的一段，全长 140 千米，这一区域的城堡尤其具有典型意义。例如，昂布瓦斯城堡是意大利的建筑艺术家为法国国王路易十二建造的王宫；布卢瓦城堡曾是法国国王弗朗朗斯一世十分喜爱的王宫；舍农索城堡和阿宰勒里多城堡也都曾是弗朗西斯一世的王宫。该地区最著名的城堡，当属尚博尔城堡。

辉煌的卢瓦尔山谷历史悠久，文物古迹众多。就像卢瓦尔是法国的大动脉一样，卢瓦尔河流域是法国文化生活的心脏。繁喧的城市、壮丽的景观和可口的食物、香醇的美酒，使这里成为资产阶级的伊甸园。

世界遗产委员会评价：卢瓦尔河谷拥有最美丽、最杰出的文化景观，沿岸分布着大量的历史名镇和村庄、雄伟的建筑古迹（城堡），以及几个世纪以来人类开垦的耕地，这是人类和自然环境（主要是卢瓦尔河）相互作用、和谐发展的结果。

（十一）基尤皇家植物园

入选时间：2003 年

所属国家：英国

遴选依据：文化遗产（ii）（iii）（iv）

基尤皇家植物园坐落在伦敦市泰晤士河畔的邱镇，因此也称邱园。这里原是一片荒

滩，由于三面环水，18世纪初被选中辟为英国皇室别墅区。1841年，正式成为英国皇家植物园，整体占地300英亩。现在每年吸引了超过100万的游客。这里收集有世界最多种类的植物和植物标本，还有两个维多利亚时期玻璃温室技术的最佳样板。

植物园内种植着英国和从世界各地移植来的植物4.5万多种。园内常年万紫千红，风光旖旎。几十所巨大的暖房给那些异乡植物营造了适宜的生态环境，有些植物已经在这里生长了100多年。由德西默斯·伯顿设计、1848年最后完工的棕榈馆，内有一棵1843年移植过来的智利蜜棕榈，躯干高达20多米，据说是世界上最高的暖房植物。睡莲馆是培育水生植物的暖房，在人工湖岸边，生长着一片从埃及尼罗河畔移来的纸莎草，古埃及人曾用它来代替纸张，至今也是埃及造纸的良好原材料。在高温潮湿的"T"形馆里，有能捕捉小虫的原生长在马来西亚和印度尼西亚等国的猪笼草属植物。在多汁植物馆里，有一棵生长了40多年的拉丁美洲龙舌兰，叶长2米多，厚15厘米多，是罕见的大型观赏植物。这里的仙人掌树高达5米多，仙人球的直径接近1米。此外还有土耳其的栎树、日本的樱花、中国的月季、澳大利亚的袋鼠草、墨西哥的辐射丝兰等。园内设有现代化的植物博物馆、标本室（植物标本700多万份）、图书馆（关于植物学藏书有10万多册）和实验室。还有威廉·钱伯斯设计、建成于1761年的中国式宝塔。

世界遗产委员会评价：基尤皇家植物园是18—20世纪园林艺术发展最辉煌阶段的完美体现。现在植物园所拥有的极其丰富的有关植物学的收藏（标本、活的植物和文献），是经过了几个世纪积累的结果。自从1759年建立起，基尤皇家植物园就不断为植物多样性和经济植物学研究做出杰出贡献。

二、亚洲

（一）巴厘文化景观：展现"幸福三要素"哲学思想的苏巴克灌溉系统

入选时间：2012年

所属国家：印度尼西亚

遴选依据：文化遗产（vii）（ix）（x）

巴厘文化景观位于印度尼西亚的巴厘岛。水神庙最早可追溯至9世纪，由水稻梯田和水渠、水坝、印度教神庙等建筑物组成，经过几个世纪的使用证明其几近完美。"苏巴克"灌溉系统至今仍正常运行，已成为巴厘著名人文旅游景观之一。五个遗产点分别是：巴度尔湖边上的正统水神庙——巴度尔神庙；巴度尔火山湖，被认为是所有泉水和河流的终极源头；帕克里桑河流域的苏巴克景观，这是巴厘岛上最古老的灌溉系统；巴吐卡鲁山脉卡图尔火山口的苏巴克景观，10世纪的一块碑刻中提到了这里的梯田，使这里的梯田成为巴厘岛上最古老的梯田之一，这里有传统巴厘岛寺庙建筑的典范；一座18世纪皇室家庙塔玛阿芸寺，它是最具地方建筑特色的水神庙，它代表了19世纪巴厘王国繁荣时期苏巴克系统的发展扩张，它是岛上同类型建筑中最大、最具震撼力的一座。

巴厘岛是活火山带，肥沃的土壤和湿热的气候使其成为农业种植的理想场所。自

11 世纪以来，"苏巴克"灌溉系统一直在巴厘文化景观的梯田里发挥作用，水神庙成为水资源协作管理系统的中心。巴厘岛共有约 1200 个集水点，一条水源上有 50~400 个农民负责管理供水，泉水和河水先流经寺庙，然后灌溉稻田。"苏巴克"的内涵包括维护水资源的森林、梯田景观，以及由水渠、隧道、水坝、村庄、各种规格的寺庙组成的稻田。"苏巴克"系统体现了巴厘人和谐的哲学观念，出于依赖自然界维持生存的压力，人们必须积极参与水神庙仪式，通过复杂的仪式、艺术表演、祭品等手段，致力于在人与自然界与神（精神王国）之间维持一种和谐关系。

世界遗产委员会评价：巴厘文化景观由五块水稻梯田和水神庙组成，占地 19 500 公顷。水神庙是以"苏巴克"闻名于世的由水渠、水坝组成的协作水管理系统的中枢，其历史最早可追溯至 9 世纪。在遗产地内还有一座 18 世纪的皇家寺庙（母神庙），它是岛上同类型建筑中最大、最具震撼力的一座。苏巴克体现了"幸福三要素"的哲学概念，是精神王国、人类世界和自然领域三者的相互结合。这一哲学思想是过去 2000 多年中巴厘岛和印度文化交流的产物，促成了巴厘景观的形成。尽管供养岛上稠密的人口是一大挑战，但苏巴克体系所倡导的民主与公平的耕种实施原则使得巴厘人成了群岛中最多产的水稻种植者。

（二）梅满德文化景观

入选时间：2015 年

所属国家：伊朗

遴选依据：文化遗产（ⅴ）

梅满德位于伊朗的克尔曼省，是一座生活在洞穴里的古村落，为伊朗高原主要的人类聚集区，历史可以追溯至 12000 年前。这里的居民居住在人工挖掘洞穴的房屋中，这样的房屋约有 350 多座，有些甚至已被居住了 3000 年之久。

根据 2006 年的调查数据，梅满德居住着 673 人，来自 181 个家庭。由于这里夏季气温高，冬季寒冷，因而生活条件艰苦，居民居住的窑洞便是半干旱条件下人类适应自然环境的最佳方式。特殊的自然条件造就了独一无二的梅满德文化景观。在这座古村落的附近发现了石刻，已有 10000 多年的历史。对于在悬崖上开凿的这些窑洞，其建筑结构的由来有两种理论假设：第一种理论，这个村庄是由雅利安部落于公元前 800~ 前 700 年建立，那个时代正处于米蒂安时代。梅满德的悬崖结构可能出于建造宗教目的。密特拉神的崇拜者认为，太阳是不可战胜的，这引导他们认为山也是神圣的。因此，当年梅满德的建筑师和石材切割工匠将他们自己的信仰设计到自己的住宅建筑中。第二个理论，村庄的历史可以追溯到 2 世纪或 3 世纪，在阿萨希德时代克尔曼南部的不同的部落向不同的方向迁徙。这些部落找到了适合居住的地方，通过建立自己的庇护所，而发展成为保留到现在样貌的定居区。附近的村庄的梅满德堡垒的发现，以及其中发掘出萨珊王朝时期的 150 多个收藏尸骨的罐子，加强了这一理论。

世界遗产委员会评价：梅满德是伊朗中部山脉南端终点谷底尽头孤立的半沙漠地

区。居民是从事农牧业的半游牧民族。他们在山区牧场放牧，春秋两季住在山区临时定居点里，冬季则住在山谷底部在软岩（卡玛尔凝灰岩）上凿出的窑洞里，这种窑洞在干旱的沙漠地区非常罕见。这一文化景观呈现了一套过去曾经非常普遍的游牧系统，主要是为了适应人的迁移，而不是动物的迁徙。

（三）巴姆城堡及其文化景观

入选时间：2004 年
所属国家：伊朗
遴选依据：文化遗产（ii）（iiv）（iv）（v）

整个巴姆古城其实是一个巨大的要塞城市，但由于其核心部分看上去像一个城堡且这个部分又最为出名，因此巴姆古城也被叫作巴姆城堡。巴姆城堡比附近的瑞岩城堡更大，其占地面积大约有 1800 平方千米。巴姆城堡位于这个要塞城市的最中心，同时，城堡还被高 6~7 米，长达 1815 米的巨大城墙所包围，这是普遍认为比较安全的地方。巴姆城堡内拥有两座理智塔，这些理智塔在巴姆郡非常有名，大约有 67 座这样的塔散落在巴姆郡境内。巴姆城堡对于城市规划和建筑具有非常重要的意义，因为人们可以认为从规划的第一步起，规划师就预见了该建筑和城市的最后完整结构。巴姆城堡的规划和建筑风格巧妙地融合了各种不同的观点。从现存的城堡古迹来看，人们完全从城堡第一个建筑开始就预见到整座城堡的最后形式。在每个历史年代，旧的建筑形式风格均已固定，而新建筑则天衣无缝地与旧建筑融合在一起。

巴姆城堡有两种截然不同的建筑风格：①城堡的核心地带建设了兵营、手工作坊、水井（大约需要深挖到地下 40 米深）和一个可以容纳 200 匹马的马厩；②城堡的周边地带则按照南北中轴线修建了市场、400 多所房屋和其他公共设施（如学校和运动场）。这些房屋也有三种不同的大小样式：①较小的房屋只拥有 2~3 个房间，主要是给贫穷的市民居住；②较大的房屋拥有 3~4 个房间，主要是提供给中产阶级居住，少数这样的房间甚至还拥有阳台；③最豪华的房屋拥有更多的房间并面向不同的方向，以方便在一年四季居住在不同的房间里。这些房屋还拥有一个很大的庭院和一个饲养家禽动物的圈栏。当然，这些房子在巴姆古城里的数量非常少。

巴姆城堡的所有建筑都是采用非烧制的黏土砖，因此巴姆城堡在 2003 年之前一直是全球最大的土坯建筑群。2003 年 12 月 26 日，伊朗巴姆郡发生里氏 6.3 级地震，在这次的地震中，巴姆城堡的主体部分震裂，巴姆城堡连同古城其他的大部分建筑（超过 80%）在巴姆大地震中被完全摧毁。地震发生数天后，时任伊朗总统穆罕默德·哈塔米宣布将重建城堡部分。在国际多方努力与合作下，巴姆城堡得以重建，并最终于 2013 年从濒危世界遗产名单中被移除。

世界遗产委员会评价：巴姆地处伊朗高原东南边缘的沙漠环境中。它的起源可以追溯到波斯阿赫美尼德王朝（公元前 6~ 前 4 世纪）。巴姆古城地处重要的贸易路线十字路口，以生产丝绸和棉制服装而闻名于世。7—11 世纪时，达到鼎盛时期。沙漠绿洲中生命的存在依赖地下灌溉渠，对此，巴姆古城保留了一些伊朗最早的证据。巴姆城堡是使用本地的泥土技术修建中世纪要塞城镇的代表性范例。

三、非洲

孔索文化景观

入选时间：2011 年

所属国家：埃塞俄比亚

遴选依据：文化遗产（iii）（v）

孔索是埃塞俄比亚西南部南方各族州的一个镇，有萨根河流经。孔索人居住在埃塞俄比亚西南部贫瘠的高地上，孔索海拔约 1650 米。他们传统的界线分明的领地处在奥罗莫人的土地之间，因此两者在文化和语言上密切相关。与多数埃塞俄比亚人不同，孔索人居住在大型城镇，由自治的长老议会管理。所有男性和一些女性的社会地位是由一种世代分级的系统来决定的。虽然理论上一个阶级包括了该地区的所有人，但其作用范围实际上仅止于各个城镇，因此无法避免城镇间的冲突。亲属关系按 9 个族外婚父系氏族和家族来计算，家族由祭司领导，财产继承通过家族决定。工匠自成一个阶级。虽采纳一夫多妻制，但多数男人娶一妻后便无力再娶。

孔索人经济依靠集约农业，包括坡地灌溉和梯田，主要作物是硬粒高粱，也广泛种植棉花。圈养家畜，采用饲养和牧人监视的方式，以保护耕地不受牲畜侵扰。饮用牛乳，以牛、绵羊和山羊的肉类为食；收集动物粪便作为肥料。食用其他动物均为禁忌。孔索人以建造瓦加闻名，瓦加是为曾经杀死敌人或是像狮、豹这类动物的死者所竖立的一种纪念像。这些格式化的木雕成群排列，代表死者、他的妻子和被他征服的敌人。

世界遗产委员会评价：孔索文化景观占地面积 55 平方千米，位于干旱的埃塞俄比亚孔索高地，在这片高地上，除了石墙梯田构成的景观外，还分布着人类的定居点。作为人类克服干燥恶劣的自然环境，顽强生存下来的杰出范例，孔索文化景观代表着一个已传承了 400 多年，并依然具有活力的文化传统，并展现出各社区的共同价值观、社会凝聚力及其所拥有的工程知识。这里还保存着具有人格化特征的木雕，这些木雕相互组合在一起，代表着受到尊敬的各社区成员，特别是英雄事件，对正处消失边缘的丧葬传统而言，它们是特殊的活生生的见证。矗立在城镇中的石碑则共同构成了一种纪念——一代代逝去的领导人的复杂体系。

第 ⑦ 章

濒危的世界遗产

早在第二次世界大战以后，世界上一些有识之士就开始关注人类文化和自然遗存所面临的严峻威胁，并号召人们来保护这些遗存。1964 年 5 月，联合国大会通过的《威尼斯宪章》，提出了文物古迹保护的基本概念、基本原则与方法。1972 年，《保护世界文化和自然遗产公约》的出台，以及 1976 年在联合国教科文组织旗下建立的世界遗产委员会及相关机构就是世界在联合国主导下对这些遗存进行保护的实际行动。这样的行动虽然产生了巨大的效果，但由于各种实际因素的困扰，这些遗存，甚至是一些已经被收入《世界遗产名录》的项目，也面临着消失或被摧毁的危险。1979 年，联合国教科文组织公布第一处濒危遗产。1994 年，世界遗产委员会启动了《濒危世界遗产名录》的编订，希望以此警醒全世界的国家和人民，保护世界遗产已经刻不容缓。

第一节　造成世界遗产濒危的危险因素

世界遗产作为大自然与人类的杰出作品，一般都经历了长期的发展和演变历程，在多方面的条件和因素的综合作用下才最终形成。世界遗产的存在受到的威胁也是多种多样的，某些因素的强大作用会对世界遗产造成非常严重的危害，从而形成了濒危世界遗产。自 1979 年联合国教科文组织公布第一处濒危遗产以来，濒危世界遗产的数量不断增加，截至 2017 年 8 月，共有 55 处。

具体来说，造成世界遗产濒危的主要因素有三类，自然因素、人为损害与未知因素导致的损毁。

一、自然因素的作用

指由不可抗拒因素造成的世界遗产的损坏，自然因素具体可以分为以下两种情况。

（一）激烈的自然突变

这类因素多数属于"天灾"，几乎无法掌控，如火山、地震、洪水等。这类因素一经出现，就会展示出极为强大的恐怖力量，可以在短时间内摧枯拉朽，甚至地动山摇、山崩地裂，或者所到之处使所有的事物都荡然无存。如意大利的庞贝古城早在古罗马时代就已是一座名城，但在公元前 73 年维苏威火山喷发时，被厚重的火山灰生生掩埋，1500 年后才被人们重新发现，经过 600 年左右的发掘才重见天日。

（二）一些缓慢的自然变化

如"年久腐变"，一些遗产由于使用的建构材料本身存在着易腐坏的特点而自然腐朽。如木料既易于腐烂，还容易受到来自白蚁等昆虫的咬噬；石料则易于被风化而趋于瓦解，石灰岩为基材的世界遗产项目不论是自然风光还是人文景观，都会受到水力的溶蚀，发生蜕变，尽管这一过程可能比较漫长，但最终会使其面貌发生巨大变化。

二、人为的损害

人为因素造成的破坏，指的是如战争与武装冲突、采矿、城市和旅游的发展、偷猎与砍伐、土地用途的改变等造成的破坏。

（一）战争与冲突的影响

战争背景下，一些遗产项目往往会成为交战双方争夺的焦点，直接被炮火蹂躏。如近年来的海湾战争及伊拉克内战、叙利亚内战等，直接造成联合国教科文组织世界遗产委员会将这两个国家的所有遗产项目全部列入《濒危世界遗产名录》。

此外，位于阿富汗境内的巴米扬大佛，是在美国对阿富汗发出战争信号背景下，被当时执政的伊斯兰极端教派塔利班政权使用枪炮和火箭弹直接摧毁的（背后还有中亚一带存在的佛教遗迹往往不被重视的原因）。事后，26 个国家联合提名，巴米扬河谷的佛教残迹被列入《世界遗产名录》，而且同时列入《濒危的世界遗产名录》。

（二）采矿活动的破坏

采矿活动也是对世界遗产造成威胁的因素。采矿活动既破坏自然面貌，又对矿山所处地方的地质结构造成损害，还会存在大气与水资源的污染。开山采石使用的雷管、炸药对世界遗产构成的损害也不容低估。

（三）城市发展的扩展

城市的发展对世界遗产来说，某种情况下也是一场劫难。由于城市的扩展，某些世界遗产项目所在地的缓冲区不断被挤压；城市建起的楼宇会破坏世界遗产的整体景观氛围；城市的发展会造成土地成为紧俏资源，于是有的国家或地方政府会借用各种名义，甚至直接侵占世界遗产核心区。德国德累斯顿的易北河区域，在2004年被列为世界自然遗产，而在2006年就被列入《濒危世界遗产名录》，2009年则从《世界遗产名录》中彻底删除。其原因就是，由于城市的发展，交通拥堵越发严重，德累斯顿政府决定在易北河上修建一座桥梁，经世界遗产委员会多次警告，德累斯顿政府一意孤行，执意建设这座现代化桥梁，严重破坏了自然景观的原貌，成为世界遗产项目启动以来第二个被删除的世界遗产。

（四）旅游的过度开发

旅游的过度开发和游客潮的失控也是世界遗产面临破坏的新课题。在对世界遗产进行旅游开发时，稍有不慎就可能造成严重后果。中国湖南武陵源进行的楼堂馆所等接待设施的泛滥建设严重破坏了原有自然景观，并造成环境污染，在受到世界遗产委员会警告后，及时进行了拆除，使武陵源恢复了原貌。

某个项目被列入《世界遗产名录》后，一般都会造成井喷式的游客潮。而遗产的所有者或管理者如果没有严密的准备方案或有效的控制措施，势必造成环境污染效用被放大，给世界遗产带来难以弥补的损失。北京紫禁城宫殿地砖的磨损就是一例。后来故宫的管理者采取了控制性措施，使这一现象得以缓解。日本的富士山成为世界遗产后，游客纷至沓来，而公厕设置的不合理造成一些游客随地便溺，没过几年，就被世界遗产委员会发出了严重警告，后来因补救及时才没有导致严重后果。

（五）偷猎和砍伐的毁灭

偷猎和砍伐也是造成世界遗产濒危的破坏因素。例如，阿曼的阿拉伯羚羊保护区由于偷猎者的侵入和保护区面积的锐减，最终从《世界遗产名录》中除名。被列入濒危名录的西太平洋所罗门群岛最南端的世界自然遗产东伦内尔岛，也是因为森林砍伐严重而遭到警告。

（六）土地用途的改变

土地用途的改变也会对世界遗产形成威胁。埃及亚历山大西南部约45千米处有一座基督教圣城，名为阿布米那。阿布米那拥有受欧洲基督教影响形成的建筑类型，具有考古、建筑和历史等多方面的价值。然而世界银行在这一区域开展的垦荒种地项目中开挖沟渠的工程导致地下水水位逐年上升，进而引起很多古建筑出现地质沉降甚至坍塌现象。埃及政府采取沙子填埋地窖与停止游览活动等多种措施进行补救，然而于事无补。

2001 年，这一世界遗产被列入濒危名录。

三、未知因素导致的损毁

有一些世界遗产承受的危险带有未知的因素，虽与自然或人为因素相关，却并非全部由于以上原因，而是某些人们不太确定的因素，或人们对于某些潜在威胁认识不够深入或存在争议，未引起足够的重视，长远看来却会对世界遗产带来难以挽回损失的因素，可以称为未知因素。这一现象也可以解释为自然因素与人为破坏双重影响，或人为因素通过自然因素发挥作用。

也门乍比得古城由于年代久远，其建筑物年久失修，摇摇欲坠，几乎无法使用。居民们无法继续在城里生活，于是多数搬进了城外的高层住宅，古城被摒弃，丧失了传统经济中心的角色，繁盛的商业景象不复存在，遗留下的古老房屋荒废后更加破败，这加快了古城消失的步伐。加之所在政府面对着国内动荡的政局也是一筹莫展，根本无暇顾及乍比得古城，出台保护或修缮措施更是镜花水月，古城每况愈下。2002 年，乍比得历史古城被世界遗产委员会列入《濒危世界遗产名录》。

2016 年 7 月，第四十届联合国教科文组织世界遗产委员会会议讨论了联合国教科文组织世界遗产名录内俄罗斯境内部分景观的状况，决定将俄罗斯阿尔泰金山列入濒危遗产观察名单，其原因是俄罗斯对华输气管道建设计划将对该遗产构成不可逆转的危害。与会者要求俄罗斯在 2017 年 2 月 1 日前向世界遗产委员会递交新的有关遗产状况和管道项目的报告。该文件将在第四十一届委员会会议上审议，并就是否将阿尔泰金山纳入濒危遗产做出决定。

第二节　濒危世界遗产的保护与恢复

一、列入濒危遗产的条件

按照《保护世界文化和自然遗产公约》和关于濒危遗产的相关文件，列入《濒危世界遗产名录》的世界遗产必须符合以下条件。

第一，遗产地具备世界遗产的资格，即遗产地本身就是世界遗产。

第二，由于以下原因，面临被毁坏的危险：

（1）蜕变加剧。

（2）大规模公共或私人工程的威胁。

（3）城市或旅游业迅速发展计划造成的消失危险。

（4）土地的使用变动或易主造成的破坏。

（5）未知原因造成的重大变化。

（6）随意摒弃。

（7）武装冲突的爆发或威胁。

（8）灾害和灾变，如火灾、地震、山崩、火山爆发、水位变动、洪水、海啸等。

二、列入濒危遗产的程序

遇到以上世界遗产面临危机的情况，为解除危及世界遗产的危险因素或将世界遗产的损失程度降到最低，世界遗产委员会可以启动将相关遗产列入濒危的程序。

一般情况下，是由所在缔约国向世界遗产委员会报送相关材料、提出将相关项目列为濒危遗产的申请，世界遗产委员会组织专家进行考察评估后将其列为濒危遗产；但也有一些国家对世界遗产状况漠不关心，自己不去主动申报的现象也存在，也可以由世界遗产委员会根据相关材料或现场考察自行决定是否将某一世界遗产项目列入濒危。后一种情况下，世界遗产委员会往往会经过讨论，并在不干涉别国内政的前提下发出警告，如果依然不能奏效，就会将其列为濒危遗产。

三、列入濒危遗产的后续工作

当某个缔约国的世界遗产项目被列为濒危后，该遗产项目就被以官方文件形式确认了它的情况不容乐观、亟待采取有效措施进行保护和恢复。所在国政府应采取积极有效措施和必要的手段来对该遗产进行妥善维护和技术修复或加固，必要时可以向世界遗产委员会发出技术或资金及人员等方面援助的请求，进行国际合作。中国的武陵源就是在受到警告后，将保护区内的违建拆除，恢复原貌后解除了警告。

被列入《濒危世界遗产名录》的世界遗产项目一般面临以下三种境遇：

一是经过努力，解除了威胁、世界遗产得到有效保护，则可以从该目录中删除，恢复原有地位。阿尔巴尼亚的布特林特在1997年被列入濒危名录，经过8年的不懈努力，恢复了景观原貌，于2005年解除濒危状态。德国科隆大教堂也是如此摘掉了濒危的帽子，成为正常的世界文化遗产。

二是列为濒危后，不仅不采取措施，反而放任危险的继续存在，最终导致该遗产项目从《世界遗产名录》中彻底除名，也就是不再具有世界遗产地位。阿曼的阿拉伯羚羊保护区1994年作为世界自然遗产列入《世界遗产名录》，状态最好的时候是1996年，拥有450只阿拉伯羚羊，但由于管理不善，保护区不断被侵占，偷猎者肆意滥杀，到21世纪初，仅余65只，具有繁殖能力的只有四对。并且世界遗产委员会的警告和努力没有收到任何效果，最终该遗产被移出世界遗产序列。德国德累斯顿的易北河谷是在桥梁通车时被取消了世界遗产地位的。

三是继续保持濒危的状态。有的世界遗产项目面临的危险比较复杂，不是短时间用某一种方法就能立竿见影的，于是就会在濒危名录中保持较长时间，或者反复列入濒危名录，美国的世界自然遗产大沼泽国家公园就是如此。该公园在1993年列入濒危名录，到2007年才告解除濒危，但2010年再次列入了濒危名录。大沼泽国家公园列入濒危是由美国政府主动申请的，这些都表明该遗产面临的威胁极为严重，同时表现出一个国家对世界遗产负责任的态度。

列入《濒危世界遗产名录》并非是对缔约国进行的惩罚，而是出于对世界遗产保护的根本需要，试图以此引起全世界的关注，最终目的是延续世界遗产的生命状态，发挥其存在的价值。

第三节　目前的濒危世界遗产

1994 年以来，联合国教科文组织世界遗产委员会启动了濒危世界遗产相关工作。而对于濒危世界遗产的法律意义的关注，应该说是从 1979 年认定了第一个濒危世界遗产开始的。

一、《濒危世界遗产名录》的状况

到目前为止，《濒危世界遗产名录》中的濒危遗产数量剧增，截至 2017 年，就达到了 54 处之多，而且还在持续增加中。其中，占有最大比重的当属中东地区的阿拉伯地区。早在 1986 年，也门萨那古城就被联合国教科文组织列为世界文化遗产。叙利亚境内有 6 处世界遗产，分别是大马士革古城、帕尔米拉古城遗址、布斯拉古城、阿勒颇古城、克拉克骑士城堡和萨利赫丁堡，以及北部的古村落群。持续不断的教派纷争和战乱，不仅威胁民众的生命与财产安全，也使世界遗产处于严峻状态之中。2016 年 3 月，世界遗产委员会宣布叙利亚五处世界遗产全部列入濒危世界遗产名录。

通过对《濒危世界遗产名录》的观察，可以初步判断世界遗产濒危的大体规律：（1）濒危遗产数量总体在不断上升，解除濒危状态的远不及新列入的更多。（2）濒危遗产主要分布在中东地区和经济社会相对落后地区。（3）出现反复列入和列入后始终没有解除濒危的现象。（4）被除名的项目虽属个别现象，但也应引起足够的警惕。

二、典型的濒危遗产案例

保护世界遗产，尤其是挽救濒危的世界遗产已经成为全世界面临的共同问题。

（一）阿富汗巴米扬河谷的文化景观和佛教考古残迹

2003 年，巴米扬河谷的文化景观和考古遗址被作为文化遗产列入了《世界遗产名录》。但却以一种特别的方式，经过了特殊的程序——由 26 个缔约国联合提名，而非阿富汗国家自主申请；该遗产列入《世界遗产名录》的同时，也被列入了《濒危世界遗产名录》。

阿富汗是中亚地区的文明古国，古代丝绸之路上的重镇。古代的繁华给这个地区带来了文化的交流和丰富景观。与之相关，这个地区也是佛教自古印度次大陆向全世界尤其是向东方传播的重要节点，佛教曾经在这个地区盛极一时。这一时期文化的结晶就是

巴米扬石窟中的巴米扬大佛。石窟开凿在今阿富汗中部巴米扬城北兴都库什山区代瓦杰山南面的断崖上，海拔2590米，它背靠兴都库什山的支脉代瓦杰山，向南越过巴米扬河直接面对巴巴山脉。

这里的文化景观具有极高的价值——巴米扬石窟是现存最大的佛教石窟群、巴米扬大佛是世界上最高的古代佛像。巴米扬石窟全长1300多米，拥有700多个大小洞窟，远超我国新疆拜城的克孜尔石窟和甘肃敦煌的莫高窟。最引人注目的是两尊分别矗立在东西两端、相距400米的高大的立佛造像，即"东大佛"和"西大佛"。两尊大佛已有1500多年的历史，曾历经3次劫难。

西大佛高53米，着红色袈裟，凿于5世纪；东大佛高37米，身披蓝色袈裟，凿于1世纪。佛像的两侧均有高数10米的暗洞，拾级而上，可以直达佛顶，佛顶平台可站立百余人。中国晋代高僧法显和唐代玄奘的著述中都曾留下过关于两尊大佛的记载。

由于教派纷争和国际因素，尤其是美国发生的"9·11"恐怖事件后，塔利班政权成为美国军事打击的对象。2001年3月12日，塔利班政权冒天下之大不韪，使用现代武器将巴米扬河谷的文化景观摧毁殆尽，对世界文明犯下了深重的罪孽。来自世界各方面的力量正在组织修复和保护佛像的工作，主要参与国家有德国、意大利、法国和日本。但由于阿富汗国内政局不稳，保护和修复工作不能顺利进行，其前景实在不容乐观。

2015年，来自中国的张昕宇和梁红夫妇及其团队，利用先进的建筑投影技术，成功对53米高的大佛进行了光影还原。但以这种方式恢复的文化景观必然给人们留下无尽的遗憾和哀伤。

（二）刚果民主共和国萨隆加国家公园

萨隆加国家公园属刚果民主共和国，在非洲中部广袤的平原上，是典型的赤道大陆气候，天气湿热，气温20℃~30℃，降水量为1800~2000毫米，空气平均湿度为86%。在这样难得的良好环境下，赤道森林密布在沼泽、河边和干地上，植被丰富，具备森林、草原、灌木等多种植物景观和不可胜数的植物类型。自然，这里也成为野生动物的天堂，灵长类有疣猴、褐色长尾猴，爬行类有长尾穿山甲、树生穿山甲、地面穿山甲和数量众多的湾鳄，大型动物有非洲象、河马、非洲豹、非洲大羚羊、大河猪等，小型动物有安哥拉猫鼬、刚果水麝猫、非洲金猫、黄背小羚羊、麝香鹿等，鸟类有白鹭、黑鹳等。萨隆加国家公园里还有扎伊尔特有的灵长类动物非洲小人猿。

早在1984年，萨隆加国家公园就被作为自然遗产列入《世界遗产名录》。然而，位于非洲中部的刚果共和国的贫穷与落后成为萨隆加国家公园的严重威胁。由于贫穷和管理失范，形形色色的偷猎行为使得萨隆加国家公园里的大象和灰色鹦鹉的数量急剧减少；人口日益膨胀、森林大火、滥伐森林、毁林耕田等行为对萨隆加国家公园的生态环境带来了极大的压力，非洲小人猿也岌岌可危。更为最严重的问题是，这里既没有完善的管理设施也没有受过专门培训的人员，以及相应的开发与保护计划。

（三）伊拉克亚述古城

亚述古城是公元前 14~前 9 世纪控制了从埃及延伸到波斯湾的强大亚述帝国的第一个都城（国王加冕和举行葬礼的地方），位于美索不达米亚平原北部底格里斯河西岸，其历史可以追溯到公元前 3000 年，是古代两河流域重要的国际文化和贸易交流中心。当地人信仰阿舒尔神。亚述古城后来沦入巴比伦人之手，仅在公元 1 世纪和 2 世纪帕提亚时代经历了短暂复兴，后来重新归于沉寂。亚述古城遗址考古发掘发现了亚述古城的公共设施和民宅，是亚述帝国从苏美尔时期到阿卡德时期的建筑史和古城繁荣的宝贵记录，遗迹中还保存了帕提亚时代亚述古城短暂复兴的证据。

早在萨达姆统治时期，当政者就试图修建一座水坝而将古城置于水淹的巨大危险中，后来由于海湾战争的原因，导致水库修建计划流产。然而，更严重的威胁还在后面——所谓极端组织"伊斯兰国的兴起"对于西亚的文物古迹造成了致命的危害。2015年，极端组织公布的视频显示，他们在控制区内包括亚述古城在内的多座古城大肆毁灭文物古迹，亚述古城几乎被夷为平地。或许，这一存在了数千年的古城遗产就此永远消失在人类的历史里。2003 年亚述古城被列入《濒危世界遗产名录》。

（四）耶路撒冷城堡和哭墙

耶路撒冷同时是犹太教、基督教和伊斯兰教的圣地。从公元前 10 世纪，所罗门圣殿在耶路撒冷建成，耶路撒冷一直是犹太教信仰的中心和最神圣的城市，昔日圣殿的遗迹西墙，仍是犹太教最神圣的所在。基督徒根据《圣经》耶稣受难、埋葬、复活、升天的记载，视耶路撒冷为圣城。伊斯兰教则以穆罕默德的夜行登霄将耶路撒冷列为麦加、麦地那之后的第三圣地，并在圣殿山上建造了阿克萨清真寺和圆顶清真寺以示纪念。

由于所处特殊的地理位置，耶路撒冷成为闪族人、犹太人、巴比伦人、希腊人、罗马人、阿拉伯人、奥斯曼土耳其人等多种族争夺的焦点，也是基督徒、犹太教徒、穆斯林反复争抢的热点，耶路撒冷老城始建以来，已经重建和修复过 18 次之多。时至今日，耶路撒冷的地位依然悬而未决。然而，圣城的地位却使耶路撒冷成为旅游和朝圣的热点地区，每年都会接待来自全球各地、各个种族、各个教派的信徒和大量观光者。旅游的践踏效应加上由于教派纷争引发的暴力事件和对文物古迹的损毁与破坏终于使这座数千年历史的世界文化遗产成为濒危遗产。1982 年，耶路撒冷城堡和哭墙列入《濒危世界遗产名录》，至今没有解除濒危状态。

（五）美国的大沼泽国家公园

大沼泽国家公园曾经有"从内陆流向大海的绿地之河"的美称，位于美国佛罗里达州的最南端，是众多鸟类和爬虫类动物的庇护所，也是海牛等濒危动物的栖息地，从而成为野生动物保护区和世界自然遗产。

　　大沼泽国家公园遭遇的威胁来自天灾与人祸两个方面：1992 年 8 月 24 日，安德鲁飓风突如其来，以惊人的威力极大地改变了佛罗里达海湾及其生态系统，公园中供参观的中心地带被严重损毁。不过，最大的危险却是来自人祸。随着公园附近城市的不断发展，周边地区城市化进程不断加速，大量工程项目开始施工建设（如防洪工程），自来水需求量与污水排放量的迅猛增加，以及上游农田大量使用化肥造成的严重污染等因素的影响日渐扩大，使得公园的生态环境难堪重负，形势不断恶化。1993 年，该遗产被列入《世界濒危遗产名录》，经不懈努力，在 2007 年解除濒危状态。然而，状态迅速反弹，甚至有了不可收拾的趋势。于是在 2010 年，这一遗产地再度被列入《濒危世界遗产名录》。

　　两度列入濒危，这是在世界遗产项目启动以来绝无仅有的一个事件。对于世界遗产公约的缔约国而言，大沼泽国家公园面临的困局是几乎所有的世界遗产项目都无法逃避的共同挑战。

（六）威尼斯（暂未列为濒危）

　　威尼斯是世界著名的水城，建筑在流入亚得里亚海的潟湖中央 117 座大小岛屿上。452 年，人们来到潟湖中央的岛屿上，以水为兵，躲过了匈奴王阿拉提的军队。810 年，威尼斯也是依靠水的保护而躲过了查里曼大帝的屠刀。历史上，水给威尼斯带来了安全，也留下了宝贵的古建筑等文化遗产。1987 年，威尼斯及其潟湖被列入《世界遗产名录》。然而近些年，古城威尼斯的状况却十分令人担忧。

　　一是地质沉降与相伴的洪水威胁。在地质构造上，意大利是一直在向北漂移的非洲板块的一部分，板块漂移引起了阿尔卑斯山的上升和威尼斯的沉降。据相关研究数据，每 100 年，威尼斯下沉 1.3 厘米。同时，人类的行为也加剧了威尼斯沉降的速度。第二次世界大战后，人们过度开采地下水，仅仅 20 年内就使整个城市下沉了 30 厘米。著名的圣马可广场只高于警戒水位 30 厘米。1966 年，威尼斯发生大洪灾，城内水位高达 1 米。2001 年 1 月，威尼斯遭受了历史上最为严重的水灾，洪水持续了 4 天 4 夜，城市的大半部分都淹没在水中，古建筑受到严重威胁。2012 年 11 月 11 日，洪水再次袭击威尼斯，水位高于海平面 1.46 米。人们采取建水闸、抬高地基和造防洪堤等措施，起到了一定的效果，但遇到暴雨，城市依然会经历这样的考验。

　　二是游客的过量涌入和不恰当的接待设施造成的危险。威尼斯作为旅游城市举世闻名，作为世界遗产也吸引了全世界的游客。而威尼斯仅有 8 平方千米大小，每年涌入的游客数量却接近 2000 万，据 2006 年统计数字，每个威尼斯人每年要接待 300 个游客。为了更大限度地提升游客接待量，当地开始允许大型邮轮驶入潟湖，不仅加大了对城市的压力，也加剧了水源和城市环境的污染。

　　2016 年 7 月，联合国教科文组织（UNESCO）世界遗产委员会会议上提出，威尼斯"容纳能力、居民及游客数目比例失衡，造成严重破坏"，警告意大利当局在 2017 年 2 月前如果不禁止大型邮轮驶入，便会把威尼斯列入《濒危世界遗产名录》。

三、濒危世界遗产的启示

如何在当前全球化、工业化和城市化的背景下，寻求世界遗产的可持续发展，延长其存在的寿命，使其发挥应有的作用而不是放任侵害因素的损害。延长世界遗产存在的时间，既不是完全的资金问题，也不是单一的技术问题，更不是单纯地通过加强管理就可以解决。它需要全世界的共同努力，需要国际间的合作，需要全人类综合素质的全面提升，更需要在这个特殊年代的大智慧。

非物质文化遗产

世界文化遗产、世界自然遗产，都是有形即具有物质形态的世界遗产。而在人类社会发展的历史长河里，不同族群的人们又创造了大量没有物质形态或相对于其物质形态而言，其精神内涵或过程显得更加重要的文化传统。这些传统将该族群的传统文化与劳动和生活实践完美地融合在一起，具有民间创造的典型意义，其价值显得更为突出；其地域性、民族性也更加明显；具有更强的实用性、趣味性特征或标本意义。随着时代变迁，若不加以保护，某些创造将退出人类生活，存在消失的危险。因此，联合国教科文组织将此类传统以人类口头和非物质文化遗产代表作（简称为非物质文化遗产）的形式保护起来。

第一节　非物质文化遗产的由来和定义

一、非物质文化遗产问题的由来

非物质文化遗产是以人类及其创造行为作为观察对象的活态文化遗产，关注的是人的能动性与创造性，强调的是以人为核心而演化发展的技艺、经验和精神，其具有明显的活性和流变（即边传播边发展变化）的特点。

人猿揖别以来，人类就走上了独立发展的道路。在狩猎和采集生活中产生了最初的交流，人们开始发出简单的音节，后来形成了语言。再后来，几次社会大分工推进了人类文明的进程，也细化了社会分工，产生了诸多行业。由于所处环境的差异提供的生存条件不同，人类也逐渐分化形成具有不同信仰、生产方式、生活方式、思维方式、行为方式的民族和种族，创造了各自的物质文明，也创造出类型不同、影响力不同、各有特色的非物质文明。人类社会发展过程中，不同文明出现了相互之间的影响，都以自己的方式进行着传承，也对于外来文明进行着涵化，甚至出现文明传播中的异化现象。这就是人类文明丰富多彩的原因。

18世纪、19世纪以来，几乎全世界的国家都意识到要使自己的国家强盛起来，就要进行以工业化作为最重要表征的现代化。于是，工业化浪潮就在全球轰轰烈烈扩散开来。工业文明与物质遗产最早发生冲突（事实上，第二次世界大战本身就是工业时代人们破坏力的表现之一），物质遗产自然受到较早的关注。第二次世界大战后，人们意识到保护物质遗产的重要性。于是催生了《保护世界文化和自然遗产公约》及《世界遗产名录》。而非物质遗产则显然受到关注的时间更晚。1980年，著名的美国未来学学者阿尔文·托夫勒出版了他的经典著作《第三次浪潮》，将人类社会分为三次发展浪潮，即农业革命、工业革命与眼下正在进行的第三次浪潮。第三次浪潮时期，以电子、宇航、海洋、遗传等新兴的产业组成工业群；对社会进步程度将不再以技术和物质生活标准来衡量，而将突出丰富多彩的文化。这本书将人们对当前时代的认识推进到一个崭新的阶段，造成了全球范围内的广泛影响，备受推崇。尤其重要的是托夫勒对于文化的强调更具有启迪意义。他将文化与技术和物质作为两个概念来看待，无疑开启了非物质文化认识的大门，对非物质文化遗产的全球概念的界定起到了奠基作用。当托夫勒的后工业时代概念迅速在全球变为现实时，越来越多的人们主动或被迫远离了传统家园和传统生产与生活方式，人们甚至不得不放弃一些过去时代赖以谋生的手艺和娱乐手段，这使得人们经常回忆起那些行将消失的非物质遗产，逐渐发现了非物质遗产的价值和意义，以及对其进行保护的必要性。

终于，非物质遗产受到了联合国教科文组织的关注。1989年10月17日至11月16日，联合国教科文组织第二十五届会议通过《保护民间创作建议案》（又译为《关于保护传统文化与民俗的建议》）；1998年，联合国教科文组织公布了《人类口述和非物质遗产代表作条例》，旨在奖励口头和非物质遗产的优秀代表作品。后来又出台了一系列非物质遗产的法律性文件，包括《世界维护文化多样性宣言》（2001年11月2日联合国教科文组织大会第三十一届会议通过）、《保护非物质文化遗产公约》（2003年10月联合国教科文组织第三十二届大会上通过），从而逐渐形成了保护非物质遗产的全球机制。

二、非物质文化遗产的定义

在非物质文化遗产概念之前，联合国教科文组织先提出了一个民间创作的名词。1989年11月15日在巴黎出台的《保护民间创作建议案》中对它的界定原文是："民间创作（或传统的民间文化）指来自某一文化社区的全部创作，这些创作以传统为依据、由某一群体或一些个体所表达并被认为是符合社区期望的作为其文化和社会特性的表达形式；准则和价值通过模仿或其他方式口头相传。它的形式包括：语言、口头文学、音乐、舞蹈、游戏、竞技、神话、礼仪、风俗习惯、手工艺、建筑术及其他艺术。除此之

外，还包括传统形式的传播和信息。"

1998 年颁布的联合国教科文组织《人类口头和非物质遗产代表作条例》又将其发展为人类口头和非物质遗产代表作。事实上，口头和非物质遗产（或译为无形文化财产）的定义其实就是我国现在提出的民族民间文化遗产的定义。

2001 年 11 月 2 日，联合国教科文组织大会第三十一届会议通过了《世界维护文化多样性宣言》（以下简称《宣言》）。《宣言》强调了文化的重要性。《宣言》指出，文化在不同的时代和不同的地方具有各种不同的表现形式。这种多样性的具体表现是构成人类的各群体和各社会的特性所具有的独特性和多样化。文化多样性是交流、革新和创作的源泉，对人类来讲就像生物多样性对维持生物平衡那样必不可少。从这个意义上讲，文化多样性是人类的共同遗产，应当从当代人和子孙后代的利益考虑予以承认和肯定。这一认识，为将非物质遗产的概念提高到文化的高度做了准备。

这次会议上，对人类口头和非物质遗产进一步界定为：人们学习的过程及在学习过程中学到的和自创的知识、技术和创造力，还有他们在这一过程中创造的产品及他们持续发展所必需的资源、空间和其他社会及自然结构；这些过程会使现存的社区具有一种与先辈们相连续的意识，对文化认定很重要，对人类文化多样性和创造性保护也有着重要意义。并建议世界各国尽快采取行动，保存、保护并传播民间创作这一全人类的共同遗产。

2003 年，联合国教科文组织《保护非物质文化遗产公约》明确提出非物质文化遗产，并给出了最权威的定义。非物质文化遗产指被各群体、团体、有时为个人所视为其文化遗产的各种实践、表演、表现形式、知识体系和技能及其有关的工具、实物、工艺品和文化场所。《保护世界文化和自然遗产公约》还提到了非物质文化遗产是由于"各个群体和团体随着其所处环境、与自然界的相互关系和历史条件的变化不断使这种代代相传的非物质文化遗产得到创新"。非物质文化遗产的意义在于"使他们（创造者）自己具有一种认同感和历史感，从而促进了文化多样性和激发人类的创造力"。《保护世界文化和自然遗产公约》规定，联合国教科文组织将不再继续审批"人类口头和非物质遗产代表作"项目，而以非物质文化遗产的名义继续开展相关工作。

无疑，口头与非物质遗产是各地区或族群世代相承的、与息息相关的传统文化表现形式，本身就是非物质文化遗产。相对于官方层面而言，非物质文化遗产更多来自于某一个族群或社区人们在语言、文学、音乐、舞蹈、游戏、神话、礼仪、习惯、手工业、建筑及其他多姿多彩的艺术形式等方面进行的朴素民间创作。这些非物质文化遗产的创作或创造与人们的生存环境和状态、生产方式、生活方式与习惯、心理状态、思想信仰、思维方式等有着千丝万缕的联系，并不断发展。

第二节　非物质文化遗产的管理体系

一、管理单位机构

　　根据相关规定，世界非物质文化遗产实行由联合国教科文组织负责、会员国（即《保护非物质文化遗产公约》的缔约国）广泛参与并负责具体实施的管理体系。而这一体系与物质文化遗产即世界文化遗产、世界自然遗产的管理没有必然联系，同时在联合国教科文组织领导下开展工作。2004 年 8 月，该公约在我国第十届全国人大常委会获得通过，中国成为缔约国成员。

　　缔约国大会为公约的最高权力机关，每两年举行一次常会，特殊情况可举行特别会议。大会总干事定期向会员国发布已被宣布为"人类口述和非物质遗产代表作"的名单。

二、管理机构下的组织

（一）政府间保护非物质文化遗产委员会

　　由缔约国选出代表组成，并定期换届，不得连选连任超过四届。

（二）咨询组织

　　由在非物质文化遗产领域确有专长的非政府组织（如研究机构）来担任，职能是向委员会提供咨询意见。

（三）秘书处

　　即由教科文组织秘书处协助，起草大会和委员会文件及其会议的议程草案和确保其决定的执行。

（四）非物质文化遗产基金

　　联合国教科文组织还设立了非物质文化遗产基金。基金由缔约国缴纳，教科文组织拨款，其他国家、组织或个人捐款三方面构成，并不得附带任何其他条件。

三、管理机构的职责

　　根据公约，根据相关文件，非物质文化遗产须经过严格的申报程序、由专家进行评估后产生，由联合国教科文组织下设的政府间保护非物质文化遗产委员会来宣布。纳入《世界非物质文化遗产名录》的项目必须符合两方面标准的要求：一是要在文化上具有

特殊价值，二是要有明确的组织措施来保证这些遗产的存续。

缔约国政府还必须接受联合国教科文组织的监督，即每两年必须向教科文组织报告相关项目行动规划的实施情况。如果不遵守行动规划，相关项目的世界非物质文化遗产称号可能被撤销。

《保护世界文化和自然遗产公约》中，还就一些具体管理措施如报告制度、国际援助、政府一级的非物质文化遗产保护、清单列举等方面做出了明确规定。从此，非物质文化遗产不仅有了多边合作的国际条约，而且有了保护非物质文化遗产的工作程序，以及来自国际社会的资金、技术、人员等方面的合作、援助和支持的后盾，真正使这一保护工作进入了一个规范化、科学化、制度化的全新阶段。

第三节 非物质文化遗产的类型划分和典型示例

一、非物质文化遗产的类型划分

（一）按两种基本形态划分

2001 年 11 月，联合国教科文组织第三十一届成员国大会宣布非物质遗产（即今非物质文化遗产）具有两种基本形态：

1. 循规文化

这类文化表现形式具有固定的规矩和程式，如音乐和戏剧表演，宗教仪式或各类节庆仪式。

2. 文化空间

指一个可集中举行流行和传统文化活动的场所，也可以定义为一段通常定期举行特定活动的时间，这一事件和自然空间是因空间中传统文化表现形式的存在而存在的。关于后者，其实就是一种非遗产生和遗存的具体环境，如特有的共同生态环境、操某种共同语言、有某种共同信仰、存在某种共同的血缘联系，或是彼此相互熟识到某种程度的居民社区或族群。对于族群来说，或许目前已经散居，而历史上的聚居曾形成的传统至今依旧被传承并发挥着作用的，并不时在人们内心深处有所表现的具有凝聚力的文化核心。

这两种形态，既是非物质文化遗产从内容到形式的规定性，即定义，也是各国共同执行的进行非物质文化遗产认定的基本依据。

（二）按具体形式划分

非物质文化遗产的具体形式，则可以按照《保护非物质文化遗产公约》中的规定来认识：语言、口头文学、音乐、舞蹈、游戏、竞技、神话、礼仪、风俗习惯、手工艺、建筑术及其他艺术及其文化空间。

（三）按领域内容划分

按照相关联合国文件，非物质文化遗产被分为五大领域，即：（1）口头传统和表现形式，包括作为非物质文化遗产媒介的语言。（2）表演艺术。（3）社会实践、仪式、节庆活动。（4）有关自然界和宇宙的知识和实践。（5）传统手工艺。

（四）我国的具体分类

按照我国非物质文化遗产的具体运作，中国民族民间文化保护工程的正式文件中将其划分为：（1）口头遗产（语言类：濒危民族语言、地区方言、隐语行话、谚语；口头文学类：谜语、民谣、神话、史诗、故事、传说、口述史等）。（2）民间艺术（音乐类、舞蹈类、美术类、戏曲类、曲艺类、杂技类）。（3）工艺技艺（建筑技艺类、烹调技艺类、服饰工艺类、工匠技艺类、民间医术类）。（4）风俗习惯（节庆类、礼仪类、行业习俗类、游艺竞技类）。（5）文化空间。

我国非物质文化遗产网将其分为 10 个更加细致的类别，即：民间文学、民间音乐、民间舞蹈、民间美术、传统医药、传统戏剧、曲艺、杂技与竞技、民俗、传统手工技艺。不论何种分类方法，都有其合理性。

二、非物质文化遗产的典型示例

目前全世界的非物质文化遗产已经成为继世界文化遗产、世界自然遗产之后又一个众所瞩目的文化现象。世界政府间非物质文化遗产保护委员会的成员在短短十几年时间里获得了巨大发展。世界各国除特殊情况如内乱或战争外，都对于非物质文化遗产保护采取了有效措施。

（一）江陵端午祭

入选时间：2005 年

国别：韩国

类别：礼仪与节庆活动

每年从农历四月初五的神酒酿造开始，朝鲜半岛就会进入长达四周的端午祭典，这就是太白山脉以东的朝鲜半岛上的江陵及附近地区的具有韩国特色的民间节日——江陵端午祭。节日期间要在大关岭举行祭拜山神和男女国师的萨满教仪式，仪式中的主角是圣树、Sinmok 和 Hwagae——一种用羽毛、钟铃和竹子做成的圣器，仪式中有韩国传统音乐和 Odokddegi 民歌、官奴假面舞、口占诗，以及朝鲜最大的户外集市南江集市上各种特产和手工艺品的买卖、比赛、游戏、民间娱乐和马戏表演等活动。

关于江陵端午祭的最早记载保存在 3 世纪的中国文献中，刊行于后来朝鲜王朝京宗时代（1720—1724）的《Imyeong 纪》也有记述。

江陵端午祭将儒教式祭仪、萨满教仪式和佛教仪式融为一体，作为祭献神灵的传

统，目的在于祈祷生活富足安宁；而且打破了社会阶级，不分贫富贵贱，人人皆可参与。江陵端午祭每年都吸引大量游客来观礼，或积极参与仪式的准备活动：做祭扇、酿圣酒、画假面、吃"艾子糕"、用"菖蒲水"给孩子洗头。江陵端午祭对韩国传统文化的传播和社区意识的加强，都起着一定的作用。

（二）比利时、法国的巨人和巨龙游行

入选时间：2005 年
国别：比利时、法国
类别：礼仪与节庆活动

16 世纪开始，西欧几个城镇——比利时的艾斯、布鲁塞尔、丹得蒙德、门克兰和芒斯，法国的卡塞尔、都外伊、皮森纳斯和塔拉斯贡，荷兰的文罗等地宗教游行中出现了巨人和巨龙游行，至今依然兴盛。巨人和龙的模型近 9 米高、重近 350 千克，表现神话中的英雄、历史人物、圣经或传奇故事或动物等各种形象，装扮好的演员随着音乐载歌载舞，芒斯的游行上演圣乔治大战巨龙、文罗的街道上有查理曼大帝的神马等。演出将世俗活动与宗教仪式相融合，遵循严格的宗教仪式程序，形式多样、充满生活气息。完成这些巨大塑像并维护好它，需要花费数周，需要很高的技艺。

比利时、法国的巨人和巨龙游行以形式丰富多彩、参与性强、影响范围广、存在时间长而列入世界非物质文化遗产。

（三）坎科冉或曼丁成人礼

入选时间：2005 年
国别：塞内加尔、冈比亚
类别：礼仪与节庆活动

塞内加尔和冈比亚的曼丁人地区有着名为坎科冉的神秘的成年礼，相当于"卡萨曼斯"。据说坎科冉最初形成于由猎手组成的具有独特组织和行为方式的秘密社团"科莫"发展来的曼丁民族。

坎科冉成人礼仪式有着原始和神秘的特点与固定的程序：仪式通常在 8 月和 9 月左右举行，受礼者带着用树皮和法拉树的红根须做成的面具、穿着树叶做成的衣服，用果蔬浆汁涂画全身，装扮成曼丁人作为当地秩序的守护者、灵魂的法官和驱魔者（为家庭遭遇不幸的女性驱魔）的形象。坎科冉仪式有以下几个步骤：先是由长者为受礼者戴上面具、披上行头；然后受礼者在受过成年礼的人们伴随下进入森林，进行数小时的守夜和游行，还有几个人进行歌舞表演，模仿受礼者的行为；然后就是割礼，当受礼者挥起弯刀发出痛苦的叫喊时，尾随着他的人们拿着树枝和棕榈树叶子，伴着合唱和桶子鼓打出节奏，以舞蹈的形式庆祝年轻人长大成人。

坎科冉成人礼仪式几乎是曼丁人社会参与性最强、最具影响力的仪式。成年礼中，年轻人会学习到集体的行为准则、了解本部族的传统、领会植物的奥妙和医药的价值、

学习狩猎技巧，有利于其部族凝聚和复杂知识与习俗的传承，体现了曼丁这个特殊族群的文化特性。

（四）坦坦地区的木赛姆牧民大会

入选时间：2005 年

国别：摩洛哥

类别：礼仪与节庆活动

起初，摩洛哥西南坦坦地区的木赛姆（集经济、文化和社会于一体的年度集会）只是个牧民自发和定期的一年一度聚会，时间一般在每年 5 月份的某一周，大约 30 多个摩洛哥南部的部落和西北非洲的其他游牧部族参加这一撒哈拉民族盛会。集会提供了农耕与游牧民族间相互交流、互通有无的贸易机会，也有赛骆驼和赛马等竞技活动，还会有音乐表演、歌唱、赋诗比赛，以及其他哈赛尼口头传统和游戏，也有婚礼、草药师咨询等社会活动。

据说木赛姆最初与穆罕默德·拉格达夫有关，他是反抗法国和西班牙占领的阿拉伯英雄，死于 1960 年，墓地就在坦坦附近。1963 年起，摩洛哥第一次有组织地举办了木赛姆，用以推进地区的物资与文化交流，使它成为官方认可的交换物品、会见亲朋、举行庆典和娱乐活动的定期阿拉伯集市。集会在 1979—2004 年，由于安全问题停办。后来的木赛姆大会改到每年 9 月举行，成为今天当地具有半个多世纪历史和广泛影响的新型传统活动，具有多方面的意义和价值。

（五）立陶宛十字架雕刻及其象征

入选时间：2001 年

国别：立陶宛

类别：传统知识技艺

制作十字架的文化传统，大约可以追溯到 15 世纪时基督教传入立陶宛的时候，距今已有 400 多年的历史。传统的木制十字架手工制作工艺反映了当地的文化特性、信仰和礼仪，具有很高的历史、艺术价值，成为立陶宛民族和宗教的独特象征。这项遗产不仅是制造十字架和祭坛，还包括制作完成后的天主教圣化仪式（使其具有灵性），也用于庆贺丰收和其他古代节庆活动。

立陶宛十字架制作长期与基督教十字架造型融合，形成独特的风格，制作精细、大小不同、形状各异。十字架高度为 1~5 米，常以小屋顶、花卉和几何图形或雕刻的圣像作为装饰。十字架被放置在路边、村口、墓地和其他纪念碑等重要的地方。十字架旁常有食物、玫瑰、金钱等供品，还会有婚礼用的花色围巾和象征人丁兴旺的围裙，从而形成立陶宛特有的文化氛围。

（六）乌干达树皮衣制作

入选时间：2005 年

国别：乌干达

类别：传统知识技艺

一般认为，人类服饰文化的演进就是从身穿树叶和兽皮开始的。然而，时至今日，在古老的非洲大陆，还存在一个制造并身穿树皮衣的国家——乌干达。乌干达南部巴干达王国保存了一项古老的制造树皮衣的传统工艺。恩冈部落的巴干达人为居住在姆皮基地区的马沃科塔的恩桑瓦村庄里的世袭首领卡波各兹、巴干达皇室和其他社会成员制造树皮衣，已经有 600 多年的历史。19 世纪以前，巴干达王国几乎每个村庄都有制造树皮衣的手工作坊。

制作树皮衣需要专门的技术和复杂的工艺。恩冈部落的手艺人在湿润的季节里采集木图巴树的内层树皮，然后在开放式的工棚里，用不同类型的木锤捶打，直至其纹理柔软舒适并呈现出均匀的陶土颜色，最后制作成可以穿戴的衣物。国王和酋长的树皮衣还需要染成白色或黑色，普通树皮衣则是陶土色，无须再进行处理。

树皮衣分男款和女款，成品一般为宽袍式样，女款与男款的区别就是女款腰间有装饰的腰带。树皮衣一般在国王或酋长的加冕礼、治病仪式、婚礼、葬礼和大型集会等场合穿着，布料还可用作门帘、蚊帐、被褥和储藏袋的材料。

19 世纪阿拉伯商人将棉花贸易引入乌干达，对树皮衣的生产产生了严重冲击，这一产业愈加萎缩，树皮衣只在重要场合出现，作为其文化传统的残留和民族精神的象征，至今仍具有极高的认可度。近些年来，巴干达国王意识到这一传统的重要性，已经致力于树皮衣制造的促进工作。相信这一独特的工艺传统一定会重新大放异彩。

（七）沙士木卡姆音乐

入选时间：2003 年

国别：乌兹别克斯坦、塔吉克斯坦

类别：传统音乐

木卡姆是一种复杂的音乐形式，根据弦乐优美的音阶创做出来的旋律和歌曲。塔吉克斯坦和乌兹别克斯坦即中亚的玛瓦拉尔纳尔地区，沙士木卡姆这一传统文化现象已流传了 10 个世纪以上。沙士木卡姆（用塔吉克语可直译为"六个木卡姆"）综合了声乐、器乐、旋律、节奏性语言、文学及美学观念等多种文艺元素而形成。它可以独唱，也可以合唱，由弦乐、弓弦乐、打击乐和管乐组成的乐队伴奏。表演通常以一段器乐为前奏，随后是纳斯尔声乐演唱，有两种组合方式。

沙士木卡姆的源头可以追溯到当地被伊斯兰化以前的时期。9—10 世纪盛极一时，乌兹别克斯坦的布卡拉出现了许多音乐学校，进行木卡姆的传授，于是布卡拉成为沙士木卡姆的历史和精神中心，该市的犹太社区也培养了大量的表演人才。随着音乐理论、诗歌、数学、伊斯兰科学和苏非派教义的演变，沙士木卡姆的表演形式和内容也受到影响。由于沙士木卡姆以音乐为核心，所以要求乐手经过特殊训练，甚至有即兴发挥的成分，而通用记谱体系只能记录其基本框架，无法表现其精神内涵，导致其传承主要通过师徒口传心授，于是显得弥足珍贵。

（八）基努文化空间

入选时间：2003 年

国别：爱沙尼亚

类别：文化空间

基努文化空间是波罗的海的基努和曼尼贾等爱沙尼亚小岛上，约 600 人的居民群体由女性作为主要传承者传承了数百年的独有文化传统形式和相关的文化空间。由于岛上居民中的男人们都长期出海捕鱼和海豹，留在岛上的女人们负责种地和料理家务。工作之余，女性通过大量的歌曲、游戏、舞蹈、结婚庆典和手工艺制品进行着基努文化传统的延续，由于没有文字和其他工具作为载体和介质，其传承往往是口头传授，带有明显的民间文化传承特征。

集体手工活动和庆祝宗教节日（6 月 23 日的圣·约翰节、11 月 25 日的圣·凯瑟琳节或 12 月 25 日圣诞节）时，歌唱是首选的节目。现存的音乐曲目中，鲁文歌（也称卡勒瓦拉歌）早在基督教传入之前就已存在并延续至今。作为文化空间，基努文化不仅仅表现为歌曲，还与其他相关，最明显的是妇女们用传统的织机和当地的羊毛手工编织手套、袜子、裙子和衬衫等有鲜艳条纹和复杂的刺绣图案而艳丽缤纷的羊毛制品。这些图案和颜色都源自民歌中的古老传说并具有一定的象征意义。除独特的手工制品、口头和音乐传统，基努文化同时与所处的环境密切相关，并反映了基奴居住的美丽海岛景观和传统的渔猎与农耕生活，体现出一种民间文化自发的形成过程和独特的魅力与海岛环境造就的文化传统的超强张力与生命力。

（九）欧隆克——雅库特英雄叙事诗

入选时间：2005 年

国别：俄罗斯联邦

类别：口头传统

俄联邦东北部的萨哈共和国的土耳其—蒙古民族中雅库特人流传着最古老的史诗欧隆克。诗歌的长度从 10~20 000 行不等，最长可达 50 000 行。欧隆克的内容十分丰富，有雅库特人的信仰、风土人情等，有用最通俗的语言讲述生活的哲理，还有古代勇士的功绩和传说。诗歌中对神、灵、妖魔及各种兽类和鸟类等生动的描绘反映了奴隶社会瓦解时代人们的生存状态与环境，对族群英雄人物丰功伟绩的记述反映了政治高压、恶劣的气候条件和自然环境下弱小民族苦苦挣扎赖以生存的社会经济生活方式和存活之道。

欧隆克的流传以家庭为载体、以社区为单位，从而形成了具有各种版本的丰富作品。由于该地区冬季漫长而酷寒，人们为度过漫漫冬日的枯燥乏味而需要消磨时光，于是这一传统艺术形式得以存留至今。欧隆克就是雅库特人的说唱综合艺术，节奏明快、铿锵有力，艺人们经常会即兴创作，具有典型的民间说唱传承和表演的元素。

（十）西西里木偶剧

入选时间：2001 年

国别：意大利

类别：表演艺术

意大利的西西里岛拥有在欧洲不多见的传统农耕生活和家族式的社会结构形态，也形成了不同于欧洲地区和意大利亚平宁半岛的特有文化传统和风俗习惯。西西里木偶剧就是其中一个有代表性的传统娱乐形式。西西里木偶剧也称西西里傀儡戏，形成于 19 世纪初期，一般取材于中世纪的骑士文学、文艺复兴时期的意大利诗歌，或者圣徒和江洋大盗的生活，不过大部分对白却往往是木偶艺人的即兴发挥，语言习惯和内容带有明显的西西里风格和生活气息。西西里木偶剧主要有两个流派，即巴勒莫和卡塔尼亚。两者的区别主要在于木偶的大小不同和形制差异，还有操作技巧和舞台布景的风格的差异。这种戏剧团体一般是家庭剧团，表演传统和操作技艺也限于家庭内部的传授。一般来说，木偶制作工艺复杂，雕刻、着色等工作由专门的工匠用传统的工艺制作。于是产生了木偶制作的专门手艺人。表演艺人为了谋求生存，其艺术水平要不断提升。木偶戏演出往往长达数夜之久，观看演出的人们也打破阶层和地位差别，观看演出的同时进行着平等的交流。这一艺术形式增强和反映了西西里人共同的归属感，也作为润滑剂缓和了西西里各阶层间的关系。

随着时代发展，特别是娱乐方式的日益增多，电视和互联网的出现，挤压了西西里木偶戏的生存空间，使其呈现出衰落的趋势；西西里岛的城镇化进程打破了原有的社会格局，改变了社区居民的关系也是木偶戏走向衰败的一个重要因素。大批艺人团体解散，艺人另谋出路，木偶戏的传承遭遇到极大的难题。这也是此类非物质文化遗产面临的共同问题。

好在入选非遗后，联合国与意大利政府制订并实施了一系列保护计划，包括为青年木偶艺人开办培训学校以延续其传承，举办西西里木偶节并设奖项进行鼓励，举行国内外的展览以扩大其影响等。相信这一非物质文化遗产一定会得到有效的保护与发展。

（十一）日本歌舞伎

入选时间：2005 年

国别：日本

类别：表演艺术

在东方文化系列中，日本歌舞伎表演也是驰名全球的艺术门类了。17世纪的伊豆王朝时期，歌舞伎表演就已经在城市居民中相当流行了，至今已成为日本传统的戏剧表演形式。歌舞伎表演的题材多是来自历史事件，有时候也取材于社会生活中男女恋爱，主要突出的是道德冲突。歌舞伎的音乐、服饰、舞台设置和道具，以及保留剧目、读白和表演风格都比较独特。舞台有旋转舞台和活板门等设施，供演员上下场；还有一个伸出去的人行桥直通观众席，便于演员和观众的沟通与互动。歌舞伎表演也有一些专业术语，比如"密"，指的是演员用一个特殊的姿势即身体语言来塑造人物的性格特征；"卡叟"就是歌舞伎表演所特有的招牌式特殊的扮相，与日本其他的艺术门类完全不同，为歌舞伎表演所独有。1868年以前，日本的歌舞伎表演相对比较封闭，本土意味浓厚。明治维新后，歌舞伎表演开始受到西方文化熏陶，注意走社会的上层路线，好的歌舞伎演员拥有较高的社会声誉，传统风格也逐渐发生了一些改变以适应现代人的审美需求。今天，歌舞伎成了日本最广泛流行的传统戏剧表演形式，歌舞伎的名角经常出现在电视或电影中。起初，男女演员都有，后来官方出于某种原因禁止了女演员的表演。因此现在从事歌舞伎表演的没有女演员，剧情中需要的女性角色由男演员来充当。"昂那咖塔"作为专用词汇指的就是专门扮演女角的男演员，昂那咖塔属于专门演出女角的专业世家。歌舞伎表演分为两种风格即硬风格和软风格。演员读白的韵腔比较简单，演唱也使用日本传统的曲调，并用日本的传统乐器来伴奏。

日本歌舞伎表演也存在"采用传统风格和趋向的表演"与"一般的地方社区表演"两种类型。后者往往是一些大众性的娱乐活动，要求不严格，不过经常会有知名的歌舞伎演员走进社区，以提高自身的社会影响力。

（十二）哇扬皮影偶戏

入选时间：2003年
国别：印度尼西亚
类别：表演艺术

世界上有许多国家和地区都有皮影戏表演。据相关资料，这种古老的表演起源于中国，后来传播到世界各地，形成了各具特色的制作与表演流派和风格。印度尼西亚皮影就是其中一个。

印尼皮影是从印度尼西亚爪哇岛最早发起的古老的故事讲述形式。皮影的题材一般是本土的神话、古印度史诗、著名的波斯英雄故事等（爪哇和龙目岛多讲波斯英雄）。皮影表演由表演者、歌唱者、演奏者协同完成。表演、演奏和人偶制作技艺与剧目的传承往往在家庭小圈子内口传身授，相对比较封闭。皮影艺人需要将大量的故事、诗歌、传说融会贯通，并通过创造性的发挥，利用自己的表演技巧，调动诙谐幽默的潜能展现给观众，才能拥有表演的市场。

以木偶制作的精细和音乐风格的复杂而著称。人偶尺寸、形状和风格没有统一的标

准，但有两种基本类型：木质的立体人偶和平面人偶。平面皮影人偶表演借助于后面的光线投影在幕布上。人偶都有风格独特的服装和夸张的面相，关节活动自如，表演者通过系在人偶上的细棒操纵人偶做出各种需要的动作。为取得更好的表演效果，还会用配乐和演唱来参与，乐队用铜管和加麦兰皮鼓演奏复杂的曲调做伴奏。在爪哇和巴厘岛宫廷与农村盛行了千年之久，甚至影响到屿龙目、马都拉、苏门答腊和南婆罗洲等周边一些岛屿。

由于皮影戏影响深刻，皮影艺人也获得了一定的社会地位，在过去甚至被看作文人雅士。他们通过艺术表演进行朴素的哲学、道德和审美与价值观的普及和传播，甚至会利用自己的方式站在民间的立场来针砭时弊，也保留了所在地区的传统文化与工艺。这一古老的艺术形式经过几个世纪的磨砺保留至今，成为印度尼西亚颇具民族风情的非物质文化遗产。

第四节　中国的非物质文化遗产

中国是拥有悠久历史和灿烂文明的国家。中华文明在历史的文明进程不曾中断、薪火相传延续至今，并产生了广泛而深远的影响。中华民族不仅创造了辉煌璀璨的物质文明，也创造了绚丽多姿、门类众多的非物质文化遗产。

一、中国的非物质文化遗产保护

中国的非物质文化遗产保护工作几乎与全世界同步进行。保护工作不断深入，可以通过以下一个长长的清单来体现。

1997 年 11 月，联合国教科文组织第二十九届大会决定，自 2001 年起在各成员国申报基础上宣布《人类口头和非物质遗产代表作》清单，每两年一次，每次每个成员国可有一个项目入选。我国就此开始了非物质文化遗产保护项目的甄选、申报准备和在全国范围的非物质文化遗产保护的宣传工作。

2001 年 5 月，联合国教科文组织宣布的首批 19 个 "人类口述和非物质遗产代表作" 中，我国独立申报的昆曲成功入选。

2003 年 10 月 17 日，联合国教科文组织第三十二届大会通过《保护非物质文化遗产公约》。11 月，中国古琴艺术成功入选第二批 "人类口述和非物质遗产代表作"。

2004 年 8 月 28 日，中共十届全国人大常委会第十一次会议表决通过了全国人大常委会关于批准联合国教科文组织《保护非物质文化遗产公约》的决定，向联合国教科文组织递交批准书后，中国在法律意义上成为第 6 个加入该《保护世界文化和自然遗产公约》的国家，具有了该公约初创国的资格。同时，对我国非物质文化遗产的类型、特征等的研究与调查工作全面铺开。

2005 年 4 月 27 日，国务院办公厅印发《关于加强我国非物质文化遗产保护工作的意见》（以下简称《意见》），意味着我国从国家层面对非物质文化遗产保护工作的高度重视、确立了非物质文化遗产保护工作的目标和方针；决定建立名录体系，建立协调有效的工作机制形成有中国特色的非物质文化遗产保护制度，《意见》根据《保护非物质文化遗产公约》与我国实际情况，同时发布了《国家级非物质文化遗产代表作申报评定暂行办法》（以下简称《办法》）。《办法》对非物质文化遗产进行了概念界定、类型划分、范围确认，并对申报程序、甄选标准、评审与管理机构组成和工作程序等做出了详细规定；决定建立国家级非物质文化遗产名录。《办法》规定，我国实行非物质文化遗产的分级管理，即凡欲申报联合国人类口述与非物质遗产的项目须先成为国家级非物质文化遗产，国家级非物质文化遗产从省级非物质文化遗产中选出，市县级向省级进行申报；《办法》还要求各省市区也应启动本地区的非物质文化遗产的调查、甄选和名录建设。从此，我国有了一整套关于非物质文化遗产保护与管理的制度与办法体系，我国文化遗产保护工作开始进入法制化轨道。

2005 年 11 月，新疆维吾尔木卡姆艺术、中国与蒙古国联合申报的蒙古族长调民歌入选第三批"人类口述和非物质遗产代表作"。

2005 年 12 月 22 日，国务院下发《关于加强文化遗产保护的通知》，进一步明确了文化遗产包括物质文化遗产和非物质文化遗产，肯定了非物质文化遗产的地位、意义和价值；确立了加强文化遗产保护的指导思想、基本方针和总体目标；决定从非物质文化遗产普查、制定保护规划、抢救珍贵遗产、建立名录体系、加强少数民族文化遗产和文化生态区的保护五个方面积极推进非物质文化遗产保护工作；还要求充分发挥有关学术机构、大专院校、企事业单位、社会团体等各方面的作用；加快文化遗产保护法制建设（酝酿一系列相关法律法规的制定），加大执法力度；要求各级政府安排专项资金，加强专业人才队伍建设；确定每年 6 月第 2 个星期六为"文化遗产日"。这意味着我国文化遗产保护工作可操作性大为增强，工作全面铺开，全民参与及普及教育也进入了一个新阶段。

2006 年 1 月 26 日，经国家文物局审议，通过了《中国文化遗产标志管理办法》。我国拥有了独立的文化遗产徽标。徽标采用 2001 年四川成都金沙遗址出土的"四鸟绕日"金饰图案作为"中国文化遗产"徽标（见图 8-1）。徽标的发布使我国文化遗产保护工作更加易于识别，更加旗帜鲜明、更易于被广大民众接纳。

2006 年 4 月 21 日，《保护非物质文化遗产公约》正式生效。我国正式用非物质文化遗产替代原来使用的人类口述与非物质遗产概念。

2006 年 5 月 20 日，国务院公布《第一批国家级非物质文化遗产名录》，共计十大类，518 项。该名录的出台表明我国非物质文化遗产保护工作取得了阶段性成果，为这些非物质文化遗产项目进一步申请成为世界级非物质文化遗产做了积极准备。

2006 年 6 月 8 日，"中国非物质文化遗产"徽标揭晓（见图 8-2）。徽标外部图形为圆形，象征着循环，永不消失；内部图形为方形，与外圆对应，天圆地方，表达非物质

文化遗产存在空间有极大的广阔性；图形中心造型为古陶最早出现的纹样之一鱼纹，鱼纹隐含一"文"字，"文"指非物质文化遗产，而鱼生于水，寓意中国非物质文化遗产源远流长、世代相传；图形中心，抽象的双手上下共护"文"字，意取团结、和谐、细心呵护和保护非物质文化遗产、守护精神家园。2006 年 6 月 10 日，我国举行首个"文化遗产日"，主题就是"保护文化遗产，守护精神家园"。

图 8-1　中国文化遗产徽标　　　　图 8-2　中国非物质文化遗产徽标

2006 年 6 月 27 日，在联合国教科文组织《保护非物质文化遗产公约》缔约国大会第一次会议上，我国以 40 票的高票入选由 18 国组成的保护非物质文化遗产政府间委员会，这是国际社会对我国政府保护非物质文化遗产工作成绩的充分肯定。

2006 年 9 月 14 日，中国非物质文化遗产保护中心正式挂牌成立。随后，一些地方陆续建立了省级非物质文化保护中心和一批国有或民间的非物质文化遗产专题博物馆。

2007 年 5 月 23 至 6 月 10 日，我国非物质文化遗产保护工作大幅推进，取得了一系列成绩。首届成都国际非物质文化遗产节成功举办，这是我国也是世界上为非物质文化遗产保护举办的第一个国际型节庆活动，主题是"传承民族文化、沟通人类文明、共建和谐世界"。"非遗节"由开幕式、天府大巡游、项目博览会、保护论坛、剧目展演、城市活动和特别会议七个板块构成。同时，为期 5 天的联合国教科文组织保护非物质文化遗产政府间委员会特别会议也在成都召开。40 多位国内外非物质文化遗产保护专家通过了《成都宣言》，呼吁国际社会和各国政府高度重视保护人类创造的非物质文化遗产。

2007 年 6 月 3 日，经过在全国范围内两年多的调查、推荐和专家论证与评定、公示，中国文联、中国民间文艺家协会在人民大会堂河南厅举行了首批来自全国各地数十个民族的 166 位"中国民间文化杰出传承人"命名仪式。传承人涉及非物质文化遗产的民间文学、民间表演艺术、手工技艺和民俗技能四个领域。传承人命名表明我国非物质文化遗产保护已经深刻认识到传承问题的重要性。

6 月 5 日，经各地推荐、申报，专家评审委员会评审、社会公示和复审，文化部公布了包括民间文学、杂技与竞技、民间美术、传统手工技艺、传统医药 5 大类 226 名第一批国家级非物质文化遗产项目代表性传承人。

6 月 8 日，人事部、文化部、国家文物局在北京人民大会堂隆重召开全国文化遗产保护工作表彰大会，授予乌丙安等35名同志"全国非物质文化遗产保护先进工作者"荣誉称号，授予北京市崇文区文化委员会等40个单位"文化部非物质文化遗产保护工作先进集体"称号，授予武良田等120人"文化部非物质文化遗产保护工作先进个人"称号。

2007年6月9日，我国迎来第二个"文化遗产日"，主题是"保护文化遗产，构建和谐社会"。在首都先后举行4场中国非物质文化遗产珍稀剧种展演、中国非物质文化遗产8大专题系列展览。包括中国木版年画展、中国民间剪纸艺术展、中国传统纺织技艺展等。

6月9日至11日，建设部、文化部、国家文物局等召开了城市文化国际研讨会、非物质文化遗产保护国际论坛、苏州论坛。与建设部、国家文物局共同举办"城市文化国际会议暨第二届城市规划国际论坛"，其中一个重要议题是城市建设中的非物质文化遗产保护。

6月15日至19日，文化部与江苏省人民政府在苏州昆山市举办了第二届中国非物质文化遗产保护论坛。

2011年2月25日，第十一届全国人民代表大会常务委员会第十九次会议通过《中华人民共和国非物质文化遗产法》并于当年6月1日正式实施。我国为非物质文化遗产的保护立法，在全世界属于首例。从制度层面为实现从"重申报"向"更重保护"的转化提供了保障。2011年，我国还启动了对非物质文化遗产的数字化保护，表明我国的非遗保护进入了现代化阶段。从2012年开始，我国开始编制《中国非物质文化遗产保护发展报告》，到目前为止，已编制了五部（2012—2016年），记录了我国2011—2015年非物质文化遗产保护工作的发展状况。

二、典型的中国非物质文化遗产

截至2016年年底，我国已入选联合国人类非物质文化遗产代表作名录的达39项（见表8-1），名列世界第一。

表8-1　我国已入选人类非物质文化遗产代表作目录的项目

序号	项目名称	入选时间及入选名录
1	昆曲	2001年，人类口头和非物质遗产代表作
2	古琴艺术	2003年，人类口头和非物质遗产代表作
3	新疆维吾尔木卡姆艺术	2005年，人类口头和非物质遗产代表作
4	蒙古族长调民歌	2005年，人类口头和非物质遗产代表作（与蒙古联合申报）

序号	项目名称	入选时间及入选名录
5	中国传统蚕桑丝织技艺	
6	南音	
7	南京云锦织造技艺	
8	安徽宣纸传统制作技艺	
9	贵州侗族大歌	
10	广东粤剧	
11	《格萨尔》史诗	
12	浙江龙泉青瓷传统烧制技艺	
13	青海热贡艺术	
14	藏戏	
15	新疆《玛纳斯》	2009年，人类非物质文化遗产代表作
16	甘肃花儿	
17	西安鼓乐	
18	中国朝鲜族农乐舞	
19	中国书法	
20	中国篆刻	
21	中国剪纸	
22	中国传统木结构营造技艺	
23	端午节	
24	妈祖信俗	
25	中国雕版印刷技艺	
26	呼麦	
27	羌年	
28	黎族传统纺染织绣技艺	2009年，急需保护的非物质文化遗产
29	中国木拱桥传统营造技艺	
30	京剧	2010年，人类非物质文化遗产代表作
31	中医针灸	

序号	项目名称	入选时间及入选名录
32	麦西热甫	2010年，急需保护的非物质文化遗产
33	中国水密隔舱福船制造技艺	
34	中国活字印刷术	
35	中国皮影戏	2011年，人类非物质文化遗产代表作
36	赫哲族伊玛堪	2011年，急需保护的非物质文化遗产
37	福建木偶戏后继人才培养计划	2012年，非物质文化遗产优秀实践名册
38	珠算	2013年，人类非物质文化遗产代表作
39	二十四节气	2016年，人类非物质文化遗产代表作

与联合国教科文组织将非物质文化遗产分为口头传统和表现形式，表演艺术，社会实践、仪式、节庆活动，有关自然界和宇宙的知识和实践，传统手工艺不同，我国将非物质文化遗产分为民间文学、民间音乐、民间舞蹈、民间美术、传统医药、传统戏剧、曲艺、杂技与竞技、民俗和传统手工技艺10个类别。

（一）格萨尔

长篇叙事史诗《格萨尔》已在中国西部青藏高原的广大牧区和农村流传了千年之久。它以藏族古代英雄格萨尔王为主人公，歌颂了他降伏妖魔、抑强扶弱、安置三界与统一各部的丰功伟绩，描述了他为救护生灵而投身下界、完成人间使命后重返天国的神圣历程。史诗凭具有高超的叙事和描述才能的杰出艺人的说唱，长盛不衰。史诗全面反映并记录了包括藏、蒙古、裕固、纳西、普米等相关族群关于自然万物的经验和知识，成为这些族群成员共享的精神财富。至今仍是藏族等各族群历史记忆和文化认同的重要依据。

据研究，《格萨尔》现存最早的抄本成书于14世纪，最早的印刷本是1716年的北京木刻版《十方圣主格斯尔可汗传》。迄今有据可查的说唱本约有120多部，仅韵文就有100多万行。由于其主要通过说唱艺人来表现，这一口头史诗具有明显的活态特征，仍在不断扩展。

作为世界上迄今发现演唱篇幅最长的史诗，《格萨尔》具有极其重要意义和极高的价值:《格萨尔》承载了相关族群与社区的宗教信仰、本土知识、民间智慧、族群记忆、母语表达等文化精神与主线，是青藏高原所有艺术门类包括唐卡、藏戏、弹唱等民间传统艺术创作的灵感源泉；对现代艺术形式的发展来说，是取之不尽的源头活水。同时，它还是熔炼多种族群文化的结晶，又见证了多民族民间文化的长期可持续发展。作为草原游牧文明的最普遍艺术形式，成为古代藏族、蒙古族民间文化与口头叙事艺术的最高

成就。千百年来，草原社会通过史诗最直接的创造者、传承者和传播者——史诗艺人的传唱对整个族群进行历史、知识、伦理、价值观念等方面的教育，表达民族情感、传承民族文化、凝聚民族精神、促进社会互动、秉持传统信仰，发挥了维护社区、调节生活的功能，也具有强化民族认同和影响民间审美取向的社会作用。

《格萨尔》的传播也非常引人瞩目：它冲破民族藩篱，影响了多个族群，是该地区相关民族沟通交流和相互认同的生动实例；这部史诗还跨越文化障碍，具有跨国的文化影响力，在蒙古国、俄罗斯的布里亚特、卡尔梅克地区，以及喜马拉雅山以南的印度、巴基斯坦、尼泊尔、不丹等国家和周边地区，也都有它的影响痕迹，委实绝无仅有。

20 世纪 50 年代以来，《格萨尔》的受众群体——藏、蒙古等相关民族逐渐迈进现代化时代，生活方式的不断变化导致职业化的艺人群体持续萎缩。老艺人相继辞世，"人亡歌息"现象已经出现，严重威胁着这部说唱史诗的继续存在。

（二）蒙古族呼麦

在我国蒙古族相对比较集中的内蒙古自治区锡林郭勒、呼伦贝尔草原、呼和浩特、新疆自治区阿尔泰山一带，甚至蒙古国和俄罗斯图瓦共和国等国家和地区，有一种独一无二的神奇歌唱艺术：呼麦。歌手在不借助任何工具的情况下，完全用自己的嗓子和胸腔同时发出两个声部的声音。这是蒙古族人生产生活中的杰出创造。作为蒙古民族最古老的艺术形式之一，呼麦保留了原始歌唱的某些因素。它由两部分组成——一个持续的低音，加上一个流动的旋律。根据演唱方式，呼麦又可以分为"泛音呼麦""震音呼麦""复合呼麦"等不同形式。

据考证，呼麦的历史可以远溯至匈奴时期，迄今已有数千年的历史。它蕴含了草原生存的蒙古族人民对自然宇宙和世界万物体验、感悟与深层的哲学思考，也是蒙古民族追求和谐生存发展的朴素思想意识和审美情趣的具体表现。呼麦与蒙古族的历史、文化息息相关，对于人类学、民族学、民俗学研究均有重要的价值。

（三）中国朝鲜族农乐舞

我国吉林、黑龙江、辽宁等地朝鲜族聚居区，流传着中国朝鲜族独有的集演奏、演唱、舞蹈于一体的反映传统农耕生产生活中祭祀祈福、欢庆丰收的民间表演艺术——农乐舞（俗称"农乐"）。辽宁省本溪市桓仁县的乞粒舞、吉林省延边朝鲜族自治州的象帽舞都是其表现形式。农乐舞创始于农业劳作，并具有古代祭祀成分。其历史可追溯到古朝鲜时代春播秋收时的祭天仪式中的"踩地神"。

农乐舞是纯朴、粗犷、和谐的原生态舞蹈。它有两种形式，在不同的场合进行表演：一种是舞蹈和哑剧的形式表演有情节性的内容；另一种用于庆祝新年、庆生、祝寿、新店开张或欢庆丰收，形式热情奔放，带有广泛群众参与性。舞前一般是踩地神祭祀，唢呐、锣鼓响起，舞者随着节拍载歌载舞。

农乐舞的表演可分为多个部分。有青年男子表演的"小鼓舞"，舞童表演的"叠罗汉"，多人表演的传统"扁鼓舞"，男女都可表演的"长鼓舞"，多人持大型花扇表演的源于古代"巫舞"的"扇舞"，假形舞蹈"鹤舞"，以及最后压阵的男子用头部甩动达 20 米长彩带的标志性舞蹈"象帽舞"。"象帽舞"种类繁复，舞技多样，分"长象帽""中象帽""短象帽""线象帽""羽象帽""尾巴象帽""火花象帽"等种类。其甩象尾的技巧包括左右甩、站立甩、蹲甩、跪甩、扑地甩等多种。

农乐舞有着相对稳定的传统程式，但又不受传统程式的限制，表演者可以根据现场情绪即兴起舞，在场的人们也各显身手，小伙子长缨飞旋，姑娘们衣袂飘飘，老人们稳重大方，场面欢快喜庆，将欢悦之情表达得淋漓尽致。农乐舞表达了追求吉祥幸福的美好愿望，已融入中国朝鲜族的血脉，成为其民间文化生活不可分离的民间娱乐活动。

（四）西安鼓乐

秦岭北麓的古长安（今西安）及周边地区，历来庙会观众多，民间庙会活动丰富多彩。具有明确唐宋古乐基因的西安鼓乐就是在这些庙会上演出的民间大型鼓乐。之所以判定具有其唐宋文化基因，是因为现存清乾隆二十八年手抄西安鼓乐谱珍藏本的谱字与宋代姜夔十七首自度曲所用的谱字基本相同，证明这一珍藏本历史久远；现存 1100 余首的西安鼓乐存在与唐代大曲、唐宋燕乐曲、教坊大曲等唐宋音乐同名的曲目，说明了它们之间的密切关系，它拥有庞大的结构形式堪与唐宋大曲相比，它的乐队配置不容纳明清以来新生乐器。这些都是西安鼓乐严格继承唐宋音乐的证据，是我国古代音乐的重要遗存。具有巨大的文化活化石的意义：西安鼓乐的复杂曲体和丰富的特性乐汇、旋法及乐器配置形式成为破解中国古代音乐艺术谜团的密码；它的大量传谱丰富了中华音乐文化宝库，对我国民族音乐复兴与发展意义重大。

（五）中国篆刻

由中国古代的印章制作技艺发展而来的中国篆刻是以石材为主要材料、以刻刀为工具，以汉字为表象、以书法为根基的一门独特的镌刻艺术，至今已有 3000 多年的历史。它既强调中国书法的笔法、结构，又突出镌刻中自由、酣畅的艺术表达，于方寸间施展技艺、以小见大借以抒发情感。篆刻可以表情、可以言志，也可以用来抒发人生的感悟与理想，内涵极为丰富。篆刻作品既可以独立欣赏，又可以在书画等领域广泛应用。篆刻石料选择之考究、用料之精细、走刀之技法，各方面无不与艺术、文学、技巧、思想、哲学、宗教等相互关联，因此深受中国文人及普通民众的喜爱。

（六）中医针灸

中华传统医学常用的针灸疗法可以向上追溯到新石器时代的针疗（人们用"砭石"砭刺人体以疗疾）。"有石如玉，可以为针"（《山海经》）是关于石针的早期记载。火被发现和应用后，产生了灸疗。春秋战国时期，针灸疗法已经相当成熟，出现了不少精通针灸的医生，《史记》记载的"中华医祖"扁鹊就是使用针灸治病的代表人物之一

（至今在河北内丘等地还保留有纪念扁鹊的鹊王庙、鹊王祠及各种民间祭祀活动）。"藏寒生满病，其治宜灸"（秦汉《黄帝内经》）指的就是灸术。《黄帝内经》详细描述了九针的形制，并大量记述了针灸的理论与技术。1972 年，湖南长沙马王堆汉墓出土的《足臂十一脉灸经》和《阴阳十一脉灸经》、湖北江陵张家山汉墓出土的《脉书》中均记载有经脉的循行与主病。从四川绵阳双包山西汉墓出土的一具黑漆小型木质人形，其体表正背面标有纵横方向的经脉路径，是我国迄今发现的最早的人体经脉模型实物。隋唐时期，针灸学发展成为专门学科，著作倍增，被正式列入国家的医学教育课程，太医署专设针博士、针助教、针师、针工和针生等职衔。北宋时期，医官王惟一考订腧穴主治，统一腧穴定位，撰著《铜人腧穴针灸图经》一书颁行全国，并铸造了造型逼真、构造精巧的教学工具——铜人模型，对针灸学术发展做出了巨大贡献。明清以来，针灸理论不断深化，技术和器具不断改进，名家辈出，针灸疗法取得了更大的发展。

腧穴理论与针灸技术及相关器具具有鲜明的中华民族文化与地域特征，是基于民族文化和科学传统产生的宝贵遗产。针灸理论认为，人体如同一个由各种经络连接起来运行的小宇宙，通过针灸的物理刺激经络和穴位能促进人体的自我调节功能并为病人带来健康，达到治病和防病的目的。在长期的医疗实践中，针灸形成了由十四经脉、奇经八脉、十五络别、十二经别、十二经脉、十二皮部，以及孙络、浮络等概念组成的庞大经络理论系统，发现了人体特定部位之间特定联系的规律，创立了经络学说，并由此产生了一套治疗疾病的方法体系。

针灸是在特定的自然与社会环境中土生土长的科学文化知识，凝聚了大量的实践观察、知识体系和技术技艺，蕴含着中华民族特有的精神、思维、智慧和文化精华，是中华民族强大的生命力与创造力的体现，也是全人类文明的瑰宝。具有独特优势、有广泛的适应症、疗效迅速显著、操作简便易行、费用经济，又极少副作用的针灸疗法早在唐代就已传播到日本、朝鲜、东南亚、印度、阿拉伯等国家和地区，后来甚至远播欧美，在世界 140 多个国家和地区生根开花。

目前，针灸在师徒之间或家族成员之间，通过口传身授进行传承。也已开始进行正规的学历教育和人才培养。

（七）京剧

京剧又称平剧、京戏，是中国影响最大的全国性戏曲剧种，堪称国剧。我国戏曲经历了漫长的发展演化，从原始歌舞、汉代优伶百戏、南北朝歌舞戏、唐代参军戏、宋杂剧、元杂剧与南戏、明代四大声腔、明清传奇和地方戏勃兴直到京剧的形成，是一个环环相扣、一脉相承的过程。每个阶段性成果都积淀了音乐、舞美、曲词、剧目、唱腔、表演技巧等各方面的成果，终于从清乾隆五十五年（1790 年）起，原在南方演出的三庆、四喜、春台、和春四大徽班陆续进京，经过与来自湖北的汉调艺人磨合，从昆曲、秦腔接收了部分剧目、曲调和表演方法，还吸取了一些地方民间曲调的精华，通过不断的交流、融合，最终在 19 世纪中期形成了这一堪称集中国古今戏曲和表演艺术精华之大成的剧种——京剧。

京剧剧目一般取材于历史故事，也有来自文学经典，传统剧目约1300多个，常演的有三四百个以上，其中《宇宙锋》《玉堂春》《长坂坡》《群英会》《打渔杀家》《钟馗嫁妹》《空城计》《贵妃醉酒》《三岔口》《野猪林》《二进宫》《拾玉镯》《挑华车》《四进士》《搜孤救孤》《霸王别姬》《四郎探母》等几乎家喻户晓。中华人民共和国成立后，京剧改编、移植或创作了一些新的历史剧和现代革命题材作品如《将相和》《杨门女将》《海瑞罢官》《曹操与杨修》《沙家浜》《红灯记》《智取威虎山》《骆驼祥子》等。

作为一门成熟的综合艺术，京剧在念白、表演、音乐、舞台美术等方面，都有一套规范化的表现程式：（1）唱腔属板式变化体，以二簧（四平调、反四平调、汉调等）、西皮（南梆子、娃娃调）为主。二簧旋律平稳、节奏舒缓，唱腔浑厚凝重；西皮旋律跌宕、节奏明快，唱腔高昂流畅。（2）伴奏分文场和武场两类。文场用胡琴（京胡）、京二胡、月琴、弦子、笛子、唢呐等，以胡琴为主；武场以鼓板为主，小锣、大锣次之。（3）行当众多。京剧过去有生、旦、净、丑、杂、武、流等行当，后三行现已不再单立。各行当内部还有更细的划分，如旦行就有青衣、花旦、刀马旦、武旦、老旦之分。其划分除人物性别外，主要依据的是人物的性格特征和程式化的褒贬。各行当自有表演程式，唱念做打各显神通。（4）极简化的舞台。传统的京剧舞台布景和道具保持在最低限度，而服饰华丽、脸谱夸张，并用简洁的符号、颜色和图案来描绘人物的个性与社会身份。（5）象征性和夸张的表演。京剧是一种融合了多种表演手段的艺术，除按照严格的规则而创作的形式和韵律的剧本外，对演员有着很高的要求，通过演员的手、眼、身、法、步在舞台上进行夸张的再创造，方可实现其艺术效果和魅力。京剧传承主要在师徒之间进行，徒弟通过接受口头指导、观察和模仿来学习基本表演技能。

京剧有"京派"和"海派"之分，许多优秀的演员辈出。清末有程长庚、余三胜、张二奎、梅巧玲、余紫云、陈德霖、王瑶卿等；民国有余叔岩、梅兰芳、程砚秋、荀慧生、尚小云、周信芳、金少山等。其中，梅兰芳、程砚秋、荀慧生、尚小云四大名旦声名远播。以梅兰芳命名的京剧表演体系已经被视为东方戏剧表演体系的代表，与斯坦尼斯拉夫斯基及布莱希特表演体系并称为世界三大表演体系。京剧已经成为中华民族传统文化的重要标志性符号，其包含的多种艺术元素已被视为中华文明的象征和载体。在国内，京剧以北京、天津和上海为中心，票友满神州。京剧的国际影响也在不断增大，它已走向全球各地，成为传播中国传统文化、对外进行文化交流的重要载体。

近年来，社会变迁巨大，京剧所代表的审美体系与当代人生活的距离逐渐加大，观众锐减，上演剧目萎缩，京剧的传承也遇到了一些时代性的困难。

（八）端午节

迄今已有2500余年历史的端午节是中国的传统节日，又名重午、端五、蒲节，节期在农历五月初五。关于端午节的起源有许多传说，如纪念屈原投江、始于五月五日毒日的禁忌、越王勾践训练水师、纪念伍子胥投钱塘江和曹娥救父等，这些说法经过

不断加工演化融合，已与端午节的民俗活动有机结合在一起，从而形成中华民族的一个节日。

端午节期间主要的民俗活动基本都是由祭祀活动和驱毒避邪衍生而来，如祭祀屈原、纪念伍子胥、插艾蒿、挂菖蒲、喝雄黄酒、吃粽子、除五毒（贴端午符剪纸，挂艾草菖蒲，贴钟馗画、张天师画、屈原像，佩戴香包等避邪物，兰汤沐浴）、游戏（玩斗草、击球、射柳、赛龙舟等）等丰富多彩的民间活动。

端午节是全国各地共同的节日，不光汉族地区，壮、布依、土家、仡佬等少数民族也受其影响。因地域差别，各种活动略有不同，最具典型性的当属湖北省秭归县（屈原故里）、黄石市的端午节习俗。

1. 屈原故里端午习俗（湖北省宜昌市、秭归县）

据《续齐谐记》《荆楚岁时记》载，魏晋南北朝后端午节已经与纪念屈原结合起来。唐元和十五年，归州刺史王茂元在屈原沱建屈原祠并撰写祭文，众乡亲与各色龙舟汇集于此，举行首次龙舟竞渡，成为端午赛龙舟的滥觞。

屈原故里端午民俗是过三次节：初五小端午挂菖蒲、艾叶，饮雄黄酒；十五大端午龙舟竞渡；二十五末端午送瘟船，亲友团聚。三次活动均贯穿祭奠屈原，有设坛祭拜、游江、龙舟竞渡、粽子寄情、乡里"闹晚"等程序，端午民俗完整、紧凑和鲜活。明代秭归人还组织"骚坛诗社"，节间颂楚辞或作赋、相互唱和，独具一格。

屈原故里端午民俗文化内涵丰富，是中国上古楚文化和后世端午礼俗的活标本，具有多方面价值。

2. 西塞神舟会（黄石市）

西塞神舟会是西塞山区道士袱村民端午节的传统盛会。农历四月初八佛祖诞生之日举行龙舟的开工仪式，到农历五月初五子时由道士为神舟开光，至五月十五至十八的神舟会，整个活动历时40天，是目前国内端午节时间较长的祈福活动。神舟会期间，彻夜唱楚剧大戏，民众赶来向神舟许愿求福。农历五月十六早晨8点神舟出会巡游，家家户户都要在门边悬挂菖蒲艾叶，门口设香案，燃香烛，摆上酒、茶、米、水果等供品。每到一家，村民们都放鞭炮迎接，撒茶米，祭拜。农历五月十七晚，为神舟点燃48盏长明灯，通宵打醮守夜。农历五月十八日上午神舟出宫，道士和神舟会全体成员共同为神舟开路，由16名青壮小伙抬着神舟恭送入江，任由水流带着龙舟沿江而下，东流入海。江上渔船在船头摆香设案、鞭炮齐鸣，绕神舟三圈，以示送行。神舟入江处，民众跪拜神舟，祈求神舟带走疾病、带走瘟疫、带走灾难。神舟会是端午节俗中最壮观的一种民间盛会，规模宏大，具有深厚的群众基础，至今传承不息，它集中、生动地表达了古代民间端午习俗的内容，具有宝贵的文化价值。神舟会期间群众活动丰富，精心扎制的楼台亭榭、雕梁画栋工艺精致，气势宏伟，具有较高的艺术价值。

3. 汨罗江畔端午习俗（湖南汨罗江沿岸）

湖南汨罗江畔的楚塘、渔街、凤凰山、河市、归义、红花、新市、浯口、长乐等地端午节从五月初一到十五结束。习俗除了办盛宴、吃粽子、插艾挂菖、喝雄黄酒、赛龙舟外，还有雕龙头、偷神木、唱赞词、龙舟下水、龙头上红、朝庙、祭龙和祭祀屈原等特殊风俗，有"宁荒一年田，不输五月船"等许多端午民谚。自汉以来就有零散的文字记载，424年颜延之的《祭屈原文》、6世纪初吴均的《续齐谐记》及稍后的《荆楚岁时记》《隋书·地理志》中均做了相关描述。

4.苏州端午节习俗

与其他地方端午节不同，苏州端午节最早可追溯到对春秋时期吴国名将伍子胥的纪念。苏州端午节具有历史悠久、内容丰富、全民参与的特点，集中展示了富于江南特色的民俗传统，形成了一整套与当地自然条件、生产生活、经济特征和文化发展状况相对应的端午节民俗活动。包括龙舟表演、采草药、挂艾叶、挂菖蒲以祛病消灾、佩百索、包粽子、吃端午饭等。

端午节是蕴含独特中华民族精神和丰富文化内涵的传统节日，对中国民俗生活产生了重大影响，有顽强的生命力。中国端午节还对海外产生了深刻的影响，成为一个跨国、跨民族的节庆盛会。

（九）中国传统蚕桑丝织技艺

中国是丝绸的故乡，蚕桑丝织是中国的伟大发明，是中华民族认同的文化标识。这一遗产是一整套完整的过程，包括种桑、育种、养蚕、拨茧缫丝、染色和丝织等生产技艺，涉及各种巧妙精到的工具和特有的织机，最终制做出绚丽多彩的绫绢、纱罗、织锦和缂丝等丝绸产品，其间也衍生出来许多相关的民俗活动，如拜蚕娘仪式。5000多年来，它对中国历史做出了重大贡献，推动了文化的进步（如丝织品帛曾经在造纸术发明前充当过书写媒体，作为记录文献甚至保存至今），并通过丝绸之路传向世界，对人类文明做出了贡献。

我国许多地方都曾存在这一传统的工艺。由于某些特殊原因，这一传统生产手工技艺和民俗活动至今流传地区相对集中于浙江北部和江苏南部的太湖流域（包括杭州、嘉兴、湖州和苏州等市）及四川成都等地。

（十）二十四节气

二十四节气起源于黄河流域的农耕生产活动。远在春秋时期，中国古代先贤就根据长期的经验摸索，结合气温、气候、气象、万物生长的规律定出仲春、仲夏、仲秋和仲冬四个节气。后来不断地改进和完善，到秦汉，二十四节气体系已完全确立起来。公元前104年，由邓平等制订的《太初历》正式把二十四节气定于历法，并将其与天象联系起来，明确了二十四节气的天文位置。这是我国劳动人民的伟大创造，有人称其为我国的第五大发明。

二十四节气反映了太阳的周年视运动，所以它在现行的公历中日期基本固定，上半年在6日、21日，下半年在8日、23日，前后相差1~2天。用现在的太阳年概念来解释就是：太阳从黄经零度起，每年运行360°。沿黄经每运行15°所经历的时日称为

"一个节气"，共经历 24 个 15°，每月 2 个。我国先民将其称为节气。其中，每月第一个节气为"节气"，有立春、惊蛰、清明、立夏、芒种、小暑、立秋、白露、寒露、立冬、大雪和小寒 12 个节气；每月的第二个节气为"中气"，有雨水、春分、谷雨、小满、夏至、大暑、处暑、秋分、霜降、小雪、冬至、大寒。"节气"和"中气"交替出现，各历时 15 天，现在人们已经把"节气"和"中气"统称为"节气"。二十四节气与太阳年的吻合反映了我国先民高超的观察能力和自然智慧。

二十四节气这一非物质文化遗产十分丰富，其中既包括相关的谚语、歌谣、传说等民间文学现象，又有传统生产工具、生活器具、工艺品、书画、诗词歌赋等艺术作品，还包括与节令关系密切的节日文化、生产仪式和民间风俗。

二十四节气为中国各阶层大众所普遍接受，并在日常生活中有着实际应用。于是随处可见二十四节气的影响，一些节气如清明、立春、立夏、冬至和民间文化相结合，已经成为人们的固定节日，往往伴有丰富多彩的民俗活动。夏至、暑伏也与日常生活紧密相连，以致民间有"冬至饺子、夏至面""头伏饺子、二伏面、三伏烙饼摊鸡蛋""冬练三九、夏练三伏"的说法，具有浓厚的民俗意味。

因此，二十四节气是中国古代农业文明的具体表现，已经成为我国文化传统中不可割裂的有机组成部分，具有很高的农业历史文化的研究价值。此外，二十四节气对东亚、东南亚等国家和地区也产生了广泛的影响。

第三单元
中国的世界遗产

第 ⑨ 章

中国的世界遗产

中国地域辽阔，河山壮丽，历史悠久，文化灿烂。一处处瑰丽的世界文化或自然遗产闪烁着耀眼的光芒，成为我们引以为傲的资本。截至 2017 年 7 月，我国共有 52 处项目被联合国教科文组织列入《世界遗产名录》。这些珍贵的遗产，自然与人文交相辉映、历史与当下融会贯通。它们既是祖先留下的一笔巨大财富，也是我们留给子孙后代的一笔巨大遗产。目前已经申遗成功的一处处景观，时刻在提醒我们对其应尽的保护义务、应负的社会责任。这些承载着中华民族历史、现在与未来的一处处景观如何在我们手中得到传承保护、永续利用，成为全社会共同关心的话题。

第一节　中国加入世界遗产的脚步

一、中国加入世界遗产组织

（一）世界遗产委员会的成立

1972 年 11 月，在法国巴黎召开的联合国教科文组织第十七届全体会议上通过了影响深远、历久长新的《保护世界文化和自然遗产公约》，目的是在于促进各国之间的合作交流与相互支持，为保护全人类逐渐遭到破坏和威胁的具有特殊价值的自然和文化区域遗产做出贡献。1973 年，美国成为首个签署该项公约的国家，到 1976 年，已有 26 个国家签署了该项公约。1976 年 11 月，在肯尼亚内罗毕召开了第一届《保护世界文化和自然遗产公约》缔约国大会，正式成立了世界遗产委员会。世界遗产委员会的主要任务是负责组织《保护世界文化和自然遗产公约》的实施，并决定是否接受某项遗产列入

《世界遗产名录》，同时负责审查列入濒危世界遗产清单的世界遗产的保护报告。截至2016年7月的第四十届遗产大会，已有203个国家和地区成为缔约国，并在167个国家范围内建立了1073处世界遗产地，拥有从人类历史发展所遗留的独特的文化遗迹到受人类强烈影响但仍保持自然价值的区域乃至大面积未受或少受人类干扰的保护区。

（二）中国加入世界遗产委员会的进程

中国是拥有世界遗产类别最丰富、最齐全的国家之一，也是积极申遗的国家之一。自改革开放以来，我国政府逐渐认识到保护文化自然遗产的重要性，1985年6月7日国务院颁布了《风景名胜区管理暂行条例》，这是我国第一部关于国家风景名胜资源管理的法规性文件，它对我国风景名胜区的内涵、主管部门、管理机构、规划、保护等做出了原则性规定。同年侯仁之、阳含熙、郑孝燮和罗哲文四位全国政协委员向政协会议提交了《关于我国加入世界遗产公约》的提案。1985年12月，全国人大常委会批准中国加入《保护世界文化和自然遗产公约》，成为该公约第89个缔约国，对国际社会做出了为全人类妥善保护中国境内世界遗产的庄严承诺，中国的世界遗产事业从此走上了一条艰辛而辉煌的道路。

在党中央和地方各级政府的高度重视下，中国的世界遗产事业从无到有、从小到大，从当初的蹒跚起步到今天成为世界第二遗产大国，在世界遗产申报、保护、利用和管理等方面取得举世公认的成就，这些都是中国世界遗产事业蓬勃发展的最好论证。1999年10月，中国当选为世界遗产委员会成员，在世界遗产保护事业中发挥着重要作用；2002年，国务院授权国家文物局设立了世界遗产处，用于加强世界遗产的申报、管理和保护工作。

（三）世界遗产研究委员会的成立

如果说国家文物局设立的世界遗产处是为了监督我国世界遗产的申报、管理和保护，那么世界遗产研究委员会则是对中国的世界遗产保护进行研究、提出具体方案。1995年6月，中国传统建筑园林委员会和《古建园林技术》杂志编辑委员会共同在苏州召开了《古建园林技术》三届三次编委（扩大）会暨中国古建学人首届"兰亭"叙谈。会议期间因苏州正在申报古典园林为世界遗产，我国文物专家单士元和中国古建筑学家罗哲文联合提议，由中国文物学会出面，和中国风景园林学会联合成立一个世界遗产研究方面的委员会，为研究和保护中国的世界遗产而做出努力。1998年11月，世界遗产研究委员会在苏州召开了筹备大会，建设部、国家文物局相关领导与专家，全国19处列入《世界遗产名录》管理机构的代表，以及中国文物、古建筑、风景园林等方面的资深专家学者共计90余名代表参加了会议。

筹备大会首先就建立一个全国性的世界遗产保护、研究团体机构——中国风景园林学会、中国文物学会世界遗产研究委员会的各项事宜进行了协商，一致认为：世界文化与自然遗产是人类罕见的、无法替代的产物，对人类发展具有突出的重要性。在人类社会进程中，这些遗产越来越受到人为的和自然灾害性的威胁，越显珍贵和保护的迫切。全体代表希望尽快把这一组织成立起来。后经多方协调，国家部委批准，一直到2001年1月，中国文物学会世界遗产研究委员会成立大会暨第一届年会在云南丽江召开。这是当时中国境内最权威、最正规、拥有中国高层专家学者最全面的国家二级社团。学科门类齐全，专业水准高，具有从多学科视野对世界遗产进行综合学术研究与保护的绝对优势。

（四）中国的世界遗产项目

自中国1985年12月12日加入《保护世界文化和自然遗产公约》缔约国的行列以来，截至2017年7月9日，中国世界遗产已达52项，其中世界文化遗产36项、世界文化与自然双重遗产4项、世界自然遗产12项，在世界遗产名录国家里排名第二，仅次于意大利（53项）（见表9-1）。其中北京拥有6项世界遗产，成为世界上拥有遗产项目数量最多的城市。在我国非物质文化遗产的数量上，截至2016年年底，我国已入选联合国人类非物质文化遗产代表作名录的达39项，名列世界第一（见第八章第四节）。

表9-1　中国的世界遗产名录

序号	项目名称	具体景点	包括地区	遗产性质	入选时间
1	泰山	泰山风景名胜区	山东	文化与自然	1987年
2	黄山	黄山风景名胜区	安徽	文化与自然	1990年
3	峨眉山—乐山大佛	峨眉山风景区、乐山大佛景区	四川	文化与自然	1996年
4	武夷山	武夷山风景区	福建	文化与自然	1999年
5	长城	汉长城、明长城	黑龙江、吉林、辽宁、河北、天津、北京、山东、河南、山西、陕西、甘肃、宁夏、青海、内蒙古、新疆	文化	1987年
6	莫高窟	莫高窟石窟	甘肃	文化	1987年
7	明清故宫（北京故宫、沈阳故宫）	北京故宫、沈阳故宫	北京、辽宁	文化	1987年 2004年
8	秦始皇陵及兵马俑坑	秦始皇陵、秦兵马俑坑	陕西	文化	1987年
9	周口店北京人遗址	北京人遗址	北京	文化	1987年
10	拉萨布达拉宫历史建筑群	大昭寺、罗布林卡	西藏	文化	1994年

序号	项目名称	具体景点	包括地区	遗产性质	入选时间
11	承德避暑山庄及其周围寺庙	避暑山庄及溥仁寺、普陀宗乘寺、须弥福寿之庙等12座寺庙	河北	文化	1994年
12	曲阜孔庙、孔林和孔府	孔庙、孔林、孔府	山东	文化	1994年
13	武当山古建筑群	太和宫、紫霄宫、南岩宫、磨阵井、复真观、"治世玄岳"牌坊	湖北	文化	1994年
14	庐山国家公园	庐山风景区	江西	文化	1996年
15	丽江古城	丽江大研镇古城	云南	文化	1997年
16	平遥古城	平遥古城、双林寺、镇国寺	山西	文化	1997年
17	苏州古典园林	拙政园、留园、网师园、沧浪亭、狮子林、怡园	江苏	文化	1997年
18	北京皇家祭坛——天坛	天坛公园	北京	文化	1998年
19	北京皇家园林——颐和园	颐和园	北京	文化	1998年
20	大足石刻	大足石刻群	重庆	文化	1999年
21	龙门石窟	龙门石窟群	河南	文化	2000年
22	明清皇家陵寝	明显陵、清东陵、清西陵、明孝陵、十三陵、盛京三陵	湖北、河北、江苏、北京、辽宁	文化	2000年 2003年 2004年
23	青城山—都江堰	青城山、都江堰	四川	文化	2000年
24	皖南古村落——西递、宏村	西递村、宏村	安徽	文化	2000年
25	云冈石窟	云冈石窟群	山西	文化	2001年
26	高句丽王城、王陵及贵族墓群	五女山城、国内城、丸都山城、王陵、贵族墓葬、好太王碑和将军坟一号陪冢	吉林、辽宁	文化	2004年
27	澳门历史城区	22座建筑物、8块前地	澳门	文化	2005年
28	安阳殷墟	殷墟博物苑	河南	文化	2006年
29	开平碉楼与村落	锦江里、马降龙、自力村和三门里村的1833座碉楼	广东	文化	2007年

序号	项目名称	具体景点	包括地区	遗产性质	入选时间
30	福建土楼	二宜楼、集庆楼等30座土楼	福建	文化	2008年
31	五台山	五台山、寺庙	山西	文化	2009年
32	登封"天地之中"历史建筑群	中岳庙、嵩阳书院、少林寺、塔林等8处11项历史建筑	河南	文化	2010年
33	杭州西湖文化景观	西湖自然山水、"西湖十景"题名景观、西湖文化史迹等6大要素	浙江	文化	2011年
34	元上都遗址	忽必烈铜雕像、金莲川草原、皇城·明德门、遗址博物馆等	内蒙古	文化	2012年
35	红河哈尼梯田文化景观	梯田风景区	云南	文化	2013年
36	大运河	隋唐大运河、京杭大运河和浙东大运河	北京、天津、河北、山东、河南、安徽、江苏、浙江	文化	2014年
37	丝绸之路：长安—天山廊道的路网	包括未央宫、大明宫遗址在内的22处遗址	陕西、河南、甘肃、新疆	文化	2014年
38	土司遗址	湖南永顺土司城遗址、贵州播州海龙屯遗址、湖北唐崖土司城遗址	湖南、湖北、贵州	文化	2015年
39	左江花山岩画文化景观	花山岩画风景区	广西	文化	2016年
40	黄龙风景名胜区	黄龙景区	四川	自然	1992年
41	九寨沟风景名胜区	九寨沟景区	四川	自然	1992年
42	武陵源风景名胜区	张家界景区	湖南	自然	1992年
43	云南三江并流保护区	三江国家公园，包括八大片区，长江（金沙江）、湄公河和萨尔温江三条大江流经的170万公顷区域	云南	自然	2003年
44	四川大熊猫栖息地	卧龙等7处自然保护区和青城山—都江堰等9处风景名胜区	四川	自然	2006年
45	中国南方喀斯特	云南石林、贵州荔波、重庆武隆、广西桂林、贵州施秉、重庆金佛山和广西环江七地的喀斯特地貌	云南、贵州、重庆、广西	自然	2007年 2014年

序号	项目名称	具体景点	包括地区	遗产性质	入选时间
46	三清山国家公园	三清山风景名胜区	江西	自然	2008年
47	中国丹霞	湖南崀山、广东丹霞山、福建泰宁、江西龙虎山、贵州赤水、浙江江郎山	贵州、福建、湖南、广东、江西、浙江	自然	2010年
48	澄江化石遗址	澄江化石群	云南	自然	2012年
49	新疆天山	托木尔峰、喀拉峻—库尔德宁、巴音布鲁克、博格达	新疆	自然	2013年
50	湖北神农架	天燕原始生态旅游区、神农架森林公园	湖北	自然	2016年
51	青海可可西里	青海可可西里	青海	自然	2017年
52	鼓浪屿：历史国际社区	鼓浪屿全岛及其近岸水域	福建	文化	2017年

二、中国世界遗产类别及代表

我国世界遗产不仅在数量上庞大，而且种类齐全，类型多样。共有自然与文化双重遗产、自然遗产、文化遗产、文化景观四种类型。

（一）双重遗产

截至2016年年底，我国共有世界文化与自然双重遗产4项，分别是泰山、黄山、峨眉山—乐山大佛、武夷山（具体景观介绍见第五章）。

（二）自然遗产

截至2017年年7月，我国共有世界自然遗产12项，与澳大利亚并列世界第一。

1. 中国丹霞

入选时间：2010年

遴选依据：自然遗产（vii）（viii）

必去理由：色渥如丹、灿若明霞的红色砂岩世界

中国丹霞是目前唯一以丹霞（红层）地貌申报世界自然遗产的系列提名。它们包括了最能代表中国丹霞地貌的区域，展现了中国丹霞全面的特征及主要的自然价值。该景观中的各景区全部位于中生代到新生代红色沉积层之中，并且最能代表中国丹霞的地球科学价值，主要包含福建泰宁、湖南崀山、广东丹霞山、江西龙虎山（包括龟峰）、浙江江郎山、贵州赤水6个景区。

丹霞山（中国红石公园）位于广东省韶关市仁化县境内，是世界"丹霞地貌"的命名地。这里由 680 多座顶平、身陡、麓缓的红色砂砾岩石构成，以赤壁丹崖为特色。丹霞山在地层、构造、地貌表现、发育过程、营力作用及自然环境、生态演化等方面的研究在全国丹霞地貌区最为详细和深入，已经成为全国乃至世界丹霞地貌的研究基地及科普教育和教学实习基地

泰宁丹霞位于福建省泰宁县境内，它是中国亚热带湿润区青年期低海拔山原——峡谷型丹霞的唯一代表，是中国丹霞从青年期—壮年期—老年期地貌演化过程中不可或缺的重要一环，被国内外地学界称为"中国丹霞故事开始的地方"。这里以"最密集的网状谷地、最发育的崖壁洞穴、最完好的古夷平面、最丰富的岩穴文化、最宏大的水上丹霞"等特色在"中国丹霞"项目中处于不可替代的地位。

湖南崀山地质公园位于湘西南新宁县境内，地质公园以丹霞地貌为特色，类型齐全，品质高贵，发育完整。崀山丹霞地质的紫红色砂砾岩胶结物，普遍含有碳酸钙和石灰岩砾石，岩溶作用显著，形成了以溶蚀漏斗、溶蚀洼地、溶洞为标志的丹霞喀斯特。

龙虎山位于江西省鹰潭市境内，是中国典型的丹霞地貌风景，是中国道教发祥地，2007 年加入世界地质公园网络。龙虎山的丹霞地貌，是两座发育在中国东南部信江盆地中段南缘由晚白垩世陆相山麓洪—冲积扇块状红色砂砾岩组成的丹霞山体。龙虎山、龟峰包含了中国亚热带湿润区丹霞单体与群体的重要形态类型，形态类型的多样性造就了丹霞峰林地貌组合和象形丹霞景观的独特性。

赤水丹霞位于贵州省赤水市，是青年早期丹霞地貌的代表，其面积达 1200 多平方千米，是全国面积最大、发育最美丽壮观的丹霞地貌。

江郎山位于浙江省衢州市江山市境内，是"老年期丹霞"的典型代表，作为典型的丹霞地貌，江郎山为系列提名地提供了最高大的孤峰与巷谷景观，在审美上给人无以伦比的雄伟气势。

世界遗产委员会的评价：中国丹霞是中国境内由陆相红色砂砾岩在内生力量（包括隆起）和外来力量（包括风化和侵蚀）共同作用下形成的各种地貌景观的总称。这一遗产包括中国西南部亚热带地区的 6 处遗址。它们的共同特点是壮观的红色悬崖及一系列侵蚀地貌，包括雄伟的天然岩柱、岩塔、沟壑、峡谷和瀑布等。这里跌宕起伏的地貌，对保护包括约 400 种稀有或受威胁物种在内的亚热带常绿阔叶林和许多动植物物种起到了重要作用。

2. 湖北神农架

入选时间：2016 年

遴选依据：自然遗产（ix）（x）

必去理由：中国三大生物多样性中心之一

神农架位于湖北省西部一片群峰耸立的高大山地，横亘于长江、汉水之间，方圆3250 平方千米，相传上古的神农氏在此搭架上山采药而得名。景区山峰均在海拔 3000米以上，堪称"华中屋脊"。是以秀丽的亚高山自然风光、多样的动植物种、人与自然

和谐共存为主题的森林生态旅游区。神农架主要景点有神农顶、风景垭、板壁岩、瞭望塔等，它以原始和神秘闻名于世，区内山高谷深，林木茂密，气候复杂多变，四季景色迷人。独特的自然环境、人文历史，造就了极其丰富、珍贵的自然和人文景观，也孕育了景色宜人、钟灵毓秀的旅游环境，有"神农天园"之称。神农架风景区拥有世界地质公园、国家 5A 级旅游景区、国家地质公园、国家森林公园、国家湿地公园、国家自然保护区、中国最美十大森林公园等多项称号。

世界遗产委员会的评价：神农架位于中国湖北省，这里有中国中部地区最大的原始森林，是中国大蝾螈、川金丝猴、云豹、金钱豹、亚洲黑熊等许多珍稀动物的栖息地。湖北神农架是中国三大生物多样性中心之一，在 19 世纪和 20 世纪期间曾是国际植物收集探险活动的目的地，在植物学研究史上占据重要地位。

3. 澄江化石遗址

入选时间：2012 年

遴选依据：自然遗产（viii）

必去理由：20 世纪最惊人的古生物发现之一

澄江动物化石群主要分布在云南省澄江县抚仙湖畔，澄江动物化石群是当今世界上所发现最古老、保存最好的一个多门类动物化石群，从海绵动物到脊椎动物都有其代表。它们生活在遥远的 5.3 亿年前的寒武纪早期海洋中，被誉为"20 世纪最惊人的古生物发现之一"。寒武纪早期，种类繁多的多细胞动物突然在海洋里大量出现。澄江化石记录了这段特殊时期生物群的全貌，成为迄今地球上发现的分布最集中、保存最完整、种类最丰富的"寒武纪生命大爆发"例证。这里各类动物软体构造保存完整、千姿百态、栩栩如生。澄江动物化石群给我们提供了寒武纪大爆发时期最完整、最古老的海洋生态群落图。大型食肉动物出现，表明金字塔式复杂生态系统早在寒武纪已经出现。澄江动物化石群是现代各个动物门爆发式出现的实证，为探索现今生物多样性的起源和演化提供了珍贵的依据。

世界遗产委员会的评价：澄江化石群记录了早期复杂海洋生态系统的形成。澄江遗址至少保存了 160 种生物门类和诸多神秘的种群及其他 196 个物种，它们是 5.3 亿年前地球生物大爆炸的证据——现今地球上主要动物群都在这一时期出现。它为古生物学的学术研究打开了一扇重要的窗口。

（三）文化遗产

截至 2017 年 7 月，我国共有世界文化遗产 36 项，次于意大利、西班牙、德国、法国，位居世界第五位。

1. 平遥古城

入选时间：1997 年

遴选依据：文化遗产（ii）（iii）（iv）

必去理由：中国保存最好的古城，清代中国的金融中心平遥古城位于山西省中部平遥县内，始建于西周宣王时期（公元前827—前782年），被称为"保存最为完好的四大古城"之一。它是中国古代城市在明清时期的杰出范例，保存了其所有特征。平遥古城自明洪武三年（1370年）重建以后，基本保持了原有格局。平遥城内的重点民居，系建于1840—1911年。民居建筑布局严谨、轴线明确、左右对称、主次分明、轮廓起伏、外观封闭、大院深深。精巧的木雕、砖雕和石雕配以浓重乡土气息的剪纸窗花、惟妙惟肖、栩栩如生，集中体现了14—19世纪前后汉民族的历史文化特色，对研究这一时期的社会形态、经济结构、军事防御、宗教信仰、传统思想、伦理道德的人类居住形式有重要的参考价值，是迄今汉民族地区保存最完整的古代居民群落。

世界遗产委员会的评价：平遥古城建于14世纪，是现今保存完整的汉民族城市的杰出范例。其城镇布局集中反映了5个多世纪以来，中国的建筑风格和城市规划的发展。特别值得一提的是，这里与银行业有关的建筑格外雄伟，因为19—20世纪初期平遥是整个中国金融业的中心。

2. 北京皇家祭坛——天坛

入选时间：1998年

遴选依据：文化遗产（i）（ii）（iii）

必去理由：最神圣的祭天场所，最神奇的回音建筑

天坛是北京"天地日月"诸坛之首，是我国和世界上现存最大的古代祭祀性建筑群，始建于明永乐十八年，清乾隆、光绪时曾重修改建，是一座典型坛庙，是明清两代皇帝祭天祈谷的场所。每年孟春祈谷、孟夏祈雨、孟冬祀天。无论从架构、力学还是美学角度来看，天坛都是出类拔萃、举世无双的建筑杰作。现已辟为公园开放，昔日的皇家坛庙现已成为北京市区富有特色的旅游公园。天坛是圜丘、祈谷两坛的总称，占地273公顷。天坛建筑布局呈"回"字形，有垣墙两重，形成内外坛，坛墙南方北圆，象征天圆地方。主要建筑在内坛，圜丘坛在南、祈谷坛在北，二坛同在一条南北轴线上，中间有墙相隔。圜丘坛内主要建筑有圜丘坛、皇穹宇等，祈谷坛内主要建筑有祈年殿、皇乾殿、祈年门等。

世界遗产委员会的评价：天坛，建于15世纪上半叶，坐落在皇家园林当中，四周古松环抱，是保存完好的坛庙建筑群。无论在整体布局还是单一建筑上，都反映出天地之间（即人神之间）的关系，而这一关系在中国古代宇宙观中占据着核心位置。同时，这些建筑还体现出帝王在这一关系中所起的独特作用。

3. 土司遗址

入选时间：2015年

遴选依据：文化遗产（ii）（iii）

必去理由：少数民族部落首领的王宫

13—20世纪初，中国元、明、清朝中央政权在西南少数民族地区推行"土司制度"，中央委任当地首领担任"土司"，世袭统治当地人民。留存至今的土司城寨及官署建筑

遗存曾是"土司"的行政和生活中心。中国土司遗产包括湖南永顺土司城遗址、贵州播州海龙屯遗址、湖北唐崖土司城遗址。这三处遗址为中国规模较大、格局完整、遗存丰富且最具价值特征代表性的土司城遗址。至今，这些遗产所在地的居民仍传承着各自典型的民族习俗与文化传统。土司遗址不仅给人们带来艺术美感，也让人们更加了解当时中国少数民族地区的生活状况、生产力水平和管理体系，从而了解中国国家和民族的历史发展脉络。此外，土司遗址也是中国文化多样性的体现，入选世界遗产能够让世界更加了解多彩的中华民族文化。

永顺土司城遗址位于湘西土家族苗族自治州永顺县境内，因是土司王朝 800 年统治的古都，亦称司城、老司城。是南宋绍兴五年（1135 年）至清雍正六年（1724 年）永顺彭氏土司的政治、经济、军事、文化中心。老司城是土司制度的物化载体，是中国古代民族区域自治制度发展的活标本，于 2001 年被公布为第五批全国重点文物保护单位。

海龙屯遗址位于贵州省遵义市老城西北约 28 千米的龙岩山巅，又称海龙囤、龙岩囤、龙岩屯，是一处宋明时期的"土司"城堡遗址。作为中国西南地区历史最久、规模最大、保存最完整的土司城堡之一，始建于南宋宝祐五年（1257 年），由南宋朝廷与播州的土司杨氏共同营建，后来毁于 1600 年对抗明朝廷的战争。海龙囤遗址是贵州境内目前仅见的一处大型军事建筑与宫殿建筑合二为一的遗址，也是当今中国乃至亚洲保存完好的中世纪城堡遗址。

唐崖土司城遗址位于湖北省恩施土家族苗族自治州咸丰县唐崖镇，主要族群为自古定居于此的土家族，元末起由覃氏土司世袭统治。唐崖土司城始建于元朝至正十五年（1355 年），鼎盛于明朝天启年间，废止于清雍正十三年（1735 年）"改土归流"，共历 16 代 18 位土司，计 381 年。唐崖土司城址格局清晰，功能完备，保存完整，为西南地区最具代表性的土司城址之一，对研究中国土司制度和土家族的历史文化具有重要价值。

世界遗产委员会的评价：这片遗址位于中国西南山区，包括一系列部落领地。这些领地的首领被中央政府任命为"土司"，是这里 13—20 世纪世袭的统治者。土司制度起源于公元前 3 世纪少数民族地区的王朝统治体系。其目的是为了既保证国家统一的集权管理，又保留少数民族的生活和风俗习惯。湖南老司城、湖北唐崖和贵州海龙屯均属于这片遗址，它是中华文明在元、明两代发展出的这种统治制度的特殊见证。

（四）文化景观

截至 2017 年 7 月，我国共有世界文化景观 5 项，分别为庐山、五台山、杭州西湖、哈尼梯田和左江花山岩画。

1. 杭州西湖文化景观

入选时间：2011 年

遴选依据：文化景观（ii）（iii）（vi）

必去理由：若把西湖比西子，淡妆浓抹总相宜西湖位于浙江省杭州市西面，是中国大陆首批国家重点风景名胜区和中国十大风景名胜之一。它是中国大陆主要的观赏性淡水湖泊之一，也是现今《世界遗产名录》中少数几个和中国唯一一个湖泊类文化遗产。西湖三面环山，面积约 6.39 平方千米，东西宽约 2.8 千米，南北长约 3.2 千米，绕湖一周近 15 千米。湖中被孤山、白堤、苏堤、杨公堤分隔，按面积大小分别为外西湖、西里湖、北里湖、小南湖及岳湖五片水面，苏堤、白堤越过湖面，小瀛洲、湖心亭、阮公墩三个小岛鼎立于外西湖湖心，夕照山的雷峰塔与宝石山的保俶塔隔湖相映，由此形成了"一山、二塔、三岛、三堤、五湖"的基本格局。

世界遗产委员会的评价：自 9 世纪以来，西湖的湖光山色引得无数文人骚客、艺术大师吟咏兴叹、泼墨挥毫。景区内遍布庙宇、亭台、宝塔、园林，其间点缀着奇花异木、岸堤岛屿，为江南的杭州城增添了无限美景。数百年来，西湖景区对中国其他地区乃至日本和韩国的园林设计都产生了影响，在景观营造的文化传统中，西湖是对天人合一这一理想境界的最佳阐释。

2. 五台山

入选时间：2009 年

遴选依据：文化景观（ii）（iii）（iv）（vi）

必去理由：中国四大佛教圣地之首，文殊菩萨的道场

五台山位于山西省忻州市五台县境内，位列中国佛教四大名山之首，与浙江普陀山、安徽九华山、四川峨眉山共称"中国佛教四大名山"，是文殊菩萨的道场。五台山是中国唯一一个青庙、黄庙交相辉映的佛教道场。现存寺院 47 处，台内 39 处，台外 8 处，其中多敕建寺院，多朝皇帝曾前来参拜。著名的有：显通寺、塔院寺、菩萨顶、南山寺、黛螺顶、广济寺、万佛阁等。"一部佛国史，百座艺术宫"，确切地概括了五台山固有的文化特色。随着时代和社会的发展，五台山也正在前进，发挥自然和历史对它的厚赐，展示出它特有的魅力。

世界遗产委员会的评价：五台山位于山西省忻州市，是中国四大佛教名山之首，以浓郁的佛教文化闻名海内外。五台山保存有东亚乃至世界现存最庞大的佛教古建筑群，享有"佛国"盛誉，五台山由五座台顶组成，珠联璧合地将自然地貌和佛教文化融为一体，典型地将对佛的崇信凝结在对自然山体的崇拜之中，完美体现了中国"天人合一"的哲学思想，成为持续 1600 余年的佛教文殊信仰中心——一种独特而富有生命力的组合型文化景观。

第二节　中国的世界遗产存在的问题

1972 年，在联合国教科文组织大会上缔结的《保护世界文化和自然遗产公约》，规定各国将超过本国国宝价值的、优秀或者特殊的文化遗产和自然环境，推荐为世界遗

产，并依靠国际间的协助加以保护，使之永远传递下去。由此可见，"申遗"的根本目的"是为了在国际水准、在更高的层次上进行保护与利用，以科学的管理来平衡不同的利益主体、不同时代对永恒的文化遗产事业的需求，走向文化遗产保护的可持续发展道路"。从《保护世界文化和自然遗产公约》里我们可以读出这样的信息：无论在任何时代、任何国家，对于世界遗产的保护永远是第一位的，对世界遗产的开发利用必须建立在有效保护的基础之上，不能为了开发需要而置保护于不顾。

目前我国除52项已被列入世界遗产名录外，按照《保护世界文化和自然遗产公约》中各国至少每10年要修订一次《预备名单》的规定，我国首批《中国世界遗产预备名单》于1996年向联合国教科文组织递交，第二批《中国世界遗产预备名单》于2006年12月报送联合国教科文组织世界遗产中心，第三批《中国世界遗产预备名单》包括54项不同类型文化遗产，在联合国教科文组织世界遗产中心网站更新的《中国世界文化遗产预备名单》已于2015年1月30日正式公布。中国加入《保护世界文化和自然遗产公约》30多年来，各地对于申报世界遗产的热情从未减退，一大批景区景点在申遗的路上前赴后继。但热闹的申遗背后，隐藏的却是让人无法轻松的真相：各地积极"申遗"，并非是各地政府充分认识到世界遗产的内涵和价值继而进行全方位的保护，而是强大的经济利益驱动其不顾一切地在"申遗"道路上不遗余力。这种目的与我国当初加入《保护世界文化和自然遗产公约》的初衷背道而驰，值得我们认真反思。

我国在"申遗"方面出现的问题不仅表现在"申遗"目的的认识错位，还在于申请世界遗产成功后对遗产的开发和保护上。尽管目前我国已经拥有世界第二的遗产数量，堪称世界遗产大国，但在对遗产的全面认识上还远远落后于其他国家。目前许多世界遗产景区在发展中将保护与开发的关系本末倒置、"重开发、轻保护"，商业化运作模式盛行，过分追求经济利益、忽视环境效益与社会效益，可持续发展的长远眼光缺乏，保护经费过低、遗产无法得到及时修复，缺乏有效的法律监管，这些错位既有政府的责任，也有景区自身的问题，导致世界遗产存在着动机与列入世界遗产的本意之间的错位，最终导致中国的世界遗产资源的过度开发乃至破坏性开发。

一、问题的表现

（一）"申遗"形成一种商业化的运作模式

虽然申报世界遗产有利于遗产资源的保护，但这并不能成为中国许多地方政府申报世界遗产的主要目的。当世界遗产成功申报后，所带来的的荣誉成为地方发展旅游业的强有力的吸引要素时，他们更加关注的是如何用这份荣誉为当地带来巨大的经济效益及财政收入，如何拉动地方GDP的增长。这种急功近利的心态使得许多地方政府纷纷走上申遗之路，尽管这条道路漫长而艰巨，但利益的驱使让他们不惜一切代价，耗费大量的人力、物力和财力，在这条用金钱铺就的申遗之路上，充满了商业化的运作模式。

这种商业化模式的具体表现为：耗费巨资挖掘、提升旅游资源价值—商业化旅游开发—投入重金改造景区申请世界遗产—申请成功后提高门票价格—大肆敛财增加收入—资源、环境严重被破坏，这种模式往往伴随的是一个恶性循环的负面模式。有些地方政府对世界遗产的内涵和价值存在误区，这些误区说明有些地方政府已经背离了当初我国加入《保护世界文化和自然遗产公约》的初衷。这种商业模式成为我国许多地区申请世界遗产的错误开发模式，值得我们深思。

（二）遗产维护资金匮乏，对世界遗产保护受限

世界遗产的保护绝不是仅仅靠思想上的重视就能解决的，必须投入充裕的保护资金。这些资金的来源可以非常广泛，但就目前我国国情而言，政府拨款占到很大比例。而我国各地政府耗费巨资申遗成功后，往往在短时间内难以收回申遗所花费的巨额资金，以致于形成无力承担世界遗产的维护费用，这种申遗前的巨资耗费与申遗后的资金匮乏形成鲜明的对比，成为许多景区普遍存在的现象。从北京故宫、天坛、颐和园、长城、明十三陵五个世界遗产曾高达 32 亿元的维修资金缺口，再到秦兵马俑博物馆年平均只有几百万的修缮费用，众多世界遗产的修缮费用让人大跌眼镜。尽管高额的门票让景区收入可观，但除去政府、财政、开发公司、员工的工资等必要支出外，能够用到遗产保护上的费用连门票收入的 1/10 都不到。究其原因，这与我国世界遗产资金配备体制不健全、商业盈利意识大于保护意识等有关，这种只追求经济效益忽略对世界遗产维护这份重要的社会效益及社会责任、背离申遗宗旨和目的对世界遗产缺乏足够资金维护的做法，所带来的经济效益也是短暂的。

景区的主管部门和地方政府在财政预算中对其资金的划拨常常局限于基础建设、人头费和专项补助，对于资源的维护并无固定项目，自然就没有稳定的经费来源。上级部门的财政拨款限制使得我国目前已经成为世界遗产的一些景区得不到及时维护，保护工作举步维艰。但面对舆论及上级政府对世界遗产的保护要求，一些世界遗产景区在不得已的情况下只能自寻出路，将门票收入的一部分用来维护资源，靠山吃山，自寻出路。

（三）保护意识淡薄、资源破坏严重

随着世界遗产的申报成功，景区知名度加大，游客量暴增，旅游业发展迅速，在短时间内为遗产所在地带来显著的经济效益，甚至成为当地支柱性产业。但大量的游客涌入，餐饮、住宿等商业化设施的增加，必将导致世界遗产景区过度开发，环境污染、资源破坏等，从而影响生态系统的完整，最终违背遗产资源保护和可持续利用的原则，损害世界遗产的真实性和完整性。

为维护世界遗产完整性与真实性，联合国教科文组织在《保护世界文化和自然遗产公约》中明确将"严格保护、合理利用"放在遗产保护的首位，同时发出警告，世界遗产一旦因为保护不力受到严重威胁，便会列入《濒危世界遗产名录》，给予警告甚至除名。

如果说 10 年前我国的一些世界遗产景区缺乏基本的保护意识，对遗产资源大肆破坏的话（如在世界自然遗产武陵源的核心景区张家界修建现代化、商业化的电梯，在世界双重遗产景区泰山炸毁月观峰部分区域修建索道；在世界文化遗产武当山遇真宫开办武院导致主殿被烧毁等），那近年来的一些世界遗产景区则在保护上则缺乏与世界接轨的保护意识，认为只要将景区本身保护到位即可，而忽视了其外延区域与相关地域，反复受到联合国教科文组织世界遗产委员会的警告。如丽江古城早在 1997 年就因独特的纳西族文化和古城风貌被列入《世界遗产名录》，此后的丽江在十几年内因在"保护遗产的基础上发展旅游业，用旅游收入保护遗产"这种实践经验被联合国教科文组织肯定和赞许，但如今越来越严重的现代化商业开发对纳西族的古老文化造成了严冲的冲击，大量原住民为了经济利益而把房屋出租或出售，搬离古城，今天的丽江整体被商业化包围，物质化的客栈、酒吧及餐厅正在掏空丽江城市的精神内容。

大量的案例表明，我国世界遗产在旅游开发中，只顾追求经济利益而忽视世界遗产保护的做法无异于饮鸩止渴。尽管有严惩措施，但目前我国世界遗产的保护现状还是值得担忧。一些地方政府在商业利益和不良政绩观的驱动下已经走上了偏离遗产保护、只追求经济收入的畸形发展道路。这种模式越演越烈，最终只能付出资源被破坏、环境被污染、贻害后代的代价。

（四）法制建设滞后，缺乏有效的立法保护

我国加入《保护世界文化和自然遗产公约》已有 30 多年，我国的世界遗产数量也从无到有、从少到多成为了名副其实的遗产大国。但在遗产的立法保护上，我国却走在了世界其他国家的后面，相关法制建设滞后，世界遗产缺乏有效的立法保护。2006 年11 月，《世界文化遗产保护管理办法》经文化部部务会议审议通过并施行，但仔细研读会发现，它只是对于世界遗产的保护主体、保护规划、公民的责任和义务提出了说明和要求，但不是法律法规，其对遗产保护不力、破坏的行为并不具有任何约束力和强制执行力。在具体地方上，目前只有《四川省世界遗产保护条例（修订）》《福建省"福建土楼"世界文化遗产保护条例》等个别条例实施，但也不具有法律约束力。

在我国目前仍没有一部完整的世界遗产保护法律保护遗产资源的现实条件下，我国的世界遗产保护无法可依，破坏遗产的现象随时可能发生。仅有的几部遗产保护条例又具有很强的具体针对性，这就使得在面对遗产资源遭受破坏时，没有执法权的景区无法凭借某一法律规定进行处罚或追求责任，只能任由遗产资源被破坏。

（五）管理体制混乱，多头管理，利益关系复杂

在我国世界遗产的管理体制上，存在重复交叉、多头管理的弊端。按照惯例，我国被评选为世界遗产的景区同时也往往具有其他多个知名头衔，如国家风景名胜区、国家森林公园、国家 5A 级景区、国家级自然保护区、国家地质公园等，其上级管理单位就有多个，既属于建设部门、林业部门，又属于旅游局、国土资源部门、文化部门、文物

部门等。这些头衔给景区带来荣耀的同时，也带来了许多管理上的不便。由于不同管理部门职责不同，所以其利益关系也有所差别，对于世界遗产景区来说要协调各种利益关系就比较困难。地方政府、投资开发公司、当地居民等各种利益主体构成了一个错综复杂的关系网，这张网不但限制了景区本身的发展，而且造成遗产资源过度开发利用，最终造成规划不当、环境污染、资源破坏等不可逆转性的严重后果。所以，对于世界遗产来说，需要一个有效的中央管理部门，该部门既能对世界遗产直接管辖，又能从行政权上统辖其他部门、避免多头管理带来的各种弊端。

（六）未处理好经济效益、环境效益和社会效益三者之间可持续发展的关系

世界遗产发展真正的最佳状态应该是既能实现当下经济发展的目标，又能使我们赖以生存的自然和文化遗产资源得到保护并持续利用，给子孙后代留下安居乐业的优质环境。这种兼顾了经济效益、环境效益和社会效益三者之间良性发展的模式就是可持续发展。目前我国许多世界遗产往往把追求经济效益放在首位，忽视了资源的有效利用和最佳配置，单纯地走入了"经济收益越高，资源破坏越大"的负面模式中，不仅未对遗产资源进行保护，也未从伦理学角度看待世界遗产与人类社会发展的关系，思索我们能给子孙后代留下些什么。

（七）重旅游开发功能，轻教育、科学文化研究功能

北京大学世界遗产研究中心谢凝高教授认为，世界遗产具有五大功能，即科学功能、教育功能、旅游功能、启智功能和创作山水文化体验活动的功能。我国的世界遗产目前在开发中过度重视旅游功能，而对其他功能不够重视。目前我国申请成功的52处世界遗产，在地质地貌、资源特征、文化内涵等方面具有很强的教育意义，都是为公众提供科普教育的良好场所。但作为发展部门，都忽略了自身所肩负的对公众具有的社会教育责任，把工作重心全放在追求经济效益上。某一景区要想申请为世界遗产，首先就要投入巨资进行交通、食宿、游览娱乐、购物等设施的兴建，其次对景区的资源特色和文化内涵进行深度发掘，在此基础上才达到申请世界遗产的基本资格。一旦成功申请世界遗产后，对文化的继续发掘和研究便束之高阁，甚至将本来非常有特色的少数民族风情、宗教仪式包装为一场场商业演出，这种对遗产历史文化价值的轻视和无知，也是对文化的一种践踏。长此以往，在商业化氛围的充斥下，一些珍贵的民族特色文化将面临变质或消失，景区也就失去了在市场上的文化竞争力，从而走向衰落。

此外，世界遗产所具有的资源价值本身就是一处处重要的学术研究基地，但是目前我国许多世界遗产在发展中受到过分追求经济利益、轻视人才引进、资金设备有限等各方面的限制，对世界遗产所在地区的地质地貌结构、动植物资源特征、生态系统多样性、历史文化内涵等方面的学术研究要远远落后于世界一些国家。

（八）门票过高侵犯公众文化权益，社区居民参与遗产管理热情不高

我国目前申遗成功的 52 处景观，其门票价格整体偏高，呈现"贵族化"的特点。门票价格增长幅度与居民收入增长速度不成正比，高额的门票价格不但削弱了公众对世界遗产的旅游意愿，也体现不出世界遗产应有的公益性质，更侵犯了公众的文化权益。尽管高额的门票背后是多种因素综合作用的结果，但对于公众来说，本应共享的公益性文化资源却因为高额门票被拒之门外。日本、韩国等国家的一些世界遗产景区往往将公众的资源共享、文化教育放在首位，故门票价格都非常低。中外的这种反差应该引起一些管理部门和遗产景区本身的反思，如何通过有效措施将世界遗产像水、空气和基础设施一样，让全民共享。

世界遗产所在地的居民理应成为旅游发展中一个重要的参与主体和利益主体。从世界遗产资源文化价值来说，社区居民的文化也是其重要组成部分，他们本身所具有的民风民俗、生活习惯就是遗产的文化组成部分。在实际旅游发展中，他们理应成为遗产资源的保护者、旅游服务的代言者、遗产地的组成者等，有权享受旅游发展的利益所得。由于社区居民的特殊性，他们在旅游发展中不可避免地受到影响，这种影响既有游客带来的经济收入增加、生活水平提高、就业机会增多，也有负面的文化侵入、生活秩序被打扰等。在这些负面影响的冲击下，社区居民会向遗产景区提出更过的利益诉求。也正是因为这些超出了景区承受的诉求，社区居民被拒绝过多参与遗产资源的管理和服务。一方面是社区居民过分重视经济诉求而不愿参与遗产地的主动保护和管理，另一方面是景区处于自身管理的需要拒绝居民社区参与，这种结果都对遗产地的可持续发展带来潜在的威胁和隐患。

二、问题解决的出路

（一）设置中央管辖的世界遗产委员会，剥离地方政府管辖

要想真正实现对世界遗产的有效管理，首先要将世界遗产从地方政府管辖中剥离出来。在此建议国家相关部委成立中央直接管辖的世界遗产委员会，对我国现有的 52 处世界遗产进行行政管理，地方政府无权管辖且要配合世界遗产委会对遗产的管理和监督。

建立最高行政级别的世界遗产委员会，其意义在于：一是可以对全国的世界遗产资源进行有效科学管理，不再受制于地方政府的保护主义；二是可以捋顺世界遗产的多头管理体系，避免不同的行政管理部门对其重复管辖、业务交叉矛盾等体制问题；三是以国家层面建立世界遗产开发原则、管理制度、保护标准，还可以立法拥有自己的执法队伍；四是可以对世界遗产的价格等收费问题进行统一调控，解决目前我国世界遗产门票高居不下的问题，在兼顾市场的前提下尽量体现遗产的公益性；五是可以统一对拟申请世界遗产的景区进行指导监督，整改目前存在的问题，指导辅助其顺利申遗。

（二）加强世界遗产的立法保护，完善世界遗产保护的法律法规

协调《风景名胜区管理条例》《中华人民共和国文物保护法》《中华人民共和国野生动物保护法》《自然保护区条例》《中华人民共和国野生植物保护法》《中华人民共和国环境保护法》《中华人民共和国矿产资源法》等已经实施的法律法规内容，制定出"中华人民共和国遗产保护法"，将我国的世界遗产、世界非物质文化遗产、国家非物质文化遗产等内容纳入法制化的轨道，利用"中华人民共和国遗产保护法"保护珍稀的各类遗产，做到遗产的可持续发展。

纵观美国、英国等发达国家保护世界遗产的成功经验，其核心内容都是拥有完善的法律体系，以立法的形式来确定遗产的保护管理属性，明确遗产的保护机构归属、保护经费在国家财政中的比例与地位、世界遗产的开发与保护准则等。中国也应向这些法律体系完善的国家学习，在制定"中华人民共和国遗产保护法"时要充分和国际法相结合，考虑实际情况，在立法理念和原则上尽量贴近国际法，这样才能更好地对遗产进行统一化的保护和管理，才能与世界接轨。立法是管理的基础，没有权威的法律做基础，世界遗产在实际管理和保护中都会有很大的阻碍；只有立法，才能制止地方为了追求利益不惜牺牲环境资源代价的行为，才能排除地方政府和其他管理部门的干扰。

（三）建立遗产分级分类管理机制，加大世界遗产保护力度

在市场经济过分张扬的时代背景下，地方政府为了追求 GDP 过分依赖世界遗产，将追求经济效益放在首位而忽略了社会效益和环境效益，这种做法无异于杀鸡取卵。要想真正做到对世界遗产的有效保护，一是上述已经建议过的成立国家遗产管理局或国家遗产管理委员会，从行政上剥离地方政府的管辖权；二是建立立法体系，制定"中华人民共和国世界遗产保护法"，从法律上制止地方政府或部门破坏遗产资源的行为；三是全民动员，从科普宣传上对公众进行遗产珍贵性的教育，使人人具有遗产保护意识，人人主动参与遗产保护。

但我国世界遗产保护在实际管理中，由于所包含的资源类型多样、内容丰富，且不同类型资源性质差别很大，就算是同一类的资源质量差异化也很明显，保护难度较大。在此基础上，要想加大遗产保护力度，首先要按资源价值的等级建立和实行遗产的分类和分级管理制度，以确保不同类型、不同等级的世界遗产能够得到针对性更强的保护及管理。不同种类、不同级别的遗产资源应该具有不同的管理制度、标准、营销策略、监控体系等，这项工作需要从专业角度进行细化，因此任务量庞大，可以在成立国家遗产委员会的前提下，结合地方专业部门的力量合作，共同对遗产资源进行保护。

（四）提高世界遗产维护资金比例，扩展资金来源渠道

我国世界遗产保护仅靠目前的维护资金做好世界遗产的可持续发展，是远远不够的，因此必须在现有的基础上加大维护资金。除了通过政府财政预算，获取主要的资金

来源，设立专项资金项目，用于世界遗产的保护及维护外，还可以尝试多渠道发展。可以通过建立世界遗产基金会，通过一些社会团体和民间组织募集资金，这些社会团队可以包括国外的相关团体和组织，也可以包括国内的个人募捐，用于对遗产进行研究、保护和宣传等。还可通过门票收入支出监控体系，从门票中增强用于世界遗产维护的资金比例，这部分比例应该结合景区的实际资金需要，制订合适的额度。

（五）维护社区居民利益，鼓励社区居民参与管理

世界遗产的公益性不仅体现在其门票价格的优惠、对公众的科普教育等方面，还体现在对当地居民的利益维护。应对正视当地居民的实际需求，重视当地居民的利益，制定针对本地居民的优惠门票价格，增强其公益性。除此之外，景区管理部门要通过对当地社区居民生活区域公共设施、居住环境、公共福利的改善提升，维护其利益。

社区居民作为世界遗产管理体系中的利益相关者，对世界遗产具有重要的管理权和参与权，因为他们是遗产的承载体，因此要想将世界遗产更好地永续利用下去，必须鼓励社区居民参与世界遗产的开发和保护及管理。政府和遗产景区的管理机构可以通过构建多维度的社区参与机制，采取多种途径和方法保障社区居民的利益，推动社区和遗产及旅游的可持续发展。可以通过宣传及科普让社区居民意识到遗产的珍贵性，在此前提下赋予社区居民参与管理和保护的权利，引导他们正确保护世界遗产。之后可以通过景区的帮助和指导使社区居民通过多方式进行管理水平和模式的创新和提升，如创造就业机会、鼓励创业、做景区形象代言人、网络营销等，作为一种福利回馈社区居民。

（六）做好宣传、科普教育、文化研究等工作，实现可持续发展

世界遗产要想实现可持续发展，除了对资源进行保护，还要有一些列的相关要素共同作用，实现有序利用。一是加强网站、电视、报纸、自媒体、展览、讲座等多形式加大对世界遗产的舆论宣传，对公众进行有关世界遗产的公约、法律、法规等知识普及，提高公众对世界遗产的保护意识，营造全社会关心、关注、爱护世界遗产的良好氛围。二是加强对公众的遗产科普教育，尤其是对青少年的科普知识引导。在中小学可以定时开展讲座、宣传活动等方式，在大学可以展开选修课、活动策划等方式，通过多形式激发青少年对世界遗产的热爱，增强其民族自豪感，提高对世界遗产的保护意识。三是加强对世界遗产的相关科学研究及交流。这些研究内容多样，既包括遗产本身的专业性学术研究，也包括相关的管理水平、法制建设、遗产保护等方面的研究；同时要加强与国际学术组织有关遗产保护、文化发掘方面的交流，同时要向世界遗产保护工作优秀的国家和地区学习交流。

附　录

保护世界文化和自然遗产公约

联合国教育、科学及文化组织大会于 1972 年 10 月 17 日至 11 月 21 日在巴黎举行的第十七届会议，注意到文化遗产和自然遗产越来越受到破坏的威胁，一方面因年久腐变所致，同时，变化中的社会和经济条件使情况恶化，造成更加难以对付的损害或破坏现象，考虑到任何文化或自然遗产的坏变或消失都构成使世界各国遗产枯竭的有害影响，考虑到国家一级保护这类遗产的工作往往不很完善，原因在于这项工作需要大量手段，以及应予保护的财产的所在国不具备充足的经济、科学和技术力量，回顾本组织《组织法》规定，本组织将通过确保世界遗产得到保存和保护以及建议有关国家订立必要的国际公约来维护、增进和传播知识，考虑到现有关于文化财产和自然财产的国际公约、建议和决议表明，保护不论属于哪国人民的这类罕见且无法替代的财产，对全世界人民都很重要，考虑到某些文化遗产和自然遗产具有突出的重要性，因而需作为全人类世界遗产的一部分加以保存，考虑到鉴于威胁这类遗产的新危险的规模和严重性，整个国际社会有责任通过提供集体性援助来参与保护具有突出的普遍价值的文化遗产和自然遗产；这种援助尽管不能代替有关国家采取的行动，但将成为它的有效补充，考虑到为此有必要通过采用公约形式的新规定，以便为集体保护具有突出的普遍价值的文化遗产和自然遗产建立一个依据现代科学方法组织的永久性的有效制度，在大会第十六届会议上曾决定就此问题制订一项国际公约，于 1972 年 11 月 16 日通过本公约。

Ⅰ 文化遗产和自然遗产的定义

第一条　为实现本公约的宗旨，下列各项应列为"文化遗产"。

古迹：从历史、艺术或科学角度看具有突出的普遍价值的建筑物、碑雕和碑画、具有考古性质的成份或构造物、铭文、窟洞以及景观的联合体；

建筑群：从历史、艺术或科学角度看在建筑式样、分布均匀或与环境景色结合方面具有突出的普遍价值的单立或连接的建筑群；

遗址：从历史、审美、人种学或人类学角度看具有突出的普遍价值的人类工程或自然与人的联合工程以及包括有考古地址的区域。

第二条　为实现本公约的宗旨，下列各项应列为"自然遗产"。

从审美或科学角度看具有突出的普遍价值的由物质和生物结构或这类结构群组成的自然景观；

从科学或保护角度看具有突出的普遍价值的地质和地文结构以及明确划为受到威胁的动物和植物生境区；

从科学、保存或自然美角度看具有突出的普遍价值的天然名胜或明确划分的自然区域。

第三条 本公约缔约国均可自行确定和划分上面第一条和第二条中提及的、本国领土内的各种不同的财产。

Ⅱ 文化遗产和自然遗产的国家保护和国际保护

第四条 本公约缔约国承认，保证第一条和第二条中提及的、本国领土内的文化遗产和自然遗产的确定、保护、保存、展出和传与后代，主要是有关国家的责任。该国将为此目的竭尽全力，最大限度地利用本国资源，适当时利用所能获得的国际援助和合作，特别是财政、艺术、科学及技术方面的援助和合作。

第五条 为确保本公约各缔约国为保护、保存和展出本国领土内的文化遗产和自然遗产采取积极有效的措施，本公约各缔约国应视本国具体情况尽力做到以下几点：

（一）通过一项旨在使文化遗产和自然遗产在社会生活中起一定作用，并把遗产保护工作纳入全面规划纲要的总政策。

（二）如本国内尚未建立负责文化遗产和自然遗产的保护、保存和展出的机构，则建立一个或几个此类机构，配备适当的工作人员和为履行其职能所需的手段。

（三）发展科学和技术研究，并制订出能够抵抗威胁本国文化或自然遗产的危险的实际方法。

（四）采取为确定、保护、保存、展出和恢复这类遗产所需的适当的法律、科学、技术、行政和财政措施。

（五）促进建立或发展有关保护、保存和展出文化遗产和自然遗产的国家或地区培训中心，并鼓励这方面的科学研究。

第六条 （一）本公约缔约国，在充分尊重第一条和第二条中提及的文化遗产和自然遗产的所在国的主权，并不使国家立法规定的财产权受到损害的同时，承认这类遗产是世界遗产的一部分，因此，整个国际社会有责任进行合作，予以保护。

（二）缔约国同意，按照本公约的规定，应有关国家的要求帮助该国确定、保护、保存和展出第十一条第（二）和第（四）款中提及的文化遗产和自然遗产。

（三）本公约缔约国同意不故意采取任何可能直接或间接损害第一条和第二条中提及的位于本公约其他缔约国领土内的文化遗产和自然遗产的措施。

第七条 为实现本公约的宗旨，世界文化遗产和自然遗产的国际保护应被理解为建立一个旨在支持本公约缔约国保存和确定这类遗产的努力的国际合作和援助系统。

Ⅲ 保护世界文化遗产和自然遗产政府间委员会

第八条 （一）在联合国教育、科学及文化组织内，现建立一个保护具有突出的普遍价值的文化遗产和自然遗产的政府间委员会，称为"世界遗产委员会"。委员会由联合国教育、科学及文化组织大会常会期间召集的本公约缔约国大会选出的 15 个缔约国组成。委员会成员国的数目将自本公约至少在 40 个缔约国生效后的大会常会之日起增至 21 个。

（二）委员会委员的选举须保证均衡地代表世界的不同地区和不同文化。

（三）国际文物保存与修复研究中心（罗马中心）的一名代表、国际古迹遗址理事会的一名代表、以及国际自然及自然资源保护联盟的一名代表，可以咨询者身份出席委员会的会议。此外，应联合国教育、科学及文化组织大会常会期间参加大会的本公约缔约国提出的要求，其他具有类似目标的政府间或非政府组织的代表亦可以咨询者身份出席委员会的会议。

第九条 （一）世界遗产委员会成员国的任期自当选之应届大会常会结束时起至应届大会后第三次常会闭幕时止。

（二）但是，第一次选举时指定的委员中，有1/3的委员的任期应于当选之应届大会后第一次常会闭幕时截止；同时指定的委员中，另有1/3的委员的任期应于当选之应届大会后第二次常会闭幕时截止。这些委员由联合国教育、科学及文化组织大会主席在第一次选举后抽签决定。

（三）委员会成员国应选派在文化或自然遗产方面有资历的人员担任代表。

第十条 （一）世界遗产委员会应通过其议事规则。

（二）委员会可随时邀请公共或私立组织或个人参加其会议，以就具体问题进行磋商。

（三）委员会可设立它认为为履行其职能所需的咨询机构。

第十一条 （一）本公约各缔约国应尽力向世界遗产委员会递交一份关于本国领土内适于列入本条第（二）款所述《世界遗产目录》的组成文化遗产和自然遗产的财产的清单。这份清单不应当看作是详尽无遗的。清单应包括有关财产的所在地及其意义的文献资料。

（二）根据缔约国按照第（一）款规定递交的清单，委员会应制订、更新和出版一份《世界遗产目录》，其中所列的均为本公约第一条和第二条确定的文化遗产和自然遗产的组成部分，也是委员会按照自己制订的标准认为是具有突出的普遍价值的财产。一份最新目录应至少每两年分发一次。

（三）把一项财产列入《世界遗产目录》需征得有关国家同意。当几个国家对某一领土的主权或管辖权均提出要求时，将该领土内的一项财产列入《目录》不得损害争端各方的权利。

（四）委员会应在必要时制订、更新和出版一份《处于危险的世界遗产目录》，其中所列财产均为载于《世界遗产目录》之中、需要采取重大活动加以保护并根据本公约要求需给予援助的财产。《处于危险的世界遗产目录》应载有这类活动的费用概算，并只可包括文化遗产和自然遗产中受到下述严重的特殊危险威胁的财产。这些危险是：蜕变加剧、大规模公共和私人工程、城市或旅游业迅速发展的项目造成的消失威胁；土地的使用变动或易主造成的破坏；未知原因造成的重大变化；随意摈弃；武装冲突的爆发或威胁；灾害和灾变；严重火灾、地震、山崩；火山爆发；水位变动、洪水和海啸等。委员会在紧急需要时可随时在《处于危险的世界遗产目录》中增列新的条目并立即予以发表。

（五）委员会应确定属于文化或自然遗产的财产可被列入本条第（二）和第（四）款中提及的目录所依据的标准。

（六）委员会在拒绝一项要求列入本条第（二）和第（四）款中提及的目录之一的申请之前，应与有关文化或自然财产所在缔约国磋商。

（七）委员会经与有关国家商定，应协调和鼓励为拟订本条第（二）和第（四）款中提及的目录所需进行的研究。

第十二条 未被列入第十一条第（二）和第（四）款提及的两个目录的属于文化或自然遗产的财产，决非意味着在列入这些目录的目的之外的其他方面不具有突出的普遍价值。

第十三条 （一）世界遗产委员会应接收并研究本公约缔约国就已经列入或可能适于列入第十一条第（二）和第（四）款中提及的目录的本国领土内成为文化或自然遗产的财产，要求国际援助而递交的申请。这种申请的目的可以是保证这类财产得到保护、保存、展出或恢复。

（二）当初步调查表明有理由进行深入的时候，根据本条第（一）款中提出的国际援助申请还可以涉及鉴定哪些财产属于第一条和第二条所确定的文化或自然遗产。

（三）委员会应就对这些申请所需采取的行动做出决定，适当时应确定其援助的性质和程度，并授权以它的名义与有关政府做出必要的安排。

（四）委员会应制订其活动的优先顺序并在进行这项工作时应考虑到需予保护的财产对世界文化遗产和自然遗产各具的重要性、对最能代表一种自然环境或世界各国人民的才华和历史的财产给予国际援助的必要性、所需开展工作的迫切性、受到威胁的财产所在的国家现有的资源、特别是这些国家利用本国手段保护这类财产的能力大小。

（五）委员会应制订、更新和发表已给予国际援助的财产目录。

（六）委员会应就根据本公约第十五条设立的基金的资金使用问题做出决定。委员会应设法增加这类资金，并为此目的采取一切有益的措施。

（七）委员会应与拥有与本公约目标相似的目标的国际和国家级政府组织和非政府组织合作。委员会为实施其计划和项目，可约请这类组织，特别是国际文物保存与修复研究中心（罗马中心）、国际古迹遗址理事会和国际自然及自然资源保护联盟，并可约请公共和私立机构及个人。

（八）委员会的决定应经出席及参加表决的委员的 2/3 多数通过。委员会委员的多数构成法定人数。

第十四条 （一）世界遗产委员会应由联合国教育、科学及文化组织总干事任命组成的一个秘书处协助工作。

（二）联合国教育、科学及文化组织总干事应尽可能充分利用国际文物保存与修复研究中心（罗马中心）、国际古迹遗址理事会和国际自然及自然资源保护联盟在各自职权能力范围内提供的服务，为委员会准备文件资料，制订委员会会议议程，并负责执行委员会的决定。

Ⅳ保护世界文化遗产和自然遗产基金

第十五条 （一）现设立一项保护具有突出的普遍价值的世界文化遗产和自然遗产基金，称为"世界遗产基金"。

（二）根据联合国教育、科学及文化组织《财务条例》的规定，此项基金应构成一项信托基金。

（三）基金的资金来源应包括：

1．本公约缔约国义务捐款和自愿捐款。

2．下列方面可能提供的捐款、赠款或遗赠：

（1）其他国家；

（2）联合国教育、科学及文化组织、联合国系统的其他组织（特别是联合国开发计划署）或其他政府间组织；

（3）公共或私立团体或个人。

3．基金款项所得利息。

4．募捐的资金和为本基金组织的活动的所得收入。

5．世界遗产委员会拟订的基金条例所认可的所有其他资金。

（四）对基金的捐款和向委员会提供的其他形式的援助只能用于委员会限定的目的。委员会可接受仅用于某个计划或项目的捐款，但以委员会业已决定实施该计划或项目为条件。对基金的捐款不得带有政治条件。

第十六条 （一）在不影响任何自愿补充捐款的情况下，本公约缔约国同意，每两年定期向世界遗产基金纳款，本公约缔约国大会应在联合国教育、科学及文化组织大会届会期间开会确定适用于所有缔约国的一个统一的纳款额百分比。缔约国大会关于此问题的决定，需由未作本条第（二）款中所述声明的、出席及参加表决的缔约国的多数通过。本公约缔约国的义务纳款在任何情况下都不得超过对联合国教育、科学及文化组织正常预算纳款的1%。

（二）然而，本公约第三十一条或第三十二条中提及的国家均可在交存批准书、接受书或加入书时声明不受本条第1段规定的约束。

（三）已作本条第（二）款中所述声明的本公约缔约国可随时通过通知联合国教育、科学及文化组织总干事收回所作声明。然而，收回声明之举在紧接的一届本公约缔约国大会之日以前不得影响该国的义务纳款。

（四）为使委员会得以有效地规划其活动，已作本条第（二）款中所述声明的本公约缔约国应至少每两年定期纳款，纳款不得少于它们如受本条第（一）款规定约束所须交纳的款额。

（五）凡拖延交付当年和前一日历年的义务纳款或自愿捐款的本公约缔约国，不能当选为世界遗产委员会成员，但此项规定不适用于第一次选举。

属于上述情况但已当选委员会成员的缔约国的任期，应在本公约第八条第（一）款规定的选举之时截止。

第十七条　本公约缔约国应考虑或鼓励设立旨在为保护本公约第一条和第二条中所确定的文化遗产和自然遗产募捐的国家、公共及私立基金会或协会。

第十八条　本公约缔约国应对在联合国教育、科学及文化组织赞助下为世界遗产基金所组织的国际募款运动给予援助。它们应为第十五条第（三）款中提及的机构为此目的所进行的募款活动提供便利。

Ⅴ国际援助的条件和安排

第十九条　凡本公约缔约国均可要求对本国领土内组成具有突出的普遍价值的文化或自然遗产的财产给予国际援助。它在递交申请时还应按照第二十一条规定提交所拥有的并有助于委员会做出决定的情报和文件资料。

第二十条　除第十三条第（二）款、第二十二条3项和第二十三条所述情况外，本公约规定提供的国际援助仅限于世界遗产委员会业已决定或可能决定列入第十一条第（二）和第（四）款中所述目录的文化遗产和自然遗产的财产。

第二十一条　（一）世界遗产委员会应制订对向它提交的国际援助申请的审议程序，并应确定申请应包括的内容，即打算开展的活动、必要的工程、工程的预计费用和紧急程度以及申请国的资源不能满足所有开支的原因所在。这类申请须尽可能附有专家报告。

（二）对因遭受灾难或自然灾害而提出的申请，由于可能需要开展紧急工作，委员会应立即给予优先审议，委员会应掌握一笔应急储备金。

（三）委员会在做出决定之前，应进行它认为必要的研究和磋商。

第二十二条　世界遗产委员会提供的援助可采取下述形式：

（一）研究在保护、保存、展出和恢复本公约第十一条第（二）和第（四）款所确定的文化遗产和自然遗产方面所产生的艺术、科学和技术性问题。

（二）提供专家、技术人员和熟练工人，以保证正确地进行已批准的工程。

（三）在各级培训文化遗产和自然遗产的鉴定、保护、保存、展出和恢复方面的工作人员和专家。

（四）提供有关国家不具备或无法获得的设备。

（五）提供可长期偿还的低息或无息贷款。

（六）在例外并具有特殊原因的情况下提供无偿补助金。

第二十三条　世界遗产委员会还可向培训文化或自然遗产的鉴定、保护、保存、展出和恢复方面的各级工作人员和专家的国家或地区中心提供国际援助。

第二十四条　在提供大规模的国际援助之前，应先进行周密的科学、经济和技术研究。这些研究应考虑采用保护、保存、展出和恢复自然遗产和文化遗产方面最先进的技术，并应与本公约的目标相一致。这些研究还应探讨合理利用有关国家现有资源的手段。

第二十五条　原则上，国际社会只担负必要工程的部分费用。除非本国资源不许可，受益于国际援助的国家承担的费用应构成用于各项计划或项目的资金的主要份额。

第二十六条　世界遗产委员会和受援国应在它们签订的协定中，确定关于获得根据本公约规定提供的国际援助的计划或项目的实施条件。接受这类国际援助的国家应负责按照协定制订的条件，对如此卫护的财产继续加以保护、保存和展出。

VI 教育计划

第二十七条　（一）本公约缔约国应通过一切适当手段，特别是教育和宣传计划，努力增强本国人民对本公约第一条和第二条中确定的文化和自然遗产的赞赏和尊重。

（二）缔约国应使公众广泛了解对这类遗产造成威胁的危险和为履行本公约进行的活动。

第二十八条　接受根据本公约提供的国际援助的缔约国应采取适当措施，使人们了解接受援助的财产的重要性和国际援助所发挥的作用。

VII 报告

第二十九条　（一）本公约缔约国在按照联合国教育、科学及文化组织大会确定的日期和方式向该组织大会递交的报告中，应提供有关它们为实施本公约所通过的立法和行政规定以及采取的其他行动的情况，并详述在这方面获得的经验。

（二）应提请世界遗产委员会注意这些报告。

（三）委员会应在联合国教育、科学及文化组织大会的每届常会上递交一份关于其活动的报告。

VIII 最后条款

第三十条　本公约以阿拉伯文、英文、法文、俄文和西班牙文拟订，五种文本同一作准。

第三十一条　（一）本公约应由联合国教育、科学及文化组织会员国根据各自的宪法程序予以批准或接受。

（二）批准书或接受书应交联合国教育、科学及文化组织总干事保存。

第三十二条　（一）所有非联合国教育、科学及文化组织会员的国家，经该组织大会邀请均可加入本公约。

（二）向联合国教育、科学及文化组织总干事交存加入书后，加入方才有效。

第三十三条　本公约须在第 20 份批准书、接受书或加入书交存之日的 3 个月之后生效，但这仅涉及在该日或该日之前交存各自批准书、接受书或加入书的国家。就任何其他国家而言，本公约应在这些国家交存其批准书、接受书或加入书的 3 个月之后生效。

第三十四条　下述规定适用于拥有联邦制或非单一立宪制的本公约缔约国：

（一）在联邦或中央立法机构的法律管辖下实施本公约规定的情况下，联邦或中央政府的义务应与非联邦国家的缔约国的义务相同。

（二）在无须按照联邦立宪制采取立法措施的联邦各个国家、地区、省或州的法律管辖下实施本公约规定的情况下，联邦政府应将这些规定连同其应予通过的建议一并通知各个国家、地区、省或州的主管当局。

第三十五条　（一）本公约缔约国均可废弃本公约。

（二）废弃通告应以一份书面文件交存联合国教育、科学及文化组织的总干事。

（三）公约的废弃应在接到废约通告书12个月后生效。废弃在生效日之前不得影响退约国承担的财政义务。

第三十六条　联合国教育、科学及文化组织总干事应将第三十一条和第三十二条规定交存的所有批准书、接受书或加入书以及第三十五条规定的废弃等事项通告本组织会员国、第三十二条中提及的非本组织会员的国家以及联合国。

第三十七条　（一）本公约可由联合国教育、科学及文化组织的大会修订。但任何修订只对将成为修订公约的缔约国具有约束力。

（二）如大会通过一项全部或部分修订本公约的新公约，除非新公约另有规定，本公约应从新的修订公约生效之日起停止批准、接受或加入。

第三十八条　按照《联合国宪章》第一百零二条，本公约须应联合国教育、科学及文化组织总干事的要求在联合国秘书处登记。

1972年11月23日订于巴黎，两个正式文本均有大会第十七届会议主席和联合国教育、科学及文化组织总干事的签字，由联合国教育、科学及文化组织存档，经验明无误之副本将分送至第三十一条和第三十二条所述之所有国家以及联合国。

前文系联合国教育、科学及文化组织大会在巴黎举行的，于1972年11月21日宣布闭幕的第十七届会议通过的《保护世界文化和自然遗产公约》正式文本。

1972年11月23日签字，以昭信守。

保护非物质文化遗产公约

联合国教育、科学及文化组织（以下简称教科文组织）大会于 2003 年 9 月 29 日至 10 月 17 日在巴黎举行的第 32 届会议，参照现有的国际人权文书，尤其是 1948 年的《世界人权宣言》以及 1966 年的《经济、社会及文化权利国际公约》和《公民权利和政治权利国际公约》，考虑到 1989 年的《保护民间创作建议书》、2001 年的《教科文组织世界文化多样性宣言》和 2002 年第三次文化部长圆桌会议通过的《伊斯坦布尔宣言》强调非物质文化遗产的重要性，它是文化多样性的熔炉，又是可持续发展的保证，考虑到非物质文化遗产与物质文化遗产和自然遗产之间的内在相互依存关系，承认全球化和社会转型进程在为各群体之间开展新的对话创造条件的同时，也与不容忍现象一样，使非物质文化遗产面临损坏、消失和破坏的严重威胁，在缺乏保护资源的情况下，这种威胁尤为严重，意识到保护人类非物质文化遗产是普遍的意愿和共同关心的事项，承认各社区，尤其是原住民、各群体，有时是个人，在非物质文化遗产的生产、保护、延续和再创造方面发挥着重要作用，从而为丰富文化多样性和人类的创造性做出贡献，注意到教科文组织在制定保护文化遗产的准则性文件，尤其是 1972 年的《保护世界文化和自然遗产公约》方面所做的具有深远意义的工作，还注意到迄今尚无有约束力的保护非物质文化遗产的多边文件，考虑到国际上现有的关于文化遗产和自然遗产的协定、建议书和决议需要有非物质文化遗产方面的新规定有效地予以充实和补充，考虑到必须提高人们，尤其是年轻一代对非物质文化遗产及其保护的重要意义的认识，考虑到国际社会应当本着互助合作的精神与本公约缔约国一起为保护此类遗产做出贡献，忆及教科文组织有关非物质文化遗产的各项计划，尤其是"宣布人类口头遗产和非物质遗产代表作"计划，认为非物质文化遗产是密切人与人之间的关系以及他们之间进行交流和了解的要素，它的作用是不可估量的，于 2003 年 10 月 17 日通过本公约。

第一章　总则

第一条　本公约的宗旨

本公约的宗旨如下：

一、保护非物质文化遗产。

二、尊重有关社区、群体和个人的非物质文化遗产。

三、在地方、国家和国际一级提高对非物质文化遗产及其相互欣赏的重要性的意识。

四、开展国际合作及提供国际援助。

第二条　定义

在本公约中：

一、"非物质文化遗产"，指被各社区、群体，有时是个人，视为其文化遗产组成部分的各种社会实践、观念表述、表现形式、知识、技能以及相关的工具、实物、手工艺

品和文化场所。这种非物质文化遗产世代相传，在各社区和群体适应周围环境以及与自然和历史的互动中，被不断地再创造，为这些社区和群体提供认同感和持续感，从而增强对文化多样性和人类创造力的尊重。在本公约中，只考虑符合现有的国际人权文件，各社区、群体和个人之间相互尊重的需要和顺应可持续发展的非物质文化遗产。

二、按上述第一项的定义，"非物质文化遗产"包括以下方面：

（一）口头传统和表现形式，包括作为非物质文化遗产媒介的语言；

（二）表演艺术；

（三）社会实践、仪式、节庆活动；

（四）有关自然界和宇宙的知识和实践；

（五）传统手工艺。

三、"保护"指确保非物质文化遗产生命力的各种措施，包括这种遗产各个方面的确认、立档、研究、保存、保护、宣传、弘扬、传承（特别是通过正规和非正规教育）和振兴。

四、"缔约国"指受本公约约束且本公约在它们之间也通用的国家。

五、本公约经必要修改对根据第三十三条所述之条件成为其缔约方之领土也适用。在此意义上，"缔约国"亦指这些领土。

第三条　与其他国际文书的关系

本公约的任何条款均不得解释为：

一、改变与任一非物质文化遗产直接相关的世界遗产根据 1972 年《保护世界文化和自然遗产公约》所享有的地位，或降低受其保护的程度。

二、影响缔约国从其作为缔约方的任何有关知识产权或使用生物和生态资源的国际文书所获得的权利和所负有的义务。

第二章　公约的有关机关

第四条　缔约国大会

一、兹建立缔约国大会，下称"大会"。大会为本公约的最高权力机关。

二、大会每两年举行一次常会。如若它做出此类决定或政府间保护非物质文化遗产委员会或至少三分之一的缔约国提出要求，可举行特别会议。

三、大会应通过自己的议事规则。

第五条　政府间保护非物质文化遗产委员会

一、兹在教科文组织内设立政府间保护非物质文化遗产委员会，下称"委员会"。在本公约依照第三十四条的规定生效之后，委员会由参加大会之缔约国选出的 18 个缔约国的代表组成。

二、在本公约缔约国的数目达到 50 个之后，委员会委员国的数目将增至 24 个。

第六条　委员会委员国的选举和任期

一、委员会委员国的选举应符合公平的地理分配和轮换原则。

二、委员会委员国由本公约缔约国大会选出，任期四年。

　　三、但第一次选举当选的半数委员会委员国的任期为两年。这些国家在第一次选举后抽签指定。

　　四、大会每两年对半数委员会委员国进行换届。

　　五、大会还应选出填补空缺席位所需的委员会委员国。

　　六、委员会委员国不得连选连任两届。

　　七、委员会委员国应选派在非物质文化遗产各领域有造诣的人士为其代表。

第七条　委员会的职能

在不妨碍本公约赋予委员会的其他职权的情况下，其职能如下：

　　一、宣传公约的目标，鼓励并监督其实施情况。

　　二、就好的做法和保护非物质文化遗产的措施提出建议。

　　三、按照第二十五条的规定，拟订利用基金资金的计划并提交大会批准。

　　四、按照第二十五条的规定，努力寻求增加其资金的方式方法，并为此采取必要的措施。

　　五、拟订实施公约的业务指南并提交大会批准。

　　六、根据第二十九条的规定，审议缔约国的报告并将报告综述提交大会。

　　七、根据委员会制定的、大会批准的客观遴选标准，审议缔约国提出的申请并就以下事项做出决定：

　　（一）列入第十六条、第十七条和第十八条述及的名录和提名；

　　（二）按照第二十二条的规定提供国际援助。

第八条　委员会的工作方法

　　一、委员会对大会负责。它向大会报告自己的所有活动和决定。

　　二、委员会以其委员的三分之二多数通过自己的议事规则。

　　三、委员会可设立其认为执行任务所需的临时特设咨询机构。

　　四、委员会可邀请在非物质文化遗产各领域确有专长的任何公营或私营机构以及任何自然人参加会议，就任何具体的问题向其请教。

第九条　咨询组织的认证

　　一、委员会应建议大会认证在非物质文化遗产领域确有专长的非政府组织具有向委员会提供咨询意见的能力。

　　二、委员会还应向大会就此认证的标准和方式提出建议。

第十条　秘书处

　　一、委员会由教科文组织秘书处协助。

　　二、秘书处起草大会和委员会文件及其会议的议程草案和确保其决定的执行。

第三章　在国家一级保护非物质文化遗产

第十一条　缔约国的作用

各缔约国应该：

　　一、采取必要措施确保其领土上的非物质文化遗产受到保护。

二、在第二条第（三）项提及的保护措施内，由各社区、群体和有关非政府组织参与，确认和确定其领土上的各种非物质文化遗产。

第十二条　清单

一、为了使其领土上的非物质文化遗产得到确认以便加以保护，各缔约国应根据自己的国情拟订一份或数份关于这类遗产的清单，并应定期加以更新。

二、各缔约国在按第二十九条的规定定期向委员会提交报告时，应提供有关这些清单的情况。

第十三条　其他保护措施

为了确保其领土上的非物质文化遗产得到保护、弘扬和展示，各缔约国应努力做到：

一、制定一项总的政策，使非物质文化遗产在社会中发挥应有的作用，并将这种遗产的保护纳入规划工作。

二、指定或建立一个或数个主管保护其领土上的非物质文化遗产的机构。

三、鼓励开展有效保护非物质文化遗产，特别是濒危非物质文化遗产的科学、技术和艺术研究以及方法研究。

四、采取适当的法律、技术、行政和财政措施，以便：

（一）促进建立或加强培训管理非物质文化遗产的机构以及通过为这种遗产提供活动和表现的场所和空间，促进这种遗产的传承；

（二）确保对非物质文化遗产的享用，同时对享用这种遗产的特殊方面的习俗做法予以尊重；

（三）建立非物质文化遗产文献机构并创造条件促进对它的利用。

第十四条　教育、宣传和能力培养

各缔约国应竭力采取种种必要的手段，以便：

一、使非物质文化遗产在社会中得到确认、尊重和弘扬，主要通过：

（一）向公众，尤其是向青年进行宣传和传播信息的教育计划；

（二）有关社区和群体的具体的教育和培训计划；

（三）保护非物质文化遗产，尤其是管理和科研方面的能力培养活动；

（四）非正规的知识传播手段。

二、不断向公众宣传对这种遗产造成的威胁以及根据本公约所开展的活动。

三、促进保护表现非物质文化遗产所需的自然场所和纪念地点的教育。

第十五条　社区、群体和个人的参与

缔约国在开展保护非物质文化遗产活动时，应努力确保创造、延续和传承这种遗产的社区、群体，有时是个人的最大限度的参与，并吸收他们积极地参与有关的管理。

第四章　在国际一级保护非物质文化遗产

第十六条　人类非物质文化遗产代表作名录

一、为了扩大非物质文化遗产的影响，提高对其重要意义的认识和从尊重文化多样性的角度促进对话，委员会应该根据有关缔约国的提名编辑、更新和公布人类非物质文化遗产代表作名录。

二、委员会拟订有关编辑、更新和公布此代表作名录的标准并提交大会批准。

第十七条　急需保护的非物质文化遗产名录

一、为了采取适当的保护措施，委员会编辑、更新和公布急需保护的非物质文化遗产名录，并根据有关缔约国的要求将此类遗产列入该名录。

二、委员会拟订有关编辑、更新和公布此名录的标准并提交大会批准。

三、委员会在极其紧急的情况（其具体标准由大会根据委员会的建议加以批准）下，可与有关缔约国协商将有关的遗产列入第一款所提之名录。

第十八条　保护非物质文化遗产的计划、项目和活动

一、在缔约国提名的基础上，委员会根据其制定的、大会批准的标准，兼顾发展中国家的特殊需要，定期遴选并宣传其认为最能体现本公约原则和目标的国家、分地区或地区保护非物质文化遗产的计划、项目和活动。

二、为此，委员会接受、审议和批准缔约国提交的关于要求国际援助拟订此类提名的申请。

三、委员会按照它确定的方式，配合这些计划、项目和活动的实施，随时推广有关经验。

第五章　国际合作与援助

第十九条　合作

一、在本公约中，国际合作主要是交流信息和经验，采取共同的行动，以及建立援助缔约国保护非物质文化遗产工作的机制。

二、在不违背国家法律规定及其习惯法和习俗的情况下，缔约国承认保护非物质文化遗产符合人类的整体利益，保证为此目的在双边、分地区、地区和国际各级开展合作。

第二十条　国际援助的目的

可为如下目的提供国际援助：

一、保护列入《急需保护的非物质文化遗产名录》的遗产。

二、按照第十一条和第十二条的精神编制清单。

三、支持在国家、分地区和地区开展的保护非物质文化遗产的计划、项目和活动。

四、委员会认为必要的其他一切目的。

第二十一条　国际援助的形式

第七条的业务指南和第二十四条所指的协定对委员会向缔约国提供援助作了规定，可采取的形式如下：

一、对保护这种遗产的各个方面进行研究。

二、提供专家和专业人员。

三、培训各类所需人员。

四、制订准则性措施或其他措施。

五、基础设施的建立和营运。

六、提供设备和技能。

七、其他财政和技术援助形式，包括在必要时提供低息贷款和捐助。

第二十二条 国际援助的条件

一、委员会确定审议国际援助申请的程序和具体规定申请的内容，包括打算采取的措施、必需开展的工作及预计的费用。

二、如遇紧急情况，委员会应对有关援助申请优先审议。

三、委员会在做出决定之前，应进行其认为必要的研究和咨询。

第二十三条 国际援助的申请

一、各缔约国可向委员会递交国际援助的申请，保护在其领土上的非物质文化遗产。

二、此类申请亦可由两个或数个缔约国共同提出。

三、申请应包含第二十二条第一款规定的所有资料和所有必要的文件。

第二十四条 受援缔约国的任务

一、根据本公约的规定，国际援助应依据受援缔约国与委员会之间签署的协定来提供。

二、受援缔约国通常应在自己力所能及的范围内分担国际所援助的保护措施的费用。

三、受援缔约国应向委员会报告关于使用所提供的保护非物质文化遗产援助的情况。

第六章 非物质文化遗产基金

第二十五条 基金的性质和资金来源

一、兹建立一项"保护非物质文化遗产基金"，下称"基金"。

二、根据教科文组织《财务条例》的规定，此项基金为信托基金。

三、基金的资金来源包括：

（一）缔约国的纳款；

（二）教科文组织大会为此所拨的资金；

（三）以下各方可能提供的捐款、赠款或遗赠：1. 其他国家；2. 联合国系统各组织和各署（特别是联合国开发计划署）以及其他国际组织；3. 公营或私营机构和个人。

（四）基金的资金所得的利息；

（五）为本基金募集的资金和开展活动之所得；

（六）委员会制定的基金条例所许可的所有其他资金。

四、委员会对资金的使用视大会的方针来决定。

五、委员会可接受用于某些项目的一般或特定目的的捐款及其他形式的援助，只要这些项目已获委员会的批准。

六、对基金的捐款不得附带任何与本公约所追求之目标不相符的政治、经济或其他条件。

第二十六条　缔约国对基金的纳款

一、在不妨碍任何自愿补充捐款的情况下，本公约缔约国至少每两年向基金纳一次款，其金额由大会根据适用于所有国家的统一的纳款额百分比加以确定。缔约国大会关于此问题的决定由出席会议并参加表决，但未作本条第二款中所述声明的缔约国的多数通过。在任何情况下，此纳款都不得超过缔约国对教科文组织正常预算纳款的百分之一。

二、但是，本公约第三十二条或第三十三条中所指的任何国家均可在交存批准书、接受书、核准书或加入书时声明不受本条第一款规定的约束。

三、已作本条第二款所述声明的本公约缔约国应努力通知联合国教育、科学及文化组织总干事收回所做声明。但是，收回声明之举不得影响该国在紧接着的下一届大会开幕之日前应缴的纳款。

四、为使委员会能够有效地规划其工作，已作本条第二款所述声明的本公约缔约国至少应每两年定期纳一次款，纳款额应尽可能接近它们按本条第一款规定应交的数额。

五、凡拖欠当年和前一日历年的义务纳款或自愿捐款的本公约缔约国不能当选为委员会委员，但此项规定不适用于第一次选举。已当选为委员会委员的缔约国的任期应在本公约第六条规定的选举之时终止。

第二十七条　基金的自愿补充捐款

除了第二十六条所规定的纳款，希望提供自愿捐款的缔约国应及时通知委员会以使其能对相应的活动做出规划。

第二十八条　国际筹资运动

缔约国应尽力支持在教科文组织领导下为该基金发起的国际筹资运动。

第七章　报告

第二十九条　缔约国的报告

缔约国应按照委员会确定的方式和周期向其报告它们为实施本公约而通过的法律、规章条例或采取的其他措施的情况。

第三十条　委员会的报告

一、委员会应在其开展的活动和第二十九条提及的缔约国报告的基础上，向每届大会提交报告。

二、该报告应提交教科文组织大会。

第八章　过渡条款

第三十一条　与宣布人类口头和非物质遗产代表作的关系

一、委员会应把在本公约生效前宣布为"人类口头和非物质遗产代表作"的遗产纳入人类非物质文化遗产代表作名录。

二、把这些遗产纳入人类非物质文化遗产代表作名录绝不是预设按第十六条第二款

将确定的今后列入遗产的标准。

三、在本公约生效后，将不再宣布其他任何人类口头和非物质遗产代表作。

第九章　最后条款

第三十二条　批准、接受或核准

一、本公约须由教科文组织会员国根据各自的宪法程序予以批准、接受或核准。

二、批准书、接受书或核准书应交存教科文组织总干事。

第三十三条　加入

一、所有非教科文组织会员国的国家，经本组织大会邀请，均可加入本公约。

二、没有完全独立，但根据联合国大会第1514（XV）号决议被联合国承认为充分享有内部自治，并且有权处理本公约范围内的事宜，包括有权就这些事宜签署协议的地区也可加入本公约。

三、加入书应交存教科文组织总干事。

第三十四条　生效

本公约在第三十份批准书、接受书、核准书或加入书交存之日起的三个月后生效，但只涉及在该日或该日之前交存批准书、接受书、核准书或加入书的国家。对其他缔约国来说，本公约则在这些国家的批准书、接受书、核准书或加入书交存之日起的三个月之后生效。

第三十五条　联邦制或非统一立宪制

对实行联邦制或非统一立宪制的缔约国实行下述规定：

一、在联邦或中央立法机构的法律管辖下实施本公约各项条款的国家的联邦或中央政府的义务与非联邦国家的缔约国的义务相同；

二、在构成联邦，但按照联邦立宪制无须采取立法手段的各个州、成员国、省或行政区的法律管辖下实施本公约的各项条款时，联邦政府应将这些条款连同其建议一并通知各个州、成员国、省或行政区的主管当局。

第三十六条　退出

一、各缔约国均可宣布退出本公约。

二、退约应以书面退约书的形式通知教科文组织总干事。

三、退约在接到退约书十二个月之后生效。在退约生效日之前不得影响退约国承担的财政义务。

第三十七条　保管人的职责

教科文组织总干事作为本公约的保管人，应将第三十二条和第三十三条规定交存的所有批准书、接受书、核准书或加入书和第三十六条规定的退约书的情况通告本组织各会员国、第三十三条提到的非本组织会员国的国家和联合国。

第三十八条　修订

一、任何缔约国均可书面通知总干事，对本公约提出修订建议。总干事应将此通知转发给所有缔约国。如在通知发出之日起六个月之内，至少有一半的缔约国回复赞成此要求，总干事应将此建议提交下一届大会讨论，决定是否通过。

二、对本公约的修订须经出席并参加表决的缔约国三分之二多数票通过。

三、对本公约的修订一旦通过，应提交缔约国批准、接受、核准或加入。

四、对于那些已批准、接受、核准或加入修订的缔约国来说，本公约的修订在三分之二的缔约国交存本条第三款所提及的文书之日起三个月之后生效。此后，对任何批准、接受、核准或加入修订的缔约国来说，在其交存批准书、接受书、核准书或加入书之日起三个月之后，本公约的修订即生效。

五、第三款和第四款所确定的程序对有关委员会委员国数目的第五条的修订不适用。此类修订一经通过即生效。

六、在修订依照本条第四款的规定生效之后成为本公约缔约国的国家如无表示异议，应：

（一）被视为修订的本公约的缔约方；

（二）但在与不受这些修订约束的任何缔约国的关系中，仍被视为未经修订之公约的缔约方。

第三十九条　有效文本

本公约用英文、阿拉伯文、中文、西班牙文、法文和俄文拟定，六种文本具有同等效力。

第四十条　登记

根据《联合国宪章》第一百零二条的规定，本公约应按教科文组织总干事的要求交联合国秘书处登记。

参考文献

［1］单霁翔.从"文物保护"走向"文化遗产保护"［M］.天津：天津大学出版社，2008.

［2］张胜冰，李文凤."申遗"热背后的产业冲动与经济伦理问题——以中国遗产资源为例［J］.福建论坛（人文社会科学版），2014（4）：33-38.

［3］"中国丹霞"申遗花费超十亿元，专家称值得［N］.广州日报，2010-8-11.

［4］"申遗"目的就是涨价？该如何保护文化遗产［N］.中国新闻网，2010-8-9.

［5］专家称世遗保护费层层盘剥，不足门票收入10%［EB/OL］.http://news.sohu.com/20100823/n274390328.shtml.

［6］孙宇挺.世界遗产研究专家：世界遗产的功能不仅仅是旅游［EB/OL］.http://news.sina.com.cn/c/2004-05-17/06252546826s.shtml.

［7］李如生.中国世界遗产保护的现状、问题与对策［J］.城市规划，2011（5）：38-43.

［8］阿尔文·托夫勒.第三次浪潮［M］.北京：新华出版社，1996.

［9］晁华山.世界遗产(第二版)［M］.北京：北京大学出版社，2016.

［10］姜敬红.中国世界遗产保护法［M］.成都：西南交通大学出版社，2015.

［11］刘新静.世界遗产教程［M］.上海：上海交通大学出版社，2010.

［12］联合国教科文组织：世界遗产大全（第二版）［M］.合肥：安徽科学技术出版社，2016.

［13］罗哲文，曹南燕，柴福善，等.中国的世界遗产［M］.北京：机械工业出版社，2013.

［14］周耀林，王三山，倪婉.世界遗产与中国国家遗产［M］.武汉：武汉大学出版社，2016.

［15］李燕琴.世界遗产与旅游［M］.北京：北京大学出版社，2012.

［16］王子超.世界遗产旅游概论［M］.北京：北京大学出版社，2015.

［17］卢天玲，石应平.世界遗产旅游开发与管理［M］.北京：清华大学出版社，2013.

［18］北京大学世界遗产研究中心.世界遗产相关文件选编［M］.北京：北京大学出版社，2004.

［19］杜越.核心价值观视阈下世界遗产教育策略研究［M］.北京：北京师范大学出版社，2016.

［20］郎铁柱.世界遗产与生态文明［M］.天津：天津大学出版社，2015.

［21］清华大学国家遗产中心.世界遗产四十年：文化遗产"突出普遍价值"评价标准的演变［M］.北京：科学出版社，2015.

［22］吴育标.中国世界遗产战略管理模式研究——以西江千户苗寨为例［M］.北京：人民出版社，2013.

［23］李玉峰.新遗产城市：世界遗产观念下的城市类型研究［M］.北京：中国建筑工业出版社，2012.

［24］彭顺生.世界遗产旅游概论［M］.北京：中国旅游出版社，2008.

［25］林可.华夏瑰宝——中国世界遗产大观（英汉对照）［M］.长沙：湖南地图出版社，2004.

［26］CCTV《教科文行动》编写组.丝绸之路·寻找失落的世界遗产［M］.上海：上海科学技术文献出版社，2014.

［27］杨凡.世界遗产概论［M］.杭州：浙江工商大学出版社，2014.

［28］孙维新，朱旭.中国精粹——世界遗产卷（中英文）［M］.刘川，王菲，译.合肥：安徽人民出版社，2015.

［29］（德）亨德里克·克尔斯腾.世界遗产（全六册）［M］.王滨滨，译.广州：广东教育出版社，2005.

［30］叶晗.世界遗产保护启示录［M］.杭州：浙江工商大学出版社，2013.

［31］肖锡维.西班牙世界文化遗产保护工作及其启示［D］.对外经济贸易大学，2006.

［32］陈建华.中国文化线路申报世界遗产策略研究［D］.湖南师范大学，2014.

［33］裘国伟.世界遗产保护与武夷文化研究［J］.南平师专学报，2004，23（1）:5-7.

［34］严涛.我国世界遗产法律保护问题研究［D］.西安建筑科技大学，2007.

［35］曹芹.浅析中国世界遗产的类别［J］.四川文物，2006（1）:86-90.

［36］钟强.武陵源世界自然遗产的法律保护［D］.湘潭大学，2003.

［37］吴丽蓉，杨林仙，唐建军.论世界遗产黄山的法律保护［J］.特区经济，2007，226（11）:263-264.

［38］戈亚男.世界遗产保护的国际法律制度研究［D］.外交学院，2008.

［39］何菲菲.世界遗产地的保护与旅游开发共生研究［D］.福建师范大学，2007.

［40］潘运伟，杨明，刘海龙.濒危世界遗产威胁因素分析与中国世界遗产保护对策［J］.人文地理，2014（1）:26-34.

［41］任卓冉.困境与超越：论我国的世界遗产法律保护［J］.理论界，2013（2）:103-106.

［42］马月伟.中国世界遗产的现状研究［J］.绿色科技，2013（4）:296-298.

项目策划：段向民
责任编辑：段向民
责任印制：谢　雨
封面设计：何　杰

图书在版编目（CIP）数据

世界遗产教程 / 高朝阳主编 . -- 北京：中国旅游
出版社，2018.4
中国旅游院校五星联盟教材编写出版项目　中国骨干
旅游高职院校教材编写出版项目
ISBN 978-7-5032-6001-8

Ⅰ . ①世… Ⅱ . ①高… Ⅲ . ①文化遗产－世界－高等
学校－教材 Ⅳ . ① K103

中国版本图书馆 CIP 数据核字（2018）第 061072 号

书　　名：世界遗产教程

作　　者：高朝阳主编
出版发行：中国旅游出版社
　　　　　（北京建国门内大街甲9号　邮编：100005）
　　　　　http://www.cttp.net.cn　E-mail:cttp@cnta.gov.cn
　　　　　营销中心电话：010-85166503
排　　版：北京旅教文化传播有限公司
经　　销：全国各地新华书店
印　　刷：河北省三河市灵山芝兰印刷有限公司
版　　次：2018年4月第1版　2018年4月第1次印刷
开　　本：787毫米×1092毫米　1/16
印　　张：13.5
字　　数：310千字
定　　价：36.00元
ISBN　　978-7-5032-6001-8